정신건강과 심리치료

이남표 최명구 공저

학지사

머리말

오늘의 우리 생활이 다양하고 복잡해지면서 우리가 겪게 되는 마음의 부담도 퍽이나 크다. 그리하여 가슴앓이요, 화병이라는 말이 퇴색하고 스트레스나 노이로제라는 말이 우리의 일상용어가 된 지도 이미 오래전의 일이다. 전통적인 우리의 생활문화에서는 이런 병폐를 마음의 소치라고 보고 마음을 다스리는 데서 이를 극복·치유할 수 있다고 보았다. 수기치심(修己治心)을 강조하는 뜻이 바로 여기 있었다고 하겠다. 그러나 오늘날 이런 말은 구시대의 유물이 되어가고 있는 형편이다.

그리하여 스트레스와 노이로제를 다루는 심리치료의 기법에 대한 관심이 높아지면서 카운슬링과 심리치료에 관한 서적들이 눈에 많이 띄게 되었다. 임버(Stanley Imber)는 심리치료란 정신건강 전문가와 내담자 사이의 대화교류를 통하여 스트레스를 극복하는 일이며, 또한 내담자 자신의 잠재능력을 개발하여 스트레스를 능히 이겨내도록 전문적 도움을 마련하는 일이라고 간결하게 정의를 내렸다. 따라서 생리적 측면과 관련되는 약물치료 충격요법, 외과수술 등과 같은 경우나 또는 요사이 소개되고 있는 유희요법, 음악요법 등은 여기서 제외된다.

이 책은 되도록 간결하게 심리치료 체계를 개관한다는 뜻에서 30가지 체계를 소개하였으며 하퍼(R. A. Harper 1974)를 본따서 엮어졌다. 그리고 이 책을 두뇌의 먹거리로 펴내는 데 힘썼다. 카운슬링과 심리치료에 관하여 일반독자들의 궁금증을 푸는 데 일조가 되기를 바란다.

1998년 5월
저자 씀

차 례

제1장 현대사회와 심리치료 ──────── 9
  1. 인간과 건강 9
    1) 창의성과 장수 12
    2) 정상과 이상 15
    3) 정신이상 19
    4) 심리치료란 무엇인가 22
  2. 스트레스와 정신건강 27
    1) 스트레스의 정체 27
    2) 스트레스 증후 29
  3. 인간의 심성과 대뇌 33
    1) 심성과 정신건강 33
    2) 웃음의 건강효과 36
    3) 대뇌의 건강 39
    4) 메스머리즘과 최면술 43
    5) 크레펠린과 프로이드 46

제2장 프로이드의 정신분석이론(전반기) ──────── 49
  1. 무의식적 정신과정 49
  2. 프로이드 이론에서의 성격발달 52
  3. 무의식의 형태 57

제3장 프로이드의 정신분석이론(보완 및 수정기) ──────── 65
  1. 정신의 분화 66

    2. 불안 69
    3. 자아의 방어기제 74
    4. 정신병리의 치료 79

제4장 정신분석이론의 이탈파들(Ⅰ) ——— 85
    1. 아들러 86
    2. 스테켈 89
    3. 융 92
    4. 랭크 97
    5. 퍼렌치 99
    6. 라이히 103

제5장 정신분석이론의 이탈파들(Ⅱ) ——— 109
    1. 호르나이 110
    2. 설리반 113
    3. 프롬 121
    4. 정신분석이론중심의 심리치료 122
    5. 실존분석 126

제6장 내담자중심의 심리치료 ——— 131
    1. 로저스 이론의 발달 131
    2. 로저스의 성격이론 133
    3. 내담자중심의 심리치료 체계 137

제7장 현대의 다양한 심리치료 체계(Ⅰ) ——— 149
    1. 심리생물학적 치료법 150
    2. 게슈탈트 치료법 152
    3. 최면요법 155
    4. 경험중심의 심리치료 157

    5. 조건반사 심리치료 161
    6. 역제지의 심리치료 164

제8장 현대의 다양한 심리치료 체계(Ⅱ) ——————— 171
    1. 지시적 심리치료 171
    2. 일반 의미론 174
    3. 학습이론 심리치료 176
    4. 자기주장 구조화 심리치료 179
    5. 합리적 심리치료 181

제9장 현대의 다양한 심리치료 체계(Ⅲ) ——————— 191
    1. 행동요법 191
        1) 고전적 조건형성에 의한 방법 192
        2) 도구적 조건형성에 의한 방법 193
        3) 송환체제 기법 195
    2. 의미요법 196
    3. 현실요법 202
    4. 교류분석 207
    5. 인지요법 212
    6. 목회상담 217

제10장 집단심리치료 ——————————————— 223
    1. 심리극 관련기법 224
    2. 분석적 집단심리치료 226
    3. 집단중심치료 228
    4. 가족치료 231
    5. 기타의 접근견해 고찰 234

제11장 종합개관 ─────────────────── 241
 1. 자기내적치료 247
 2. 대인관계중심의 치료 249
 3. 심리치료의 목표와 기법 및 절차 252
 4. 기법과 관련되는 몇 가지 중요한 문제 255

주요용어 259
참고문헌 273
찾아보기 277

제1장
현대사회와 심리치료

1. 인간과 건강

　건강하면 장수하고 장수하면 행복하다는 말이 우리에게 통념화되어 있지만 건강이 무엇이냐고 묻는 질문에 대해서는 아직도 포괄적이고 적절한 정의나 해답을 내리기는 쉽지 않다.
　흔히 우리는 인생의 오복을 이야기하며 그 가운데서 수명을 으뜸으로 꼽는다. 그런데 장수는 곧 건강을 전제로 한다. 오늘날 사람들이 과학과 기술의 발달에 힘입어 자연을 정복하고 우주 시대를 열어 놓았다고는 하지만 수명을 인간의 힘으로 좌우하지는 못한다. 따라서 건강의 정의가 완전하지 못하다는 말은 수긍하기에 어렵지 않다.
　우리 나라의 국민소득은 지금 미화 만불의 단계에 접어들었다.

이에 따라 국민의 건강생활 향상도 평균수명의 상승과 함께 고령화 사회의 추세를 보이는 선진국 수준을 따르게 되었다. 그래서 일반적으로 국민의 관심이 건강과 장수에 크게 쏠리고 있으며 이른바 건강산업, 노령산업의 규모가 해마다 더 커 가는 경향을 볼 수 있다. 또한 시청자의 인기가 높아 가는 데 따라 모든 매체에서 건강과 장수문제를 다루는 다양한 프로그램을 선보이고 있다.

이제 사람들은 건강의 적은 질병인데 병균의 퇴치로 '좋은' 건강을 회복할 수 있다는 소박한 건강관을 넘어서 보다 적극적인 건강증진과 장수의 길을 찾는 데 관심을 돌리고 있다. 또한 신체건강의 증진에 미치는 정신건강의 영향을 중시하는 경향도 한층 더 높아지고 있다.

특히 80년대 초에 생긴 정신신경면역학(psychoneuroimmunology)이라는 의학용어는 대뇌와 내분비계통 및 면역계통의 상호관계를 연구하는 새로운 분야를 뜻하는 말이며, 정신기능이 건강과 장수에 미치는 영향을 밝히는 일에도 장차 공헌이 크리라고 한다. 일찍이 캐넌(Walter Cannon 1871-1945)은 정서흥분이 높아지면 비장에서는 적혈구가 15퍼센트 이상 증가된다고 보고한 바 있다. 이것을 가리켜 그는 정신적 분비(psychic secretion)라고 하였다.

대뇌는 체내기관에서 교류되는 모든 정보의 중앙통제기구이다. 대뇌연구는 의식과 인지의 영역을 주로 다루어 오다가 지나간 50년대에 비로소 그 내분비 역할을 중시하기에 이르렀다. 대뇌에서는 서른여섯 가지나 되는 호르몬이 분비되는데 예컨대, 체내의 진통제 역할을 하는 엔돌핀, 엔케팔린과 같다.

또한 대뇌에서 분비되는 뉴로펩다인은 대뇌, 내분비선, 면역계통의 기능을 조절하는 정보를 전달하고 있으므로 이것은 감정을 신체작용으로 바꾸는 생화학적 물질이기도 하다. 우리의 정신건강이 대뇌의 노화를 방지할 수 있으며, 노화는 결코 노령의 결과가 아니라고 한다. 그래서 대뇌가 정상이라고 하면 80세의 나이에도 대뇌 기능은 쉬지 않고 증진된다는 것이다(Mark 1989).

현대의학은 첨단기술의 발전이 가져온 정밀한 측정기기의 활용을 통하여 질병의 치유와 건강의 증진에 경이적인 업적을 이룩하였다. 장기의 이식수술이 가능하며 인공장기의 제작까지도 가능하게 되었다. 그러나 우리는 모든 어려운 질병을 치유하는 과정에서 많은 경우에 약물효과나 탁월한 의학기술보다 인간의 애정이 담긴 정성의 효과도 크다는 이야기를 듣게 되며, 인간이 지니고 있는 정신적인 치유 능력의 근원은 아직도 밝혀지지 않은 건강과학의 과제이다(Moyers 1995; Cousins 1981). 대체로 우리를 혼란케 하는 건강에 대한 다섯 가지 그릇된 관념을 적어보면 다음과 같다(Cousins 1989).

① 거의 모든 질병은 병균이나 다른 외부적 요인에서 온다.
② 어떤 외부적 처치를 가하지 않는 한 질병은 직선적으로 진행한다.
③ 동통은 질병의 표출이므로 동통의 제거는 건강의 회복을 의미한다.
④ 정신의 작용은 신체에 별로 영향이 없으며 그 반대도 사실이다.
⑤ 노령은 65세라는 연령과 관련되므로 그 나이가 되면 심신의 능력이 현저하게 저하된다. 때문에 연령을 근거로 정년의 기준으로 삼는 것은 정당하다.

그런데 우리가 관심을 두고 있는 정신건강은 신체의 건강과 불가분의 관계에 있으면서도 그 나름대로의 독자성을 지니고 있을 뿐만 아니라 정신건강의 문제는 그 원인이 나타나는 모습(병증), 심한 정도(병세), 그 치료 방법, 치료기간, 예후 등의 측면에서 다양한 차이를 나타내는 데 그 심각성이 지적되고 있다(Leighton 1982).

1) 창의성과 장수

카즌(Cousins 1979)은 현대의학의 힘으로 치료하기 어려운 난치병 때문에 고통을 받고 있을 때, 카잘스(Pablo Casals)와 슈바이처(Albert Schweitzer)에게서 큰 용기를 배웠다고 한다. 두 사람이 80대의 고령임에도 남을 위한 값진 봉사활동에 헌신하는 모습을 보고 삶의 의지가 인간생존의 기본 활력소가 된다는 것을 깨닫게 되었다는 것이다.

카잘스의 90세 생일 바로 몇 주 전에 카즌은 푸에르토리코로 그를 찾아가서 만난다. 그는 카잘스의 일과를 보고 놀라며 압도되고 만다. 젊은 부인 마르타의 조력으로 오전 8시에 카잘스는 아래층으로 내려온다. 식탁에 가기 전에 그는 피아노 앞에 간다. 관절염과 천식 때문에 그의 운신은 간신히 가능할 정도로 보였다.

그러나 일단 피아노 앞에 앉은 그에게서 그토록 놀라운 기적이 일어날 줄을 카즌은 미처 짐작하지 못하였다. 비틀렸던 그의 손가락이 펴지며 건반을 만질 때의 그 모습은 마치 아침 햇살을 받으며 피어나는 꽃망울과도 같다고 하였다. 바하의 피아노 곡을 하나 마치자 그는 바하와 대담하였노라고 말하였다. 그리고나서 브람스의 곡을 칠 때에 그의 손가락은 아주 쾌적하고 빠른 속도로 건반 위를 달리는 것이었다.

아침에 이 과업을 마쳤을 때 그는 아까처럼 흔들리거나 비틀거리는 일이라곤 전혀 없이 곧은 자세로 식탁에 와서 앉는다. 그는 유쾌하게 조반을 든 후 바닷가로 산책을 나간다. 한 시간 후에 돌아와서 편지, 우편물을 살피고나서 점심을 든다.

낮잠을 자고나서 오후에는 녹화 약속이 있다는 부인의 이야기를 듣자 그는 기분이 좋지 않으므로 이 약속을 미루자고 하였다. 그때 부인이 지난번의 유쾌했던 일을 되새기면서 젊은이들과의 약속지킬 것을 권고하자 그는 이를 응낙하였다.

그는 두 팔을 펼치며 손가락을 쫙 폈다. 대뇌의 명령에 따라 그의 손, 손가락, 팔의 협동으로 그가 연주하는 첼로에서 아름다운 선율이 흘러나왔다. 그것은 그보다 30세 연하의 첼리스트에 버금가는 자랑할 만한 체력이었다.

하루에도 기적을 두 번 보게 된 카즌의 놀라움은 너무도 컸다. 이것은 90세의 카잘스의 몸에서 코티존이 생겨난다는 의미인데, 그 원천은 바로 그의 창의력이었다. 과연 일반 소염제가 이 정도의 제염효능을 보여줄 수 있는가에 의문스러웠다.

그런데 이 과정은 단순히 그의 정서적 흥분이 고조되어 혈압과 심장박동이 높아지는 데서 뱃속에 염산이 많이 생겨 아드레날린의 분비가 늘어나고 코티존이 증가하는 데 그치지 않고 그가 혼신의 힘을 다하여 그의 창의력을 발휘하는 데서 온다는 점에 주목해야 한다.

카잘스는 연약하고 노쇠하였지만 그의 창의력 때문에 만인 앞에 우뚝 솟은 정신적 거인이었다. 그는 사람을 대하는 데 있어 자상하고 성실하였다. 그리고 그의 근엄한 인품과 생의 의지, 신앙, 해학이 그로 하여금 노쇠를 이기고 90세 고령에도 첼로 연주자 또한 지휘자로서 활동할 수 있는 원천적 힘을 발휘할 수 있게 하였던 것이다.

한편, 슈바이처는 평소에 질병을 물리칠 수 있는 최상의 약은 자기에게 할 일이 있다는 자각과 해학미를 갖는 일이라고 하였다. 그래서 질병은 일단 내 몸에 찾아왔다가 반겨주지 않으니까 도로 떠나가 버리더라고 하였다.

인간 슈바이처의 본성이 그의 생의 목적과 창의성에서 여실히 나타나고 있다. 그의 다양한 재능은 모두 자기의 심신을 활용하는 데 동원되고 있다. 그는 90세 고령에도 병원에서 일상 근무를 수행할 뿐만 아니라 목공일이나 약상자를 나르는 허드렛일도 의례히 하였고 원고 정리를 하며 피아노를 연주하였다.

카잘스와 마찬가지로 그도 매일 어김없이 바하의 곡을 즐겨 연주하였다. 가장 좋아하는 곡은 토카타와 둔주곡 D단조이며 이는 오르간을 위한 것이었으나, 그곳에는 낡은 피아노가 두 대 있을 뿐이었다. 적도지대의 일기탓으로 피아노는 제모습도 아니어서 건반의 상아도 떨어져 나간데다 색깔도 바랬고 갈라진 곳도 많았다. 줄의 망치도 낡을 대로 낡은데다 몇 해를 두고 조율을 한 적도 없었으므로 카즌이 직접 두들겨보았을 때 피아노 건반은 제대로의 소리를 내는 것이 없을 정도였다.

그런데 놀라운 일은 매일 저녁 식사 때마다 슈바이처는 그 피아노 앞에 앉아서 찬송가를 쳤다. 또 한 대의 피아노가 방갈로에 있었는데 이 역시 슈바이처의 세계적 연주솜씨의 명성에 비추어볼 때 피아노라고 할 만한 것이 못되었다.

어느 깊은 밤 카즌은 바로 이 피아노 앞에서 슈바이처가 바하의 토카타를 빠른 속도로 연주하는 모습을 지켜보게 된다. 희미한 등불 밑에서 슈바이처는 바하의 선율을 충실하고 완벽하게 연주하고 나서 두 손을 건반 위에 얹은 채 잠시 귀를 기울여 그 여운을 잡는 듯하였다. 바하를 통하여 그는 병원의 모든 긴장과 중압감에서 풀려나는 자유를 다시 얻어 음악으로 돌아와서 창의력의 환희가 주는 희생의 기쁨 속에서 몸을 쭉 펴니 거기에는 꾸부정한 모습이라곤 찾아볼 수 없었다고 한다. 음악이야말로 슈바이처에게는 약이었다.

적도하에 있는 슈바이처의 병원에 와서 근무하는 젊은 의사와 간호사들의 일과는 고되고 어렵다. 슈바이처는 식사 때가 되어 그들과 한자리에 있을 때면 의례히 해학이 넘치는 한두 가지 이야기로서 그들의 사기를 고취한다. 이때에 터지는 한바탕 웃음이 그들의 활력을 치솟게 한다.

저녁 식탁에서 슈바이처가 하였던 이야기의 한 토막은 이렇다: 몇 해 전에 초청을 받아 덴마크의 궁전에서 만찬에 참석했는데 처음에 나온 것이 그가 좋아하지 않는 청어였다. 그래서 그는 남의 눈을 피하며 접시에서 청어를 집어다 저고리 주머니에 넣었다.

그 다음날 신문에 궁전 이야기가 실렸는데, 아프리카에서 온 밀림의 의사는 별나게 식사를 하였다고 하면서 슈바이처 박사는 생선 머리, 뼈, 눈 모두를 하나도 남김없이 먹었다고 적었다. 슈바이처의 병원에서는 해학이 모든 사람의 피로를 덜어주는 값진 영양소였다고 카즌은 말하고 있다.

2) 정상과 이상

대개 우리는 정신건강을 다른 사람의 행동과 비교하여 논한다. 그래서 다수의 행동에서 이탈되는 행동을 하는 사람을 이상한 사람이라고 한다. 그렇다면 정상이란 무엇인가 하는 의문이 생기며, 사실 그것에 대한 뚜렷한 논의도 확실치 않다. 어찌보면 이상보다도 정상의 기준을 정하는 일이 더 어려워 보이기도 한다.

정상의 기준으로서 우리는 두 가지를 들게 된다. 하나는 통계적 기준(statistical norm)이고, 다른 하나는 이상적 기준(ideal norm)이다. 예컨대, 상당수의 성인을 대상으로 하여 좌우로 흘러내리는 정상분포곡선의 모양을 볼 수 있는데, 여기서 좌우로 너무 쳐지지 않은 중심부를 가리켜 우리는 정상범주라고 부르고, 이것이 통계적 기준이 된다.

한편, 이상적 기준이라 함은 개인이나 집단이 소망하는 이상적 상태를 염두에 두고 보는 경우이다. 그런데 때로 그것은 과학적 사실에 근거를 두기도 하며 또한 민속적 문화전통이나 종교적 신앙에 근거를 두기도 한다. 예컨대, 작은 고추가 맵다는 통념에서 작은 키를 이상적이라 할 수 있으며 또한 팔등신의 조화를 따져 늘씬한 키를 이상적이라고 받아들일 수도 있다. 그런데 이러한 기준에서 말하는 정상이 반드시 통계적 정상과 일치하지 않는다는 사실을 우리는 알고 있다. 우리는 통계적 정상을 말하는 기준치를 도외시함도 문제지만 너무 거기에 집착하는 것도 문제가 된다는 사실에 유의할 필요가 있다.

종합병원에서는 입원하는 환자에게 먼저 종합검사부터 실시한다. 통계적 정상을 기준으로 하는 측정치를 얻어내는 것이 질병의 정확한 판단에 필요하기 때문이다. 이러한 검사자료에 근거를 두지 않는 의사의 소견은 그 나름의 억측일 수도 있으므로 위험한 일이 아닐 수 없다. 그러나 이것이 지나치면 문제는 더욱 심각해진다.

환자의 상태를 무시하고 검사만을 위해서 환자를 혹사하는 사례도 많다. 카즌(Cousins 1979)은 이러한 사실을 고발하여 사회에 큰 경종을 울린 바 있다. 그가 한때 입원했을 때 병원에서는 하루 사이에 네 군데서 네 사람의 의료사들이 와서 검사용이라고 하면서 엄청난 양의 피를 뽑아갔다고 한다. 그는 이러한 비인도적인 처사에 분개하여 자기 입원실 문에다 사흘에 한 번만 혈액채취에 응하겠다는 표말을 붙여 놓고 반대의사를 표명하였다.

오늘날 인간활동의 모든 분야에서 과학과 진리는 거의 동의어로 받아들여지다시피 되어 있다. 그래서 과학적 진리에 압도되는 나머지 주관적 의식을 열등시하는 그릇된 인식이 우리의 사고를 지배하게 되었다. 그리하여 관찰·조작 가능한 사실을 체계적으로 묶는 데서 과학적 진리를 발견하며, 이러한 지식의 체계를 가지고 정신건강의 문제를 다룬다고 주장하면서 과학적 공식화를 내세우는 입장을 우리는 경계하게 된다.

개인의 정신건강문제는 누구에게나 제공되어 누구나 다룰 수 있는 정보가 아니다. 예컨대, 그것은 개인 당사자의 준법의식의 문제가 관찰가능한 사실만 가지고 일률적으로 다루어질 수는 없는 경우와도 같다. 또는 개인의 주관적 경험의 내용과 이를 객관적으로 다룰 수 있는 과학적 연구의 결과가 합쳐져서 그 개인의 내면세계와 나타나는 행동에 대한 평가와 감별이 비로소 가능해지기 때문이기도 하다.

더구나 사람들은 실패, 결격, 부끄러운 소행을 밝히려 하지 않는 심리적 제지(psychological inhibition) 때문에 개인의 행동을 객관적인 관찰로서만 평가하려는 시도는 현실적으로 어려운 일이다. 어린 아이들이 천진난만하다는 것은 아직 자기를 숨기며 가리는 심리적 제지의 기제를 배우지 못했기 때문이다.

우리가 잘 알고 있는 바와 같이 전근대 사회의 위계질서 관념인 양반의식, 양반체통, 양반행세의 행동 잔재는 아직도 우리 사회에 만연해 있다. 우리의 존칭제도는 매우 특이하여 많은 경우에 우리의 행동에 심리적 제지나 제동을 가하는 구실이 된다. 그러므로 정신건강의 문제를 알아보는 데 있어서 나타나는 행동만을 객관적으로 살핀다는 몰가치적인 입장을 우리는 다시금 반성해야 한다.

물론 정상의 기준에서 이탈되는 행동을 빈번히 감행한다면 마땅히 전문가의 지도와 처치를 받아서 그런 소행을 바르게 교정하는 일이 무엇보다도 바람직하다. 그러나 과학중시의 풍조에 압도되는 나머지 모든 행동의 해석을 통계적 기준의 틀에서만 다루는 안이한 태도는 버려야 하며, 정신건강의 참된 뜻을 바르게 인식하는 일이 마땅히 강조되어야 한다.

정신건강은 환상인가? 제2차 세계대전 이후로 서양의 실존주의, 인본주의 철학자들이 정신건강의 기준을 찾는 데 있어서 동양문화권에서 다루는 건강법을 많이 소개하였는데, 이것은 정신건강에 대한 동서간의 접근이 시작되었다는 데에서 큰 뜻이 있다고 보겠다.

동양의 건강법이란 도시생활하는 문명인들의 반자연적인 생활에 대하여 합자연의 이치를 풀이해주는 이른바 자연환원법이라 할 수 있다. 그것은 한마디로 자연 속에 건강과 불로의 원칙이 있다는 것을 강조하는 것이다. 이러한 강조는 서양사람들에게 건강과 불로법은 결코 고량진미와 비싼 약으로만 얻어지는 것이 아니요, 정신수양과 절제로 얻어진다는 인식을 불어넣었다. 사실 동양에서는 도를 닦는 수양의 효과로서 얻어지는 것이 무질각노(無疾却老)의 결과임을 강조하기도 한다.

동양의 문화적 통념으로서 기(氣)의 개념을 실재하는 체내운동의 계통으로 실증한 김봉한(金鳳漢)의 연구(Mishlove 1975)는 동서 의학의 신경해부학적 접근을 가능케 하는 것인데, 동양에서는 기를 정신건강의 근본요소로 꼽고 있는 터이다. 그러나 아직도 동서문화권의 절충으로 정신건강의 정의가 일치를 보게 될 전망은 요원하다.

흔히 어떤 행동이 본인에게 불행을 가져오고 사회에 해롭다고 인정될 때, 우리는 이를 정신건강의 상실에서 오는 정신질환이라고 본다. 그리고 과학적 측정 방법에 따라 규정지을 수 있는 범위를 벗어나는 경험과 행동에 대해서는 거의 개인의 주관적 판단에 따르고 있다. 그런즉 정신건강의 정의는 아직도 우리의 능력한계를 능가하는 미해결의 문제라고 보아야 한다.

3) 정신이상

우리 사회가 몽매했던 때에는 과학적 진단을 제대로 하지 못하여 위암을 체한 것으로밖에는 진단을 내리지 못했다. 간암을 황달이 심한 정도로 알았으며, 그와 같은 무지의 탓으로 죽어도 무슨 병 때문에 죽었는지를 모르고 살아가야 했다. 근래에 우리는 암이 병 중에서도 가장 무서운 난치병이므로 그 예방을 강구하는 뜻의 주의와 경고를 많이 받고 있는 터이다.

우리는 질병을 신체기관의 장애에서 생기는 이상이라고 규정하고 있다. 로빈슨(Robbins 1974)의 엄격한 정의에 따르면 정서 및 기능적 장애를 제외하고 모든 질병은 세포의 이상 때문에 생긴다고 한다. 의학문헌은 방대한 질병의 자료를 취합하여 그에 대한 진찰과 치료의 기법을 다루고 있다. 그러나 엄청난 연구의 결과를 집대성하여 이룩해 놓은 의학 분야의 업적에도 불구하고 질병에 대한 통일된 정의는 아직 제시되지 못하고 있다. 앞에서 건강의 통일된 정의가 아직 없다고 지적한 것과 마찬가지로 질병도 그렇다고 할 수 있겠다. 자아즈(Szazs 1987)의 견해에 따라 질병의 기준을 살펴보기로 한다.

① 확실한 장애 : 눈으로 볼 수 있는 황달이나 출혈상처라든가 혈액검사, X-ray 검사, 심전도 등의 측정치를 기준으로 하여 확실한 장애로 인정되는 경우이다.

② 추상적인 장애 : 육안에 금방 비치지 않으나 병세의 진전으로 나타나는 것으로 신경성 매독이나 심근경색의 경우는 정밀기술적 측정을 통하여 질병으로 입증된다.

③ 고통의 호소와 환자신분 : 위에서와 같이 직접 장애부위를 갖지는 않으나 신체의학적 유관성을 가지고 있는 것으로 넓은 장소나 높은 곳을 무서워하며 고통을 호소하는 경우이다.

④ 자신에게 해로운 습벽 : 흔히 병적 행동이라는 말로 표현되는 알코올 중독, 습관성 도박 등인데, 자제력과 극기력의 부족에서 오는 것이다. 이러한 행동도 오늘날 질병이라고 본다.

⑤ 반사회적 범죄 : 사회적 위험이 따르는 폭력적 범법행동을 정신이상에서 오는 질병이라고 본다.

위에서 살펴본 분류는 어디까지나 임의적이며 정설은 아니다. 그러나 우리는 이러한 분류가 통용되는 데서 질병개념의 엄청난 확대 적용을 실감하게 된다. 그런데 우리는 항상 과학적 기준에 따르는 정의를 숭상하는 듯하면서도 개인의 의견 차이에서 오는 다양한 정의가 생겨나는 것을 보게 된다.

정신과 의사들은 정신이상을 질병이라고 부르는데, 이는 병리학자들의 질병 정의와는 부합되지 않는다고 자아즈(Szazs)는 주장한다. 단적인 실례를 1938년 설리반(H. S. Sullivan 1892-1949)이 창간한 미국의 정신의학 전문지 「Psychiatry」의 '대인관계의 과정 연구(The Study of Interpersonal Process)' 라는 부제에서 볼 수 있다. 여기서는 딱딱한 과학에도 종교, 역사, 법률, 정치, 철학, 심리학, 인류학 등이 망라된다는 뜻으로 풀이된다고 하겠다.

해인리(Hanley 1985)는 내과의가 심장계통의 전문가인 것같이 정신의학에서 다루는 기관계통은 무엇이냐라는 질문을 제기하면서 마땅히 뇌계통 전문가여야 하지 않느냐고 반문하고 있다. 이것은 정신의학의 정의가 기술적(descriptive)이면서 동시에 규정적(prescriptive)인 것으로서 받아들여지는 말이다. 그러나 자아즈는 병리생리학, 해부학, 생화학 등의 의학 서적에서 정신질환에 관한 언급이 없다는 사실을 밝혀 우리의 관심을 환기시키고 있다(Robbins 1984; Sodevan 1985).

미국 정신의학회가 펴내는 『정신장애의 진단 및 통계요강(Diagnostic and Statistical Mannual of Mental Disorders)』의 저자들조차도 정신질환의 일차적 기준으로서 병리해부학이나 병리생리학적 장애의 유무를 가리지 않고 있다고 자아즈는 지적하고 있다. 그러나 이는 정신장애의 신체적 근거를 탐색하는 연구에 주력하고 있는 학자들의 활동을 무시하고자 하는 말은 결코 아니다.

AIDS의 병리는 그 병인이 되는 바이러스가 있기 때문이다. 정신장애를 뇌병리의 결과라고 하고, 그것을 마음의 병이라 부를 때 우리는 뇌와 마음이 동의어냐고 묻게 된다. 그러나 마음이 답답하고 마음이 울적한 것은 뇌에 무슨 손상이 있어서 그런 것은 아니므로 이 경우에 뇌와 마음을 동의어로 취급할 수 없다고 하겠다.

그러므로 정신장애, 정신이상, 정신질환이라는 말은 모두가 신체적 질환의 경우처럼 병리해부학적 유관성을 따져서 하는 말이지만 이를 뒷받침하는 뇌손상의 실증적 근거가 없기 때문에 단지 의학적 모형을 빌어서 쓰는 비유의 말에 불과한 것으로 풀이된다(Szazs 1987).

4) 심리치료란 무엇인가

'심리치료가 무엇이냐'라는 정의를 알아보기 위하여 블라우(Blau 1988)의 일화를 소개하기로 한다. 제2차 세계대전 당시 심리치료라는 말을 처음 들어보는 풋내기였던 그가 코시니(Raymond Corsini)와 나누게 된 다음의 일화는 우리에게 유익한 시사점을 준다.

블라우: 선생님께서는 어떤 정신이상(mental disorder)도 심리치료에서 다룰 수 있습니까?
코시니: 글쎄요. 많은 문제에 좌우되지요.
블라우: 예컨대 어떤 문제인가요?
코시니: 아주 복잡해요.
블라우: 그럼 실제로 무엇을 하십니까?
코시니: 무슨 뜻인데?
블라우: 말하자면 어떤 방법으로 심리치료를 하십니까?
코시니: 실제로 하는 것이 없어요.
블라우: 무엇인가 분명히 하시겠지요.
코시니: 반드시 그렇지도 않아요. 때로는 아무것도 하지 않는 것이 가장 중요합니다.
블라우: 아무것도 하지 않는다는 말씀은?
코시니: 그래요. 환자가 해야 하니깐요.
블라우: 무엇을 합니까?
코시니: 심리치료를 하지요.
블라우: 그렇다면 선생님께서 환자에게 심리치료를 가르치시나요?

코시니: 아니죠. 그건 안 되죠. 환자 자신이 심리치료를 어떻게 해야 하는지를 찾아내야지요.
블라우: 그렇다면 환자가 무엇을 할 것인지를 알아차리게 한 다음에 선생님께서 그가 잘했다, 못했다를 일러주시는 겁니까?
코시니: 아니지요. 환자에게 옳다, 그르다라는 말을 하면 안 되요.
블라우: 그렇다면 정말 무엇을 하시는 겁니까?
코시니: 심리치료 전문가는 대개 듣기만 하지요.
블라우: 무엇을 들어요?
코시니: 환자의 이야기지요.
블라우: 그것이 어떻게 정신이상을 고치죠?
코시니: 때로는 못 고치지요.
블라우: 그 말씀에 이해가 갑니다.

이 대화에서 볼 수 있듯이 심리치료에서는 지나치게 기법을 중시하지 않는다. 그래서 오늘날 우리는 심리치료 이론은 많이 있으되 효율적인 결과를 얻을 수 있는 기법에 관해서는 그만큼 논의가 활발하지 못하다.

상담과 심리치료는 오늘날 비단 심리적 장애나 질환뿐만 아니라 청소년 비행이나 범법자의 교정과 재활 그리고 비극적 사태를 겪는 위기상황이나 임종을 앞둔 환자의 마음에 평안 등 많은 분야에서 정신건강의 회복과 유지를 위한 적절하고도 긴요한 심리학적 처치요, 수단으로 인정되어가고 있다.

서양에서 100년의 역사를 가지고 있는 심리치료가 우리에게 친숙하게 받아들여진 내력은 영어권에서 사용되는 심리치료의 문헌들을 많이 다루어 오면서부터이니 그다지 오래되지 않은 일이다. 그러니만큼 아직도 자기의 본업이 심리치료 전문가라는 간판을 내걸고 개업하는 사람을 볼 수 없는 실정이다. 이는 물론 학위를 가진 정신과 의사를 제외함을 말한다.

정신건강 전문가(mental health professions)라고 하면 정신과 의사를 비롯하여 카운슬러, 심리치료 및 정신분석 전문가, 심리학자 등이 포함된다. 그러나 심리치료의 정의가 다양하여 한마디로 논하기가 곤란하다. 특히 미국의 경우 히링크(Herink 1980)의 『The Psychotherapy Handbook』을 보면 알파, 베타 순으로 소개된 심리치료 기법이 무려 이백 여든 가지로 되어 있어서 사람들은 이러한 실정을 가리켜 미국을 심리치료의 슈퍼마켓이라고 조소하기도 한다.

대체로 우리는 심리치료의 의미를 언어교류(verbal interchange)를 통한 정신치료, 즉 심리장애의 해소, 감소, 조절을 가져오는 처치 과정으로 보고 있다. 물론 신체적 동작에서 오는 의미의 전달을 외면한다는 뜻은 아니다(Harper 1974). 심리치료란 말하자면 심란한 상태를 다스리는 처치요, 기법이다. 여기서 심란한 상태(disturbed psyche)가 무엇을 뜻하느냐에 대해서는 여러 가지 견해가 있을 수 있다. 위의 것을 종합해볼 때 심리치료란 심리적 장애(psychological disorder)가 사고, 감정, 행동면에서 나타난 현상을 보고 심리치료 전문가가 적절한 기법으로 그것을 다스려서 내담자(환자)의 심리적 장애상태를 극복, 제거, 감소케 하는 심리적 치료와 전문적 도움을 주는 과정이라고 말할 수 있다.

프랭크(Frank 1978)는 현대인이 생활의욕을 잃는 데서 심리치료를 받게 된다는 가정(demoralization hypothesis)을 내세웠다. 이런 사람들은 대체로 외부의 도움 없이는 자제력과 마음의 평정을 회복·유지할 수 없다고 본다. 그런데 이와 같은 생활의욕 상실은 성장 초기의 가족관계와 현재의 사회생활 과정에서 지속되는 대인관계에서 쌓인 긴장 때문에 오는 것으로 보는 데 당사자가 이런 마음의 상태를 어떻게 감내하며 표출하느냐가 심리치료를 받는 여부와 유관도가 높다고 프랭크는 지적하였다.

대개 우리는 마음이 평안하려면 몸도 평안하고 인생의 노정이 순탄해야 한다고 말한다. 그렇다고 해서 매일 잘 놀고 무위도식하는 것이 상책이라는 뜻은 아니다. 아무리 영양섭취가 좋고 의술이 발달하여 우리의 평균수명이 예전에 비하여 연장되었다고는 하지만 우리의 힘으로 수명을 좌우하지 못하는 데서 우리의 실존적 현실은 마음을 늘 편안하게 해주지 못한다.

그뿐만 아니라 과학기술의 발달이 우리의 생활을 윤택하고 풍요롭게 만들어 놓았다고는 하지만 산업공해가 생태계를 위협하는 것을 볼 때, 과학기술은 병도 주고 약도 주는 위협적인 존재이며 야누스와도 같이 변신한다고 보아야 한다. 자연사보다도 사고로 인한 인명 희생이 더 많다는 사실이 단적으로 이를 말해주고 있다.

사회성원의 정신건강은 한마디로 하여 사회성원간의 신망에 바탕을 두고 공동의 목표달성을 추구하는 태세에 크게 좌우된다. 오늘날 우리 사회에서 보는 바와 같이 지도층에 대한 불신과 계층간, 지역간의 소득격차가 큰 데서 그 불신이나 시정 전망이 흐리다고 할 때 사람들의 생활의욕은 위축되기 마련이다. 정부기관의 홍보자료가 아무리 국민생활의 향상과 윤택을 떠들어대도 그것을 불신하는 세력의 반대외침은 더욱더 거세짐을 우리는 볼 수 있다.

이와 같은 와중에서 전통적인 인간의 유대관계에 큰 변질을 가져옴은 물론이다. 가정에서는 부모와 자식 간에, 학교에서는 교사와 제자 간에, 기업에서는 사용자와 근로자 간에 원만한 관계가 무너져가는 사례가 속출하고 있다. 이런 것을 모두 농업경제에서 공업화로 치닫는 급격한 사회의 구조적 변화의 산물이라고 표현한다면 그것은 너무도 단편적인 이야기에 그치고 만다.

인간미 있는 감정보다도 타산적 측면에서 사회집단의 역할관계가 좌우되고 있으며, 심리적 지지나 도움보다는 술책이 바닥에 깔린 인간관계가 유지되고 있는 탓으로 인간의 온정이나 인정어린 감정으로 정직한 사람을 보기가 더욱 어려워지고 있다. 그래서 사람들은 오늘과 내일의 생활이 불확실하다는 불안에 쌓이는 한편 불신 속에서 소외되어가는 자기를 발견하게 되는 것이다.

반면에 우리 사회에는 물질적인 풍요가 만연하여 무엇을 해야 좋은지를 알지 못하고, 물질만능주의나 배금주의 그늘에서 무위도식하면서 사회생활의 기강을 흐리는 사람들이 늘어나고 있다. 이런 사람들은 삶의 참된 목적이 무엇인지 생각할 줄 모르는 사람들이라고 볼 수 있다.

이렇게 양극단으로 갈라진 사람들로 하여금 자기를 바르게 이해하고 받아들이게 함으로써 이들간의 사회적 공백을 메우는 일은 우리 사회의 성원, 즉 모든 사람의 인간적 자원을 모아서 올바른 생활가치를 정립하여 인간다운 생활의 질을 높이는 일에 대한 공헌이 아닐 수 없다. 넓은 의미에서 심리치료는 이런 면에도 공헌해야 한다.

2. 스트레스와 정신건강

1) 스트레스의 정체

　스트레스의 정체는 무엇인가? 어떤 사람은 마음을 언짢게 하는 불쾌한 일에다 이 말을 쓴다. 스트레스 때문에 만사가 두려워져서 비참하게 된다고 한다. '스트레스를 받았다. 그래서 스트레스를 푼다'라는 말은 이제 우리의 일상용어가 되었다.
　인류의 조상이 동굴생활을 하던 때 호랑이와 같은 맹수의 그림자가 눈앞에 나타나면 '싸우느냐/도망가느냐(fight or flight)'의 스트레스 반응을 보였다. 이와 다를 바 없는 '이럴까/저럴까' '할까/말까'의 스트레스 반응은 오늘날 우리생활의 일부가 되었다. 우리의 마음에 압박을 주는 스트레스 반응은 순식간에 나타난다. 그래서 몇 분 동안 스트레스에 노출되면 기진맥진하는 하루가 된다.
　만일 스트레스 반응이 심각하여 몇 주간이나 몇 달을 두고 계속된다면 마침내 개인의 건강도 행복도 망치게 되는데, 이것은 스트레스가 쌓이면 무서운 파괴력이 되기 때문이다. 그러므로 스트레스를 극복, 해소하며 쾌적한 기분으로 바꾸는 데 도움이 되는 넉넉한 마음의 여유가 필요하다.
　근래에 이르러 신경안정제를 대신하여 '행동의학'의 활용이 두드러지고 있는 바, 예컨대 바이오피드백, 점진적 이완법, 자기주장 훈련, 자기최면과 같은 스트레스 제어전략이나 여러 가지 상담 기법을 들 수 있다. 스트레스 제어의 성패는 마음의 틀(mindset)을 어떻게 정하느냐에 달려 있다고 보는 데서 이와 같은 기법의 효능이 점차 중요시되고 있다.

의학적 맥락에서 스트레스(stress)라는 건축공학의 용어를 처음 쓰기 시작한 셀리(Hans Selye)는 동물실험에서 스트레스에 만성적으로 노출되면 쥐가 심장질환에 걸리는 것을 알게 되었다. 스트레스가 심장세포를 죽인다는 것도 많은 연구에서 밝혀지고 있다. 이렇듯 스트레스는 마음을 상하게 하는 데서 우리의 정신건강뿐만 아니라 신체건강에도 중대한 위협이 되고 있다. 그러나 우리는 아직도 스트레스의 명확한 정의를 갖지 못하고 있으며, 과학 전문지에서 보면 열두 가지 이상 되는 스트레스의 정의가 사용되고 있다.

특히 스트레스 반응으로 분비되는 일종의 호르몬(corticosteroids)은 심장근육과 동맥에 손상을 가져오며 아직 그 기제가 밝혀지지는 않았지만 스트레스는 혈압상승의 원인이 되고 있다. 그리고 스트레스 호르몬에 오랫동안 노출되면 이를 물리치기 위하여 혈당치가 높아지기 때문에 당뇨병이 유발된다.

또한 스트레스 호르몬에 오래도록 노출되면 뼈가 약화되어 골절손상이나 심지어 골다공증도 생겨나게 된다. 그뿐만 아니라 우리의 기억과 사고력도 그것 때문에 손상을 받는다. 물론 나이를 먹어 가면서 기억력은 쇠퇴하지만 특히 최근의 정보와 단기기억의 파지가 스트레스 호르몬 때문에 한결 더 어려워진다.

스트레스 호르몬에 대한 장기노출은 면역계통에도 압박을 준다. 병균과 싸우는 면역세포의 생산을 포함하여 체내의 모든 중요한 활동에 관여하는 갑상선의 호르몬 생산이 이것 때문에 봉쇄되기 때문이다. 또한 스트레스 호르몬이 면역 호르몬을 직접 파괴하기도 한다. 이렇듯 스트레스는 우리의 건강에 큰 위협적 존재가 된다.

스트레스는 모든 연령에 손상을 주지만 특히 노령에 주는 영향은 심각하다. 노령의 경우 스트레스 호르몬의 잔류시간이 길기 때문에 저항력은 더욱 약화되기 마련인데, 이는 굳어버린 생활양식을 산뜻하게 바꾸는 일이 어려워지는 데서 온다.

2) 스트레스 증후

다음에 소개하는 리스트는 스트레스를 다루는 데 필요하고 유익한 자료가 된다. 이는 의학적, 심리학적 의미를 따진 임의적 분류이지만 이러한 분류의 원천을 살피는 일은 스트레스의 해소책을 알아보는 데 있어 선행되어야 한다.

스트레스가 충만한 오늘의 세상에서 이들 네 가지 부류의 증후(symptoms)가 모든 스트레스를 망라하는 것이 아니다. 혹시 어떤 증후가 늘상 그리고 아주 심각하게 나타난다고 하면 반드시 의사의 진찰을 받아야 한다. 어떤 신체질환은 스트레스의 탈을 쓰고 나타나기 때문이다(Nathan 1987).

골격근육과 관련되는 스트레스의 신체적 증후

1. 긴장형 두통
2. 불쾌표정
3. 이를 간다
4. 턱이 아프다
5. 말더듬
6. 입술, 손이 떨린다
7. 근육긴장, 근육통
8. 목이 아프다
9. 어깨가 아프다
10. 신체언어의 공격적 표출

자율신경계와 관련되는 스트레스의 신체적 증후

1. 편두통
2. 빛과 소리에 대한 과민성
15. 호흡 곤란
16. 심한 질식

3. 현기증
4. 귀가 울린다
5. 눈동자가 커진다
6. 얼굴이 붉어진다
7. 입술이 마른다
8. 음식을 삼키지 못한다
9. 자주 감기에 걸린다
10. 두드러기
11. 발진
12. 오한
13. 구토증
14. 부정맥
17. 흉부 통증
18. 땀이 많다
19. 밤에 식은 땀을 흘린다
20. 손이 차고 땀이 많다
21. 손과 발이 너무 차다
22. 가스가 차고 자주 트림
23. 빈뇨
24. 변비
25. 조바심에서 오는 설사
26. 성욕 감퇴
27. 성쾌감 곤란

스트레스의 정신적 증후

1. 불안과 걱정 및 죄악감
2. 분노와 좌절감
3. 변덕스럽다
4. 우울증
5. 식욕 증진이나 감퇴
6. 조급한 마음
7. 악몽
8. 집중력 감퇴
9. 새로운 정보의 학습곤란
10. 건망증
11. 산만 또는 혼미
12. 의사결정 곤란
13. 문제에 압도당하는 느낌
14. 자주 운다
15. 자살 기도
16. 대인 공포
17. 고독감

스트레스의 행동적 증후

1. 몸단장에 대한 무관심
2. 자주 지각한다
3. 지나치게 심각한 표정
4. 유별난 행동
5. 손가락 장난과 같은 불안 습성
6. 날뛰거나 급히 서둔다
7. 좌절감과 흥분
8. 낙후감
9. 작은 일에 과민함
10. 작은 실수가 많아짐
11. 완벽주의
12. 작업능률이나 생산성 저하
13. 잘못을 변명한다
14. 말이 빠르거나 중얼거림
15. 수세적이며 의심이 많음
16. 다른 사람과의 의사소통장애
17. 사교거부
18. 늘 피곤하다
19. 수면장애
20. 약을 너무 자주 쓴다
21. 식사조절 없이 체중의 증감
22. 흡연이 는다
23. 여가에 마약복용
24. 음주가 늘어남
25. 도박/과소비

이런 스트레스 증후가 어디에서 오느냐를 따져보면 그 원천은 크게 환경적, 신체적 및 정신적 원천의 세 가지로 나누어진다.

스트레스의 원천을 알게 되면 그 해소를 위한 최선의 대응장치를 마련하는 데 도움이 된다. 그래서 만일 근육이 경색되어 잠을 이룰 수가 없다면 그 스트레스의 원천은 바로 신체이다. 그러므로 근육이완법을 이용하여 이와 같은 신체적 스트레스를 해소할 수 있다.

만일 어제 일어났던 일을 걱정한다거나 또는 내일 일어날 일을 두려워한다면 스트레스는 정신적인 것이다. 이런 때에는 사고개선법과 같은 해소책을 적용하는 것이 적절하겠다.

한편 자기가 도저히 지킬 수 없는 마감 날을 고집하는 고객에게

화가 나서 견딜 수가 없다면 이 스트레스는 자기가 아닌 외부적 환경에서 오는 것이다. 이런 때 가장 효과적인 대책을 강구하기 위해서는 환경적 스트레스의 변화를 다루는 계책으로서 화술이나 시간관리 기법을 알아보는 것이 현책이겠다.

　스트레스라면 모두가 고통스럽고 해로운 것만은 아니다. 스트레스는 때로 우리에게 생활의 열의와 흥분을 안겨주기도 한다. 그것은 우리로 하여금 우리의 활력을 다하여 무엇을 성취하게 한다. 그래서 우리는 때로 일부러 스트레스를 사서 구경한다. 예를 들어, 서부활극, 모험영화, 자동차 레이스, 승부를 겨루는 운동경기 등등 부지기수이다. 또한 인생의 모든 흥분을 버리고 심산유곡을 찾아들어가 명상에 잠기면서 생을 관망하는 사람들도 있지만 그것은 불과 소수일 뿐이다.

　무슨 일에 열중한 나머지 우리가 탈진상태에 빠지는 수가 있는 것처럼 때로 우리는 무위생활에 지쳐서 묵혀버리는 수도 있다. 짜증스런 일에 지치고 보면 가슴에 탈이 나서 고생하는 사람도 있다. 그러나 경미한 스트레스는 사람들이 별로 개의치 않으며 이것 때문에 생산성의 저해를 받는 일도 없다. 그런데 압박과 스트레스가 증대하면 생산성도 따라서 최고수준으로 향상되지만 그 이상의 스트레스를 받으면 과중한 부담 때문에 생산성이 떨어지기 시작한다. 그러므로 생산적인 스트레스의 최고수준에 너무 집착하는 일도 피하여야 한다. 우리는 스트레스의 적정수준을 파악하여 불필요하고 성가신 부분만을 제거해버리는 것이 좋다. 어느 사업가의 말처럼 스트레스는 화약과도 같기 때문에 폭파하여 버리든가 아니면 불발처리해야 한다.

3. 인간의 심성과 대뇌

1) 심성과 정신건강

　비록 신체장애를 가지고 있는 사람이어도 남을 위하여 봉사하며 또한 창의성과 행복에 찬 생활을 해나갈 수 있다. 식물인간이나 다름없는 전신 마비의 호킹(Stephen W. Hawking) 박사는 특히 우리를 놀라게 하는 존재이다. 그는 제대로 운신조차 할 수 없으며 말도 하지 못한다. 그러면서 그는 양자론적 입장에서 우주의 기원을 풀어나가는 새로운 이론을 발전시킴으로써 20세기가 낳은 가장 명석한 두뇌의 소유자로서 아인슈타인에 버금가는 이론물리학자로 인정받고 있다.

　호킹 박사의 경우처럼 꼭 고등정신능력을 문제삼지 않더라도 오늘날 우리 주변에는 신체장애를 극복하고 치열한 사회적 경쟁을 슬기롭게 이겨나가는 정신력이 강한 사람들의 활동 일화가 많다. 그런데 신체장애가 아니고 정신장애일 때 그 심각성은 매우 크다. 그것은 곧 지능발달의 지체, 노쇠, 정신분열증과 같은 상태를 자초한다.

　대체로 정신건강이 갖추어야 하는 세 가지 자질이 있는데, 그 어느 하나라도 부족하면 정신기능에 병폐가 생긴다고 한다(Vithoulkas 1980). 이들 세 가지는 항상 있어야 하는 건전한 심성의 기준인데 그 가운데서도 특별히 세번째가 필요 불가결한 것으로 중요시된다.

① 사고의 명료성
② 합리성과 일치성 및 일관성

③ 남을 위하며 또한 자신의 행복을 위한 창의적 봉사

개인의 정신건강을 평가하는 데 있어서 첫번째로 고려되는 것이 사고의 명료성이다. 사고능력의 약화나 혼미는 정신기능의 장애가 나타나는 시초이며, 그것이 심해지면 마침내 지능발달의 지체나 노쇠를 재촉하게 된다.

때로 명료한 사고능력을 가지고 있지만 사고의 일관성을 유지하지 못하는 사람도 있다. 이런 사람은 자신의 생각을 논리정연하게 발표하지 못하며 추상적인 사고능력을 갖지 못한다. 그래서 충동적이며 불합리하기 때문에 명석한 듯이 보이다가도 엉뚱한 데로 비약하여 듣는 사람들을 어리둥절하게 만든다. 또한 천재에게서나 볼 수 있는 상습적인 방심상태도 심상치 않은 정신장애의 일면이라고 보는 것이 옳다.

마찬가지로 치밀한 계획과 수법을 쓰는 고도로 지능적인 사기범이나 살인범도 명석하고 뛰어난 사고를 하고 있는 경우라고 하겠지만, 그의 심각한 병폐는 타인을 짓밟고 자기의 이익만을 추구하는 데 있다. 이러한 삐뚤어진 정신상태의 병폐가 오늘날 우리 사회에서 볼 수 있는 존속살해이며, 강력범의 발호, 권력의 부패, 폭력의 난무와 같은 극단적인 저질범행의 근원이 되고 있음이 사실이다.

특히 물질만능의 풍조가 극단의 이기주의와 결부되어 사고의 합리성과 창의적 봉사정신을 멀리하는 지경에 이르고 보면 사람은 벌써 곧은 심성을 잃은 상태로 빠져들어 참된 것과 거짓을 구분하지 못하는 혼미를 거쳐 정신건강의 위기에 봉착하게 된다.

그뿐만 아니라 물질에 대한 욕망이 강박적 상태에까지 이르게 되면 다른 사람의 희생은 안중에 없으며, 인륜과 도덕에 대한 가치의식마저도 상실하고 만다. 만일 이런 탐욕스런 심성을 가진 사람이 자기의 소유를 잃게 되면 도저히 그 충격을 감당하지 못한다. 이와는 대조적으로 건전한 심성을 가진 사람은 이런 경우에도 그 충격을 능히 극복하고 다시 무에서 시작하는 슬기로운 출발태세로 옮겨선다.

그런즉 사람은 살아가는 과정에서 불시에 닥쳐오는 불행한 사태나 그런 소식이 가져오는 정신적 충격 때문에 신체기관에 심각한 장애를 겪게 되는 수가 있다. 때로 그것은 치명적인 기관장애가 될 수도 있는데, 어떤 사람은 이런 충격을 일시적으로 겪고 이겨내는 데 비해 어떤 사람은 일생을 두고 여기에 만성적으로 시달리면서 건강을 잃어간다. 이런 차이는 어디에서 오는가? 그리고 그 해답이 바로 정신건강의 비밀을 명쾌하게 밝혀줄 수 있을까?

이기적인 생각과 야심으로 마음이 꽉 차 있는 사람의 경우, 그는 스스로 고통을 자초할 준비를 이미 하고 있는 것이나 다름없다. 만일 그의 과다한 야망의 달성이 불투명해지면 그의 비관과 탄식도 비례적으로 커지게 마련이다. 이렇게 따지고 보면 정신적 고통의 근원은 결국 두 가지로 압축될 수 있다. 즉 이기심(selfishness)과 탐욕(acquisitiveness)이라고 하겠다.

그러므로 여기서 소박한 결론을 내려본다면 정서적 안정과 정신건강을 항상 적절하게 유지하려면 자기집착에서 벗어나 평심과 이타적 자질(altruistic qualities)을 갖추는 수양을 쌓는 일이 무엇보다도 중요하다. 그렇다고 하여 이것이 금욕생활을 뜻하거나 일상생활의 중요성을 경시하는 말은 결코 아니다. 단지 과욕(過欲)이나 과욕(寡欲)을 모두 삼가하면서 중용의 황금률을 지키는 것이 정신건강의 기본적 요건이 된다는 뜻이다.

심성이 건전한 사람은 정신적으로도 건강하다. 그는 늘 기분이 쾌적하며, 창의적 사고와 활동이 활발하며, 또한 사회를 위하여 봉사하는 사람으로 꼽힌다. 그래서 부정적 사고나 부정적 감정에 압도되지 않는 건전한 심성의 중요성이 언제나 강조되는 바이다.

 2) 웃음의 건강효과

 지구상에서 가장 가혹한 고통을 겪는 인간이 웃음을 창출했다고 한 니체(Friedrich Nietzscine)의 말은 명언이다. 적극적 감정으로서의 웃음을 통하여 무서운 병마와의 싸움에서 마침내 건강을 회복하는 데 성공한 인물이 카즌이다. 배타적인 의학전문지(New England Journal of Medicine)가 문필가인 그의 글을 게재하였으며(1976), 후에 그는 체험기를 책으로 펴냈다(Cousins 1979).
 엔돌핀이라는 말이 생소하던 당시 그는 무서운 통증을 수반하는 그의 난치병을 체내에서 나오는 진통제로 이겨냈다고 하였으며, 그는 이것을 웃음의 효과라고 하였다. 물론 그의 이 말은 의학적 치료의 효과를 전적으로 무시하고 하는 말이 아니다. 그의 주장은 의학적 치료와 함께 우리의 몸이 지니고 있는 치유의 자원을 활용하는 중요성을 강조하는 데 있었다.
 로스앤젤레스의 캘리포니아 대학교 의과대학에서는 그를 초빙하여 '의학윤리' 담당교수로 임명하였다. 그후 그는 1990년 별세할 때까지 10년을 두고 의과대학에서 독지가들의 희사로 연구기금을 마련하여 의료전문가와 팀을 구성하여 마음의 치유능력을 밝히는 연구활동에 헌신하였다. 그는 의사나 환자 가족들의 요청을 받고 시한부 중환자들에게 삶의 의지를 고취하며 격려하는 봉사활동을 펴나갔다. 때로 그는 일주일에 열다섯 명 정도로 이런 환자들과 만나서 난치병을 극복한 그의 체험을 나누며 그들에게 희망과 용기를 돋워주었다.

그는 건전한 심성을 가진 사람이 쾌적한 기분으로 활동한다면 엔돌핀과 엔케파린의 분비가 왕성해지므로 몸에서 치유능력이 활성화된다는 신념을 지니고 있으며 저명한 소화기 계통 전문가이며 인간의 질병 중에서 85퍼센트는 저절로 조절될 수 있다고 보는 인겔핑거(Frantz Ingelfinger 1920-1980)의 견해를 철저히 신봉하는 사람이기도 하다.

난치병을 이겨낸 카즌이 강조하는 웃음의 건강효과 주장을 받아들여 오스틴 소재 성 요셉병원에서는 재래의 병실 설계를 근본적으로 바꾸어 거실의 분위기로 전환하였으며, 특히 암환자 병실층에는 큰방을 마련하여 하이파이 음향기기를 비롯한 시청각기재와 그림 전시칸도 마련하였다고 한다. 병원의 개념을 일신하는 이 경우 외에도 같은 취지에 따라 여러 병원에서 음악, 미술, 문학의 소개와 함께 코미디를 주로 하는 오락/연예 채널의 시청을 환자들이 즐기도록 하는 변화가 생겨나게 되었다. 그래서 현재 미국의 많은 병원에서는 웃음 보따리를 환자에게 제공하는 프로그램을 보유하게 되었다고 한다.

웃음의 효과는 종교와도 같이 사람의 사회적 지각을 변화시킨다는 올포트(Gordon Allport)의 견해는 여러 심리학자들에게 받아들여져 1950년대 이후로 사고의 '기능적 고착' 상태에서 '창의적 유연성'으로 발전한다는 연구결과들이 나오게 되었으며, 지각과 동통 그리고 스트레스에 대한 웃음의 적극적 효과에 관하여 참신한 보고가 나오게 되었다.

또한 웃음을 비롯하여 여러 가지 감정의 변화가 가져오는 생리적 변화를 계량적으로 측정하는 연구가 이어졌다. 엑크만(Paul Eckman) 등은 배우와 과학자를 피험자로 하여금 노(怒), 애(哀),

비(悲), 경(驚), 구(懼), 락(樂)의 여섯 가지 감정상태의 재연을 통하여 나타나는 생리적 변화를 측정한다. 예컨대, 화를 내면 심장박동과 손의 온도가 상승하며 이와 대조적으로 기쁨을 느꼈을 경우 그 온도가 떨어진다는 결과를 밝힌 바 있다.

웃음의 건강효과에 관한 다각적인 연구의 결과를 소개하면서 저명한 의학평론가 부로디(Jane Brody)는 "웃음의 표출은 아무리 처절한 현실에 처한 환자에게도 절망을 이기고 희망을 안겨주는 참으로 인간 특유의 치료효과"라고 지적하면서 많은 의사들이 이에 주목하게 되었다고 말한다.

그리하여 웃음 보따리의 전달은 비단 병원에 국한된 이야기가 아니라 영아원, 양로원에도 번져 나가고 있으며 실제로 오레곤대학 부속병원에서는 '웃음'의 간호사들이 '알림: 웃음은 건강에 이로워요'라는 단추를 꼽고 다닌다고 한다. 실제로 웃음의 효과는 횡격막, 가슴, 배, 심장, 폐에서 간장에 이르기까지 그 효과가 미치며 카즌이 말하는 웃음의 건강효과는 사실에 있어 '내적 조깅'이라고 부를만도 하다. 그런즉 우리는 문병갈 적에 꽃바구니 대신 가벼운 해학소설, 우스개 장난감, 휴대용 녹음기와 만담 테이프나 우스개 녹화 테이프를 준비토록 하는 편이 나을 것이다.

카즌의 견해에 따르면 어떤 중병을 다루는 경우라 할지라도 거기에는 두 가지 요소가 있다. 첫째는 최고의 의학적 지식을 동원하여 의사가 기울이는 최선의 노력이며, 둘째로는 자신의 모든 신체적 및 정신적 역량을 동원하여 질병을 극복하는 환자의 노력이다.

그런데 단순한 웃음이 병을 이겨내는 효과가 어디에서 나오는 것일까? 대뇌 연구가들의 소견에 따르면 웃음이 엔돌핀의 분비를 촉진시킨다고 한다. 현재까지 밝혀진 바에 따르면 엔돌핀은 단순히 체내에서 분비되는 진통제일 뿐만 아니라 면역계통의 활성제로 입증되었다. 또한 웃음의 생물학적 효험도 이제 과학적으로 입증되었다.

3) 대뇌의 건강

근래에 이르러 우리는 정신건강에 대한 대뇌활동연구에 관심을 기울이고 있다. 특히 뇌기능의 정밀 측정기기가 급속도로 발전함에 따라 그 동안 가려졌던 대뇌기능의 신비가 밝혀지면서 정신건강에 관한 새로운 해명도 제시되고 있다.

구피질부는 본능적 충격발작을 일으키게 하는 대뇌의 부위이다. 마음의 심층부에 잠재하고 있던 원시적 충격이 갑자기 발작하여 무고한 사람을 살해하는 사건을 저지른다. 그리고나서 금방 깊이 뉘우친다. 전혀 살해의도 없이 저지르는 이런 사건의 원인이 대뇌 구피질부의 발작암이 정신건강과 관련되는 대뇌기능연구 결과의 일례이다.

정신건강과 관련하여 심성을 연구하는 학문으로서 심리학을 지목한다. 그러나 지나간 100년을 두고 현대의 과학적 심리학은 마음을 연구의 대상에서 배제해왔다. 그것은 관찰도 측정도 할 수 없기 때문에 과학적 연구의 대상이 될 수 없다는 이유 때문이다. 그래서 미국의 심리학 입문서에서 보면 심리학의 정의를 생체행동의 기술, 통제 및 예측에 관한 학문이라는 말로 일관하였다.

우리는 근래에 미국에서 제임스(William James)의 기능주의 심리학이 다시금 관심과 지지를 받고 있는 데 대하여 눈을 돌리게 된다. 기능주의 심리학이란 간단히 말해 정신 능력의 과정을 중시하는 입장이다. 하트(Hart 1981)는 심리치료의 측면에서 정신분석과 행동주의 이론의 양극단에 치우쳤던 미국에서 제임스의 기능주의 심리학을 받아들이는 절충적 추세로 옮겨져가는 경향을 주목하라고 권고하였다.

한편 일상생활에서 볼 수 있는 마음의 신경생리학적 기초를 연구하여 온 에클즈(Sir John Eccles)는 마음을 뇌의 기능이라고 볼 수 없다는 결론을 내렸으며, 뇌는 마음을 풀이하는 데 필요한 조건은 되어도 충분한 조건은 되지 못한다(Popper & Eccles 1979)고 명언하였다.

인간의 두뇌는 수천만 년을 두고 이어져오는 진화의 산물이라고 한다(Eccles 1977). 겉모양으로 볼 때 다른 동물의 것과 두드러지게 다르지 않으며, 무게도 1,500그램 정도에 불과하다. 그러나 그것은 이 우주에서 가장 정교한 조직체이며 가장 복잡한 물질이라고 한다.

인간이 이룩한 문화와 자의식, 언어, 기억 등의 기능과 관련되어 있는 이 물질의 구조, 즉 인간의 두뇌와 그 원초를 따지고 보아 동물뇌 진화과정에서 오는 것이라고 단정한다면, 그것은 우리의 이해를 넘어서는 지나친 독단이 아닐 수 없다. 우리의 일상생활에서 오는 모든 경험과 언어, 사고, 꿈의 물질적 기초로서 우리는 두뇌를 들어 말한다. 물론 우리 각자의 개체의식도 두뇌를 떠나서는 생각할 수 없다. 그러나 이것으로 두뇌의 정체를 밝히기에는 요원하며, 단지 그 신비의 일단을 말하는 데 그칠 뿐이다.

비록 우리는 오늘날 두뇌연구의 분야에서 새로운 학문적 발견으로 많은 업적을 거두고 있어서 두뇌와 마음이라는 이원적 모형의 정체가 밝혀질 것을 전망하고 있으나 마음의 정체가 그것으로 소상하게 밝혀질 것을 기대하기에는 시기상조이다. 많은 생물과학적, 생화학적 또는 신경해부학적 연구가 생물과학적 기제나 생화학적 구조 그리고 해부학적 연결의 실상을 밝혀주기는 하나 마음의 정체를 밝혀주는 데는 미치지 못하기 때문이다.

마음의 정체를 탐색하는 우리의 탐구가 이렇듯 묘연하고 어려운 데서 심리치료의 기원을 주술과 결부하여 보는 견해도 있었다. 그래서 주술과 종교도 따지고 보면 심리치료의 효과를 추구하는 데서 생기는 것이므로 모두 한 가지 근원에서 출발했다는 어설픈 주장이 나돌기도 하나 이는 고대인들이 질병을 악귀가 사람에게 붙어서 일어나는 것으로 봤다는 원시적 질병관과도 상통하는 속견이라고 하겠다.

그러나 오늘날 우리는 질병을 악귀의 탓으로 돌리지 않는다. 물론 그런 사람들이 아직도 우리 주변에 많이 있기 때문에 일부 개신교회에서는 축사행사가 교회의 큰 행사로 되어 있기도 하다. 예컨대 어떤 교회는 교인이 몇 만 명을 넘는 큰 교세로 성장하였는데, 그곳의 목사는 마귀를 쫓는 권능을 가지고 있다 하여 병든 환자를 안수기도로 치유하는 집회를 통하여 많은 교인들이 모여든다고 알려져 있다. 그는 사람의 몸에 침범한 마귀를 쫓아내는 권능을 가지고 있다 하며, 이들 마귀는 모든 병의 원인이라고 한다.

이 이야기는 교회가 아직도 원시적 주술을 행사하는 곳으로 머물러 있다는 뜻으로 풀이되거나 원시적 심리치료에 의존하는 사람들이 모여드는 원시종교 속에 머물러 있다는 뜻으로 풀이된다. 현대에 살고 있는 우리에게는 시대역행적 현상이 아닐 수 없다고 하겠다.

그래서 여기서는 정신건강을 유지하는 데 필수적인 대뇌건강(brain power fitness)에 관한 기본지식을 몇 가지 살펴보기로 한다.

대뇌건강의 필수조건은 혈액과 산소의 충분한 공급이며, 이와 함께 대뇌의 중독을 방지하는 일이다. 흔히 말하는 뇌일혈(stroke)

은 두 가지로 대별된다. 첫째가 부분적 혹은 전체적으로 뇌혈관이 막혀버림으로써 뇌조직이 경색(cerebral infarction)되는 상태이다. 둘째는 대뇌의 내부나 주변에서 출혈(cerebral hemorrhage)이 생기는 일이다. 특히, 뇌의 심층부에서 이와 같은 출혈이 생기는 환자에게서는 팔과 다리의 마비, 언어기능의 상실 그리고 심한 경우에는 의식마저 잃는 경우를 볼 수 있다. 대뇌 안에서 그리고 그 주변에서 충분한 혈액이 고르게 흐르는 순환기능의 중요성이 강조되고 있다.

대뇌건강과 관련하여 고혈압에 대한 경고와 함께 크게 강조되는 일이 충분한 산소의 공급이다. 담배를 피우면 폐의 산소량이 감소되므로 자연히 뇌에 대한 산소 공급이 줄어드는 심각한 문제가 야기된다. 현기증이나 가벼운 두통은 대뇌의 산소 공급이 부족한 데서 오는 수가 있다.

적당량의 술은 건강유지에 좋다고 보아 우리는 술을 약주라고 부르기도 한다. 또한 걸작을 엮어내는 작가의 활동에도 술은 활력소가 된다고 하였다. 그러나 과도한 음주는 우리의 의식을 잃게 하는 데서 술의 유해성과 중독성을 경고하게 된다. 과량의 알코올 섭취가 뇌의 혈관장애를 일으키는 것이므로 술은 백해무익이라는 주장도 여기서 나온다.

두말할 필요도 없이 우리는 지금 헤아릴 수 없이 많은 화학물질과 중금속으로 오염된 환경 속에서 살고 있다. 산업재해의 대표로 꼽히는 수은중독은 대뇌와 말초신경의 기능장애를 가져온다. 우리가 먹는 농작물에 살포된 농약의 중독성도 무섭다. 대뇌의 건강을 지키기 위하여 우리의 생활주변에서 환경오염의 원천이 되는 산업폐기물의 합리적 처리가 절실히 요망되는 터이다.

4) 메스머리즘(Mesmerism)과 최면술

앞에서 잠시 원시적 주술에 언급하였지만 이런 원시적 주술의 현대적 종식을 우리는 파리에서 활약하였던 비엔나의 의사 메스머(Franz Anton Mesmer 1734-1818)의 경우에서 찾아볼 수 있다. 그는 발표한 글(1766)에서 동물자기설(animal magnetism)을 소개하였는데, 이는 점성술의 지식에 근거한 것이다. 그는 자기통이라는 특수장치를 만들어서 그 안에서 환자를 다루었다. 그 자신은 연보라빛의 실크가운을 입고 있었으며 음악도 들려주면서 환자를 치료하였는데, 어떤 환자는 소리를 질렀으며 경련을 일으키기도 하였다. 그런 가운데서 어떤 환자는 극적으로 치유되었다고 한다.

이를 보고 열광하는 사람들이 많아지자 당황한 프랑스 정부는 국왕 루이 14세의 칙령에 따라 궁전에다 청문회를 설치키로 하고 그 당시 세계적으로 명망이 높았던 주불 미국공사 프랭클린(Benjamin Franklin)을 위원장으로 임명하였다. 메스머는 처신술과 화술이 뛰어나 파리 사교계의 인기를 독차지하는 존재였으며, 프랭클린은 계몽시대를 대표하는 소탈한 과학자였다.

프랑스 과학자들이 메스머를 사이비 학자라고 맹렬하게 비난하는 데 비해 많은 시민들이 그를 당대의 뛰어난 치유 전문가라고 높이 추켜올리는 엇갈리는 판정 싸움에 끼인 국왕은 여기서 헤어날 수 있는 고육지책으로 과학자이면서 일반 시민들 사이에도 명망이 높은 프랭클린을 내세워 이 문제의 판가름을 내게 하였던 것이다.

당시 메스머의 환자는 압도적으로 여성이 많았으므로 일부에서는 그가 성추행을 자행하고 있다는 비난도 거세였다. 그래서 때로 환자들이 소리를 지르는 것은 성적 도취에서 오는 것이지 결코 정서적 만족의 표출이 아니라고 일부 의사들은 메스머를 크게 비난하였다. 그는 부유한 환자들을 상대로 하여 치부를 일삼았다.

 메스머는 사람, 동물, 나무, 종이, 유리 등 무엇이든지 자기로 다룰 수 있으며 그런 힘을 다른 사람에게 전수할 수도 있다고 주장하였다. 그 자기에서는 생체의 활력을 되살리는 액체가 나오기 때문에 질병의 치유효과가 크다고 하였다. 그러나 그는 과학 아카데미에서 나온 사람에게 이를 소상하게 증명하지 못하고 얼버무렸다.

 청문회는 5개월 동안 계속되면서 메스머가 주장하는 자기설의 실증을 탐색하였으나 결국 아무것도 얻지 못하였다. 마침내 메스머는 1784년 프랑스에서 국외로 추방되고 만다. 그는 1812년 78세가 되던 때 베를린에서 의과대학 교수자격을 얻게 되며, 81세 때 고향이 가까운 곳에서 자기의 치료법으로서도 고치지 못하고 비장질환의 악화로 세상을 떠난다. 실제로 최면술이라는 용어를 메스머가 지어낸 것은 아니다. 스코트랜드의 외과의사 브레이드(James Braid)가 그 창시자이다.

 프랑스에서 일부 의사들이 히스테리(hysteria)현상에 관심을 기울이고 있을 때, 샤르코(S. M. Charcot 1826-1893)는 두뇌와 신경기능장애를 수반하는 정신이상이 아닌 히스테리 환자가 간질과 같은 발작, 마비, 감각상실을 일으키면서도 신체적 이상과는 무관하다는 사실에 크게 주목하였다. 샤르코는 메스머가 이용하였던 최면술이 그러한 증상을 히스테리 환자에게 일으키게 하며, 또한 히스테리 환자를 치료하는 데에도 효과가 있음을 알게 되었다. 그리하여 샤르코는 심리적 원인으로 말미암아 신체적 질병이 발생하는 데 심리적 치료 방법이 효과적임을 지적하였다.

 샤르코의 실험이 성공을 거두자 많은 의사들이 이 기법을 따르게 되었다. 그들은 최면술을 시술한 상태에서 환자가 망각하고 있던 중요한 병증을 기억에서 회생할 수 있었으며, 또 어떤 증상을 최면술로써 치료할 수 있음을 알게 되었다. 최면술이 이렇게 치료의 실제에 응용·확대되는 반동으로 최면술 대신에 휴식, 설득, 암시 등 유익한 관계의 설정과 같은 심리치료적 기법을 도입하는 시도가 일어나기 시작하였다. 그리하여 샤르코는 프로이드의 스승이며, 무의식에 작용하는 최면술의 효능이 아니라 최면술 방법과 함께 의식, 이성에 작용하는 방법이 심리치료의 중요한 수단으로 등장하는 길을 열어 놓은 선구자가 되었다.

샤르코 등에 의한 히스테리 심인론이 공식적으로 받아들여지면서 암시의 치료효과가 인정을 받게 되었는데, 그의 뒤를 이어 쟈네 (P. Janet 1859-1947)는 심리적인 힘의 개념을 가정하였다. 그는 이 심리적인 힘을 유지하는 긴장의 필요성을 강조하였다. 그래서 만일 이런 긴장이 저하되면 그 동안 통제되었던 저급의 심리적 활동이 저절로 드러나는데, 이 상태를 쟈네는 신경증이라고 불렀다.

쟈네는 신경증을 히스테리와 정신쇠약의 두 가지로 분류했다. 그러면서 히스테리는 심리적 긴장의 일시적 저하상태이며, 정신쇠약은 정신긴장의 항시적 저하상태에서 오는 것이라고 보았다. 저하가 더 심하면 마침내 정신병으로 진행되는 것이므로 신경증이나 정신병은 질환의 단위가 아니며 심적 긴장이 달라지는 양태에 불과하다는 것이다.

쟈네를 이렇게 현대적 심리치료의 선구자로 볼 때, 거기에는 현대의 여러 이론가들이 거론하는 원리가 대부분 망라되어 있다고 볼 수 있다. 즉 그는 심리치료에서 심리적 설득과 자동성의 이용(암시, 최면 등으로 의식하여 심리적 자동성에 작용함), 심리적 힘의 절약 그리고 심리적 힘의 증감과 획득을 논의하였던 것이다.

5) 크레펠린과 프로이드

현대의 정신의학이 정립되는 초석을 세운 두 인물로서 크레펠린(E. Kraepelin 1856-1926)과 프로이드(S. Freud 1856-1939)를 들게 되는데, 우연하게도 두 사람은 같은 해인 1856년에 탄생하였다. 그러나 두 사람은 서로 사상적으로 대립하여 서로의 교분은 전혀 없었다고 한다. 크레펠린은 하이델베르그, 뮌헨대학 등에서 정신의학 교수를 역임하는 동안 조발성치매(Dementia praecox)의 개념을 규정하였다. 그런데 후일 브로일러(E. Bleuler 1857-1937)가 이를 정신분열증으로 바꾸어 정신의학의 병명으로 굳혀 놓았다. 그가 당시에 엮어 놓은 질병분류학 체계는 정신의학의 골격이 되었으며, 1883년 초판으로 엮었던 정신의학 교재는 1910년에 이르기까지 8판을 거듭하였다.

특히, 19세기 말은 의학연구의 과학적 업적이 괄목할 만한 때였다. 세부관측에 의한 해부학, 세균학, 병리학, 생리학 등의 연구가 큰 진전을 보였으므로 당시의 기초의학자들은 질병의 근원이 되는 신체구조적 및 생화학적 이상상태를 가려낼 수 있었다. 크레펠린은 이러한 기초의학의 연구성과를 배경으로 하여 정신질환은 뇌화학/뇌해부학적 이상과 유관하다는 소견을 밝혔다. 그리고 증후와 예후는 유사하면서도 유사한 신체적 이상을 찾아볼 수 없는 세 가지 부류의 질병을 열거하였다.

이들 가운데서 두 가지는 오랫동안 인정되어 온 조발성치매(정신분열증)와 조울증이며, 다른 하나는 정신병질적 성격이상이다. 그런데 이들 병증과 유관적인 신체적 이상을 찾지 못하였기 때문에 크레펠린은 이들 이상을 기능적 장애 또는 신체적 원인판별 불능의 이상이라고 불렀다(Wender Klein 1981).

여기서 우리는 크레펠린의 기본적 입장이 신체론적이라는 점에서 심리적 측면을 탐색하며 다루는 과제가 남겨지게 되었음을 보는데, 이 과제를 수행한 사람이 바로 프로이드라고 지명할 수 있다. 위에서 크레펠린과 프로이드 두 사람이 사상적으로 대립하였다는 언급은 바로 이 점을 두고 하는 말이다. 정신이상의 원인을 신체론적 입장에서 전개한 크레펠린과는 정반대로 프로이드는 심리적 원인을 거론하였다.

표준판 프로이드 전집은 24권으로 되어 있는 방대한 저술인데, 그의 이론을 보완하는 프로이드의 후학이나 후세인들의 저술도 또한 방대하다. 이렇듯 프로이드가 창시한 정신분석학의 방대한 체계에 대해서는 단순한 논급이 어렵다. 그런데 이 책의 의도가 프로이드를 심리치료의 조종(祖宗)으로 삼고 지나간 100년에 걸쳐 이어져 오는 서양문화권의 심리치료 이론의 발달과정을 개관하는 데 있는 만큼 여기서부터 장을 바꾸어 정신분석의 심리치료 이론체계를 대종으로 하여 개개의 이론체계를 차례로 소개하면서 개관해나가기로 한다.

제2장
프로이드의 정신분석이론(전반기)

 심리치료의 체계를 논함에 있어 그 역사적 발상 및 현대적 의의를 따져 첫번째로 프로이드(Sigmund Freud 1856-1939)의 정신분석이론과 기법을 2장과 3장에 걸쳐서 소개하기로 한다. 4장에서는 프로이드 이론의 주류 속에 계속 잔류하는 후기 정신분석 이론가들을 다루며, 5장에서는 정신분석의 이론과 실천의 주류에서 완전히 이탈한 이른바 비고전적(non-classical), 신프로이드파(neo-Freudian) 또는 비프로이드학파(non-Freudian)를 다루기로 한다.

1. 무의식적 정신과정

 프로이드를 무의식의 발견자라고 하지만 이것은 역사적으로 보아 옳은 견해가 아니다. 프로이드는 샤르코와 브로이어(Joseph Breuer 1842-1925)에게서 최면술을 배웠는데, 특히 후자와의 교분이 두터웠으며 그것은 1885년까지 이어졌다. 최면술을 다룬 두 사람의 논문초고가 나온 것이 1892년이므로 프로이드 이전에 여러 사람이 무의식을 다루었음이 분명하다. 그러나 무의식이라는 정신현상을 그처럼 예리하고 자세하게 또한 독창적으로 파헤친 프로이드의 학문적 공헌을 능가한 사람은 없었다. 프로이드는 이 역동적 무의식의 활동을 유년기에서부터 이어져오는 성적 불만에서 생긴 본능의 용광로로 보았다. 그로 인하여 그 당시는 물론이요, 그후로도 그리고 지금까지도 비난의 대상이 되기도 한다.

  초기의 최면술 연구나 자유연상의 임상적 연구 그리고 자기 자신과 환자의 꿈의 해석을 통하여 프로이드는 인간행동에 관한 그의 초기 이론을 다듬어 나갔다. 그는 시초에 브로이어와 함께 히스테리 환자를 다루면서 정신분석적 개념을 발전시켜나갔다. 그 당시에 '히스테리'라는 용어는 감각운동기관이나 심장혈관운동 그리고 정신활동에 이르기까지 모든 증상에 해당되는 말로 통용되었다. 예컨대, 해부학적·생리학적 원인을 찾을 수 없는 다리의 마비, 청각 상실, 시각 상실, 그외의 병적 상태가 모두 히스테리에서 온다고 보았다. 그런데 프로이드는 브로이어와 함께 최면술 시술상태에서 이런 환자를 다루었는데, 환자들이 평소에 기억하지 못하는 유년기의 정서적 곤란을 말로 하는 통화과정(talking out process)을 통하여 크게 도움을 받게 되는 것을 보았다. 그래서 프로이드와 브로이어는 환자가 최면술에서 깨어난 후에도 이런 통화과정을 계속하였다. 환자로 하여금 그가 겪고 있는 곤란을 이렇게 말로써 밝히는 심리치료의 기법을 심리적 정화법(catharsis) 또는 통풍법이라고 한다.

  그러나 두 사람은 미구에 이 기법을 포기하였는데, 그 이유는 서로가 다르다. 브로이어의 경우는 첫째로 환자에게서 나타나는 유년기 경험의 성적 내용이 밝혀지는 것을 받아들이지 않았다. 둘째로 정화법을 이용할 때 환자가 의사에게 너무 밀착하려는 데 대하여 불편을 느꼈다고 한다. 한편 프로이드는 이들 두 가지 사실을 통하여 더욱 그의 창의적 구상을 발휘하면서 이들을 정신분석 체계의 중요한 구성요인으로 확정하였다. 그리하여 무의식의 두드러진 성적 본질과 치료자에 대한 두드러진 심리적 유착(적극적 전이)은 정신분석의 임상적 응용에 있어서 치유과정의 내용으로 되었다.

여기서 프로이드가 정신분석 이론을 형성한 초기에 생각하였던 두 가지 기본가정을 살펴볼 필요가 있다. 그의 가정은 정신적 결정론 또는 인과론인데, 정신현상은 저마다 그 이전에 겪었던 정신사건에 의하여 결정된다는 견해이다. 프로이드의 지론인즉, 정신현상은 외부세계의 물리적 현상과 마찬가지로 인과적 연계 없이는 생각할 수 없다는 것이다. 때로 우리가 무의미하다, 우연의 소치라고 하여 잘못 해석하는 사고나 행동에도 이는 해당되는 말이다. 다른 사람들이 정신활동을 다루는 데 있어서 이것을 하찮은 것이요, 무관한 것이라고 비난했지만, 프로이드는 이 기본적 원칙을 집요하게 탐구했던 것이다. 그리하여 이러한 연구는 마침내 그로 하여금 중요한 발견을 가져오게 한다. 후일의 정신분석적 연구에 계속 지침이 되는 제2의 중요한 가정은 무의식을 정신과정의 특징으로 보는 견해이다. 무의식의 정신과정은 비록 다른 뚜렷한 원인이 의식적으로 새겨졌거나 또는 제2의 가정에서와 같이 무의미한 우연이라고 하더라도 인간행동에 근본적 의미가 있는 것이며 행동의 원인이 된다. 이들 두 가지 가정을 합쳐서 진술하면 '인간의 행동은 원인이 있으며 원인은 무의식일 수 있다'는 것이다.

1890년대 말기에 프로이드는 정화법이 무의식을 탐색하는 심리치료의 기법으로서 최면상태든 각성상태든 간에 적절하지 못하다는 결론에 이르게 되었다. 그리하여 그는 자유연상법(free association)을 개발하였는데, 후일 이것이 정신분석의 기본도구가 된다. 정신분석 절차에서는 최면시든 각성시든 간에 정화법의 절차 내용을 알아볼 수 있다. 즉, 환자는 의자에 누워 있으며, 분석자는 환자의 머리 뒤에(최면술의 시술자와 같이 절대적 권위자로서) 앉아 있는데, 자유연상 그 자체는 정화법의 당연한 연장처럼 된다.

자유연상의 실제 과정에 있어서 환자는 되도록 의식과정을 거치지 아니하고 아무리 하찮은 것이든 또는 무관한 것이든 그리고 불쾌한 것이든 간에 마음 속에 떠오르는 것을 말하라는 지시를 받는다. 마음의 의식상태로 하여금 그 여과기능을 축소하면서 환자는 무의식의 근원에서 나오는 곤란의 단서를 분석자에게 제공할 수 있게 된다.

2. 프로이드 이론에서의 성격발달

프로이드는 무의식의 근원에서부터 환자의 증후를 밝혀냄으로써 단계적으로 진행하는 과정을 통하여 그러한 근원의 성적 본질을 더욱 실감할 수 있었다. 그리하여 그 근원을 더욱 더듬어 유년기로 거슬러 올라갔을 때 마침내 그 유아기의 심리·성적발달의 이론을 구성하게 된다. 이것이 생명력, 즉 리비도(libido)가 사람으로 하여금 쾌락을 추구케 한다는 프로이드의 이론이다. 이 생명력은 그 본질이 성적인 것이며, 개인으로 하여금 쾌락의 추구를 위하여 다른 사람이나 또는 자기와의 접촉을 시도케 한다는 것이다. 사람은 유년기부터 성적 성숙을 이룩하고자 하는 리비도의 발동을 겪는다고 프로이드는 가정하였다. 만일 아주 어려운 난관에 부딪치지 않는다면 사람은 성적 성숙의 단계를 정상적으로 거쳐나갈 수 있다. 그러나 좌절을 겪을 때 그는 리비도를 성숙 이전의 어느 단계에 고착시켜 버리기 때문에 거기서 오는 병리적 상태가 생겨날 수 있다.

심리·성적발달의 제1단계, 즉 영아기 첫해의 특징이 되는 것이 구강기(Oral stage)이다. 이 단계의 어린이의 리비도는 입에 집중되며 이를 통로로 하여 만족을 얻게 된다. 둘째 단계는 항문기(Anal stage)인데, 리비도의 일부가 항문으로 분산되어 배변 전후의 쾌감을 얻는다. 이 시기의 어린이(1~3세)는 주로 자기애(narcissism)적 관심을 자신의 몸에 대한 관심으로 집중하면서 성적 만족(auto-eroticism)을 얻는다. 이때의 대인관계는 원시적인 것이므로 대상의 부분(전체로서의 어머니보다는 어머니의 젖가슴 부분)에 관심을 기울인다. 3세쯤 되면 자기의 성기가 리비도의 초점이 되는데, 이 단계를 남근기(Phallic stage)라고 한다. 처음에는 관심이 자동성적이나 점차 부모가 성적 관심의 대상이 되면서 오이디푸스 콤플렉스(Oedipus complex)가 발달한다.

이 용어는 아버지인 줄 모르고 친부를 살해한 후 친모와 결혼한 오이디푸스의 전설에서 나온 말이다. 프로이드에 따르면 이 감정이 발달하는 시기의 어린이는 이성의 부모에게 성적 관심을 가지며, 자신과 동성의 부모에 대하여 경쟁의식을 갖게 된다는 것이다. 그러나 이러한 감정이 용서받을 수 없다는 것을 알게 되며, 또한 동성의 부모에 대하여 미워도 하고 좋아도 하는 감정을 갖게 되는 데서 강한 불안감과 죄악감을 얻게 된다. 그런 죄악적 소망에 내리는 징벌을 예측하는 남자아이의 경우는 거세당하는 일을 상상하게 된다. 여아의 경우도 마찬가지로 성기상해의 공상을 하게 된다. 또한 여아는 자기의 성기가 작은 데서 열등감(남근선망)을 갖게 된다.

　때로 어린이는 그런 공포가 너무도 크기 때문에 애정의 대상(이성의 부모)에 대한 성적 호감을 비난, 억압하여 강력한 경쟁자(동성의 부모) 앞에 굴복하지 않을 수 없게 된다. 이런 갈등을 적절하게 억압 또는 해결함으로써 비교적 건강한 성격의 발달을 기대할 수 있는 반면에 이런 갈등을 성공적으로 다루지 못하는 데서 심각한 성격장애가 생길 수 있다.

　이 시기에 이어 잠복기(The latency period)가 오는데, 대개 7세부터 사춘기까지로 성적으로는 비교적 조용한 시기가 된다. 사춘기에는 성선의 발달이 촉진되므로 다시 리비도가 활성화되며 오이디푸스의 감정도 되살아난다. 그러나 초기의 오이디푸스 위기를 비교적 순조롭게 다스렸다면 그런 개인의 성적 관심은 가족 이외의 다른 사람을 대상으로 하여 발달하면서 원만한 성적 만족이 이루어진다. 이렇게 하여 리비도는 원래의 목표인 발달의 생식기(The genetic period) 단계에 도달하게 된다.

　이외에도 프로이드는 정상인과 비정상인의 성격발달에 영향을 주는 무의식의 성욕을 이해하는 데 기여하는 견해를 밝힌 바 있다. 첫번째로 그가 보는 인간의 양성면의 가정이다. 즉 남자에게는 여성적 의욕이 있으며 여성에게는 남성적 경향이 있게 마련이다. 대개 동성경향은 의식수준에서 배격되는데, 양성면(이와 관련되는 죄의식과 불안감)이 인간행동의 이해에 대단히 중요하다는 것을 무의식중에 알게 된다.

　인간의 성욕에 관한 프로이드의 두번째 가정은 정서의 양극성에서 오는 양가감정(ambivalence)이다. 사람은 모두 다른 사람에 대하여 긍정적이면서 또한 동시에 부정적인 감정을 갖고 있음이 틀림없다고 본다. 그러나 부정적인 감정을 억압함으로써 사람은 한쪽의 감정만을 자각하고 있는 것이다. 그래서 부모의 경우 자식에 대한 호의적 감정만 알고 있지 자식에 대하여 동시에 가지고 있는 적대감정은 의식하지 못하고 있는 터이다. 그러한 적대감정은 자녀와의 관계에서 크게 작용하는 것이며, 외부인의 관찰대상으로 떠오르는 수가 많다. 부모에 대한 자녀의 감정 또한 마찬가지이며, 남자나 여자가 자기상대에 대하여 갖게 되는 감정에 있어서도 예외는 아니다. 의식적 사랑이 무의식의 증오와 혼합되어 있는 것이다. 다른 양가감정도 또한 생기게 마련이다. 우울하면서도 행복감을 갖는다든가 불쾌 속의 쾌감이나 노여움의 기쁨과 같은 것이라 하겠다.

성욕에 대한 프로이드의 세번째 가정은 이른바 승화(sublimation)이다. 이 이론은 원래 성적 대상에 쏠렸던 리비도의 일부가 성욕과 관계 없는 곳으로 옮겨져서 그로부터 심미적 또는 공리적인 즐거움을 얻는 경우이다. 말을 바꾸면, 고상화는 개인적 또는 사회적으로 인정되는 대리행동을 통하여 성욕의 무의식적 만족을 얻는 일이라고 하겠다. 이 가정에 따르면 인간 문명의 모든 상부구조는 고상화의 이론으로서 풀이될 수 있다는 것이다.

네번째의 중요한 가정은 인간의 성욕을 환치(displacement)라고 보는 것이다. 꿈의 분석을 통하여 프로이드가 처음으로 발견한 이 심리적 과정은 부분으로서 전체를 대표하여 일어나는 것으로, 말하자면 한 가지 생각이나 영상이 감정적으로 연관된 다른 것과 대치된다면 이것을 환치라고 부른다. 그래서 예컨대 수염을 가진 사나이에게 아주 불쾌한 일을 겪었던 사람은 그의 적개심을 수염을 가진 사람 모두에게 돌릴 수 있으며, 이때 불쾌한 경험의 일부가 전부의 상징으로 되었으며(감정적 경우를 제외하고는), 논리성도 연관성도 없이(수염이라는) 자극의 제시가 적대감정을 유발케 하는 것이다.

심리학의 이론과 실천에 있어서 환치는 여러 가지 중요기능을 보여준다. 그 하나가 프로이드의 꿈의 해석이며, 다른 하나가 전이(transference)의 경우이다. 앞에서도 언급하였듯이 특히 브로이어는 정화법으로 히스테리 환자를 다루는 치료과정에서 환자에게 나타나는 의사에 대한 심리적 유착이 싫어서 프로이드와 결별하였다. 그러나 프로이드는 이것을 혐오하기는커녕 정신분석이론 발전의 초석으로 삼았다. 의사에 대한 환자의 이러한 유착이 바로 환치이다. 환자가 어느 개인에 대하여 애정이나 증오의 감정을 의식적으로 부인하지만 그 감정의 원천은 그대로 무의식 속에 남아 있으면서도 다른 사람을 대리인으로 하여 감정의 반응을 나타낼 때, 프로이드는 이를 대상환치(object displacement)라고 불렀다. 심리치료자가 대리취급을 받는 것은, 말하자면 환자가 현재상태에서 그가 과거에 겪었던 어느 중요한 인물(부모의 경우가 많음)에게 무의식중에 애정이나 증오감으로 유착하였던 것이 분석자에게 유착되어 전이로 나타나는 때 일어나는 것이다. 프로이드는 자유연상과정에서 환자가 많은 중요한 긍정부정의 감정을 환치하는 것을 보았다. 전이가 한결 더 심해질 때, 환자는 어린 시절의 갈등과 공포를 재생하며 재연하게 된다(자유연상을 통하여). 어린 시절에 풀지 못하였던 감정문제를 희생하면서 이해심을 가지고 자기를 받아들여주는 대리부모(분석자)와 전이장면 속에서 대면한다는 것은 바로 프로이드의 정신분석적 치료과정의 역동적 주축(dynamic axis)이라 할 수 있다. 어린 시절에 나약한 그는 그런 문제를 풀어나갈 수 있는 경험이 부족하였기 때문에 그런 문제를 차라리 의식에서 배제(억압)하였다. 이제 성숙하여 분석자의 도움을 얻게 됨으로써 그는 강하고 현명해졌으며, 환자는 이러한 갈등에 맞서서 이를 능히 풀어나갈 수 있는 지식을 얻게 된 것이다.

무슨 생각이든지 마음에 떠오르는 것을 서슴없이 말하라는 권고를 받으면서 피동적이며 허용적인 분위기 속에서 진행되는 정신분석적 면담에서 전이는 생기게 마련이다. 환자는 분석자를 마주 볼 수 없는 긴 의자에 누워서 주 5회 정도의 정신분석치료를 받는다. 이때 환자는 과거에 느꼈던 강한 감정만을 회상하여 이 공상적 인물과도 같은 분석자에게 유착시키도록 권장받을 뿐이다. 그러므로 자유연상법과 정신분석의 장면은 전이를 위해서는 아주 잘 짜여진 것이라고 하겠다. 자유연상법을 이용하는 정신분석은 전이분석(transference analysis)이라고 불러도 좋겠다(Harper 1974).

3. 무의식의 형태

환자의 자유연상이 계속되고 있는 동안에 정신분석가는 조용하게 앉아 있을 따름이다. 자유연상에 대한 강한 저항이 일어날 때 분석가는 저항을 이겨내고 이야기를 계속할 수 있도록 돕기 위하여 간섭하게 될 뿐이다. 프로이드는 일찍이 자유연상에 크게 도움되는 것을 꿈에서 도출하였다. 자유연상과정에서 많은 환자들이 꿈을 이야기하였으며, 그럴 적에 꿈의 소재와 관련지어 말하라고 하면 많은 무의식의 감정이 새롭게 나타나는 것을 보았다. 또한 다른 주제와의 연상을 다루어보면 옛꿈이나 새꿈과의 연상에서 중요한 돌파구가 생겨나는 것을 보았다. 그래서 프로이드는 꿈의 해석을 자유연상 대신이 아니라 중요한 연장이라고 보게 되었다.

환자의 자유연상을 조사하는 과정에서 프로이드는 아주 공통적인 어떤 유형이 있음을 발견하였다. 말하자면 꿈 속에서 어떤 영상은 현실세계의 대상과 소망의 상징으로 나타나기도 한다. 이러한 공통된 꿈의 상징은 대개 유년기의 강한 흥미를 반영하는 것인데, 그것은 직계 가족성원의 신체부분(특히 성기), 신체적 기능과 경험(배변, 배뇨, 성교, 먹는 일, 노여움, 울음 따위), 출생과 사망과도 유관하다. 특히 프로이드가 열거하는 일부 꿈의 상징은 아주 빈번하게 나타나는 것인데, 예컨대 돈은 대변이요, 여행이나 결석은 사망이요, 왕이나 장관, 권위적 인물은 아버지요, 두 자매는 젖가슴이요, 나무, 넥타이, 칼, 뱀 등은 남자의 성기요, 상자, 큰 새, 책, 지갑 등은 여자의 성기라 함과 같다.

프로이드는 꿈 속의 어떤 상징이 비록 환자의 꿈을 풀이하는 분석자에게 도움이 된다고는 하지만 그러한 권위있는 꿈의 해석이 결코 자유연상을 대신할 수는 없다고 보았다. 특히 환자의 무의식의 갈등(자유연상에서 나옴)에 대한 특별한 지식에 근거하지 않는 꿈 해석에 대하여 경고하면서 공통의 상징에 때로 도움이 된다고는 하지만 환자의 무의식을 이해(저항)하는 데 장애가 될 수도 있다고 지적하였다.

프로이드는 꿈을 욕구충족에 대한 소망이라고 보았는데, 고도로 위장된 꿈의 결과(현세적 내용)를 가지고 그 잠재적 내용을 분석함으로써 환자의 뿌리깊은 소망의 본질을 확실하게 알 수 있게 된다고 보았다. 그리하여 프로이드는 꿈의 연구는 마침내 무의식의 일반재료(무의식에 이르는 왕도)뿐만 아니라 환자의 정신생활에 있어서 주요장애가 되고 있는 억압된 소망(꿈에서만 성취된)에 대해서도 알 수 있게 된다고 보았다.

한편 프로이드가 초기의 연구에서 발견한 바 있는 무의식적 동기를 이해하는 데 도움되는 두 가지 내용이 있는데, 일시적 과실(parapraxes)과 재치(wit)가 그것이다. 전자는 말, 글, 기억의 실수로서 흔히 우리가 말하는 일상생활의 사고라는 것이다. 프로이드는 이런 것을 단순히 무의미한 실수가 아니라 무의식의 욕구를 잘 나타내는 것이라고 보았다. 예컨대, 아내의 생일날에 선물사는 것을 잊는다든가 공식모임에서 아내를 소개하는 일을 잊는다든가 하는 일을 부주의 때문에 무심코 하게 된 실수로 넘겨버릴 것이 아니라 그것은 남편의 마음 속에 깃들어 있는 아내에 대한 적대감정의 노출이라고 볼 수 있다는 것이다.

이와 마찬가지로 재치와 해학도 억눌렸던 욕구나 묻어버렸던 에너지의 발산이라고 볼 수 있다. 프로이드는 대개 이런 욕구가 성적 또는 적대감정과 관련된 것이어서 공공연히 표출할 수 없는 성질의 것이라고 보았다. 어느 사회계층에서 하는 농담이든 간에 거기에는 적대감정과 욕망이 섞여 있음을 볼 수 있다고 프로이드는 지적하였다.

프로이드가 묘사하는 마음은 망원경에 비유된다. 한쪽에는 여러 가지 정신적 구성부분이 차곡차곡 나열된 지각 체계가 있고, 다른 한쪽에는 운동 체계가 있는데 그 사이에 여러 가지 기억과 연상체계가 있다는 것이다. 그는 이러한 개념을 1900년에 간행된 그의 저술 『꿈의 해석』에서 밝히고 있다. 그의 원고는 이미 완성되어 있었으므로 이 책은 1899년에 출판할 수 있었음에도 프로이드 20세기의 개막에 맞춰 이를 1900년에 출판하였다. 그리고 서문에서 그는 이러한 역저는 100년에 한 권 정도 나올 수 있다고 자부하는 글을 써놓았다. 그런데 이 책은 초판이래 한 번도 수정된 적이 없다. 그는 욕구가 모든 정신 체계의 유일한 동기적 힘이라고 강조하였다. 그는 신경자극에 비유하여 욕구의 흐름을 상징하였는데, 거기에는 긴장(불쾌)과 그 해소에서 오는 만족이 있다고 보았다.

마음을 보는 프로이드의 초기 견해에는 두 가지 서로 다른 정신과정이 있었는데, 그는 이를 1차적(primary) 과정과 2차적(secondary) 과정이라고 명명하였다. 전자는 어린이나 정서장애가 심한 사람 그리고 모든 사람의 무의식에서 두드러지게 나타난다. 1차적 과정을 거치는 욕구는 즉각적 만족을 추구한다. 그것은 현실적인 논리적 모순, 인간관계나 적절성 여부의 제지를 전혀 받지 않는다. 이런 욕구의 목표는 어떤 운동 통로를 거치든 간에 흥분을 발산하려는 데 있다. 그것이 실패할 때 1차적 과정(건강한 사람의 경우 꿈을 통하여 그리고 병리적인 사람은 환상을 통하여)에서 얻었던 만족을 기억하는 지각을 거쳐서 무의식의 감각 통로를 찾게 된다.

한편 2차적 과정에 있어서는 욕구충족의 지연능력에 큰 문제가 된다. 성숙하고 경험이 많은 사람은 1차적 과정의 경우처럼 현실조건이 여의치 않을 경우에는 흥분의 발산을 시도하지 않으며, 환경적 조건이 정신적 에너지 발산에 유리하냐 불리하냐를 가리면서 신중한 태세를 취한다. 또한 1차적 과정의 경우와는 달리 정신에너지가 어느 특정 대상과 발산 통로에 고착되어 있게 된다.

2차적 과정의 사고는 비교적 정상적이며, 성숙한 성인에게서 볼 수 있는 의식적 사고의 형태로 나타난다. 대개 그러한 사고는 구문 규칙과 논리에 부합되는 언어적 표출로 나타난다. 1차적 과정의 사고는 어린이에게서 볼 수 있는 지배적 사고의 형태이며, 성인생활에 있어서는 꿈이나 해학, 병태 또는 다른 여러 가지 방법으로 무의식에 집착한 형태이다. 부정 조건부 또는 제약이 없는 것이 특징이며 반대되는 것으로 전환한다든가 낱말보다는 시각적, 감각적, 인상에 치우치며 시간관념이 없는 것 등 또한 특징이다.

프로이드가 강조하는 바와 같이 심리치료자는 성인의 의식상태에서 오는 내성(introspection)을 통하여 우리가 친숙하게 잘 알고 있는 2차적 과정과 주로 무의식의 활동으로서의 1차적 과정의 차이를 분명히 알아두는 일이 매우 중요하다. 1차적 과정의 본질적 차이를 이해하지 못하면 환자의 무의식이 정상적으로 또는 병리적으로 표출되는 양태가 심리치료자에게 풀리지 않고 의문으로 남아 있을 뿐이기 때문이다. 1차적 과정을 통하여 나타나는 무의식의 표출과 작용을 비춰주는 프로이드의 견해는 인간행동을 이해하며 무의식에 뿌리를 두고 있는 병적 상태를 극복하는 데 대한 탁월한 공헌이라고 하겠다.

　인간정신의 구성과 기능에 대한 프로이드의 견해와 정신분석의 절차를 대강 살펴보았다. 이제는 그가 정신장애에 대하여 어떤 가정을 응용했는지를 살펴보기로 한다. 앞에서 본 바와 같이 그는 리비도의 발달과정이 성숙한 생식기에 이르기 전에 세 가지 단계를 거쳐야 한다고 보았다. 만일 큰 심리적 충격을 겪어 리비도가 발산하기 전 단계에서 고착된다면, 그 개인의 성발달과 성숙에 장애가 되며 어떤 형태의 정신신경증이 발생한다고 프로이드는 주장하였다. 병리적 증후는 훨씬 후에 나타나면서 정서적 긴장 때문에 다량의 리비도가 고착점(구강, 항문 또는 남근)에 거꾸로 흘러들게 되며 이것이 바로 퇴행과정이다. 서너 살짜리가 동생이 생겼을 때의 긴장 때문에 손가락을 빠는 구강기로 퇴행하는 경우라든가 또는 성인 알코올 중독자의 경우는 구강기로 돌아서는 병적 퇴행으로 볼 수 있다. 프로이드에 따르면, 히스테리 환자는 남근기로의 퇴행(regression)이며 조울증 경향의 신경증은 리비도의 구강고착의 고전적 사례가 된다는 것이다.

　이와 같은 초기의 이론 형성과 관련지어볼 때, 프로이드가 생각하는 정신분석적 치료과정은 생식기 전 단계에 고착되어 있는 리비도를 방출하여 신경증적으로 낭비될 활력을 실천적인 인생의 문제로 전용케 하는 데에 있다. 그리하여 성공적인 분석자료의 결과로,

리비도는 생식기 성숙을 지향하는 원래의 목표에 도달할 수 있게 된다는 것이다.

프로이드는 그가 말하는 실제의 신경증과 정신신경증을 구분하였는데, 그렇다고 해서 이 차이를 엄격하게 지켜간 것은 아니다. 그는 1900년 이후 관심을 주로 정신신경증(히스테리와 강박증)에 기울였다. 신경쇠약은 정신신경증의 일종인데, 프로이드는 이를 피로라든가 안절부절, 허세, 변비, 두통, 소화불량 등의 증세를 가진 사람에게 한정하였으며, 신경쇠약은 지나친 자위행위나 몽설에서 오는 것이라고 보았다. 프로이드가 말하는 실제의 신경증은 불안신경증을 의미하는데, 이는 불완전한 성행위(성적 쾌감이 없는 성교나 성교중절)가 지나친 데서 오는 것으로 보았다. 오늘날 많은 정신분석가들은 이 견해가 틀린 것으로 간주하고 있으며, 근래의 문헌에서도 실제로 신경증을 다루는 프로이드의 견해를 찾아보기가 어렵다.

그런데 정신신경증에 관한 프로이드의 견해는 그 반대가 진실이다. 즉, 그의 견해는 그 자신과 후진들의 수정을 통하여 1930년대까지 점진적으로 발전해왔다. 그러므로 여기서 정신신경증에 관한 프로이드의 초기 견해를 간단히 살펴볼 만하다. 브로이어와 함께 일하게 되면서부터 프로이드는 히스테리 증후가 정서적 화력을 제대로 방출하지 못한 상태에서 겪는 불쾌한 사건에서 오는 것이라고 보았다. 또한 그는 정서적 경험은 개인의 의식적 자아를 아주 불쾌하게 하는 정신장애의 원인이 된다는 생각을 추가하였다. 이것은 단순히 히스테리의 경우뿐만 아니라 강박증 그리고 많은 공포증에도 해당된다고 프로이드는 보았다. 그리고 많은 환자들이 자유연상을 통하여 이러한 불쾌경험을 보고하였다는 사실에 유념하여 이런 경험이 유년시절에 어른이나 연장자의 압력 때문에 겪었던 성적 추태에서 오는 것이라는 가설을 내세웠다. 후에 프로이드는 이런 모든 이야기가 공상에서 오는 경우도 많았다는 것을 알게 되자 이 가설을 불가피 수정하게 되었다. 그러면서 그는 유년기의 성욕에 관한 이론을 발전시켜나갔다.

　유년기부터 성적 공상에 시달리는 환자들의 실증을 살피게 되면서부터 프로이드는 정신신경증의 원인으로서 심리적 타격을 덜 강조하게 되었다. 그래서 1905년에 발표하였던 새로운 이론에서 프로이드는 환자의 정신신경증의 근원으로서 성적 체질과 유전의 중요성을 새로이 강조하였다. 그러나 그것만을 유일한 근원으로 보지는 않았다. 오히려 체질과 유전이라는 이 두 가지 요인들이 모두 정신신경증의 발생에 기여하지만 어느 한쪽이 간혹 더 우세할 경우도 있다고 보았다. 이상으로서 20세기 초까지 프로이드가 발전시켰던 정신이상에 관한 이론과 그 수정 내용을 살펴보았다. 1920년대부터의 업적은 다음 장에서 살펴보기로 하자.

요 약

　　프로이드는 브로이어와 함께 최면술을 다루면서 심리정화 기법을 발전시켰다. 이것은 마음속에 응어리진 것을 말로써 표출함으로써 정서장애를 극복하는 경우라 하겠다. 프로이드는 이 기법에 만족하지 않고 이를 자유연상법으로 확장하였다. 이 절차는 환자로 하여금 안락의자에 누운 채 마음 속에 떠오르는 말은 무엇이고 말하게 한다. 아무런 제지도 받지 않고 이렇게 말하는 과정을 통하여 분석자는 환자가 갖고 있는 문제의 무의식적 근원을 찾아나갈 수 있게 된다.
　　프로이드의 근본가정인즉, 모든 심리적 사건에는 원인이 있되 대개의 경우 그런 원인은 무의식에서 도출된다고 보았다. 그리고 정신장애의 근원은 주로 성적 본질의 것이라고 프로이드는 주장하였다. 사람은 네 가지 성적 발달 단계를 거친다. 즉, 구강, 항문, 남근, 생식기의 단계이다. 생식기 이전 단계에서 리비도의 고착이 심하면 이에 따르는 정신병리적 상태가 나타난다. 그런 장애가 가장 심한 때가 (남근기의) 오이디푸스 시기이다. 이것은 부모 중 한쪽의 정욕을 느끼면서 다른 한쪽을 질투하는 심적 갈등을 겪는 때이다. 이런 갈등을 적기에 적절하게 해결함으로써 정상적인 성인기(생식기)로 접어들 수 있게 된다.
　　프로이드가 보는 성적 발달에 관한 중요개념에는 잠복기, 양성기, 양가감정, 고상화, 환치(전이는 그 특이한 형태임) 등이 있다. 자유연상법에 의한 전이관계의 분석이 정신분석 기법의 치료과정에서 보는 '역동적 주축'이라고 하겠다.
　　꿈과 꿈의 해석 또는 분석과정에서 중요한 도움이 된다. 그밖의 두 가지 도움이 되는 기법으로서 일상용어의 실수를 분석하는 일과 재치의 분석이다. 프로이드는 두 가지 모두 무의식의 발로로 중요하다고 보았다.

제3장
프로이드의 정신분석이론(보완 및 수정기)

　　프로이드는 일생의 작업으로서 그의 정신분석이론을 수정·보완 해나갔다. 그는 솔직하게 전 이론과 후 이론을 모르는 때가 있었다고 고백하면서 현재의 이론을 보완하는 작업의 중요성을 강조하였던 그가 신축성을 따르는 데서 일관성의 결여가 생기므로 우리가 프로이드의 이론을 이해하기가 어려워지기도 하나 명석한 이해를 서두르는 나머지 그의 이론을 너무 간소화하는 폐단도 있다고 지적된다(Harper 1974; Fine 1979).
　　처음에 프로이드는 인간의 마음을 과학기기에 비유하면서 풀이하였는데(1900년 발간 『꿈의 해석』) 그는 이를 수정하지 않았다. 그러다가 1913년에 그는 마음을 내용과 작용에 따라 세 가지 구성부분(Ucs. 무의식; Pcs. 전의식; Cs. 의식)으로 나누는 위상모형을 제시하였다. 전의식과 무의식의 차이는 정신분석이론에서 대단히 중요하다. 각성을 수반하지 않는 사고(그러므로 의식적이 아님)이지만 의지력으로 재생할 수 있는 경우가 전의식이다. 전의식과 무의식을 형성하는 정신과정의 내용은 마음 속에 있는 어떤 힘에 의하여 단절되는데 개인의 주의력 집중만으로 도달할 수 없다고 프로이드는 보았다.

1. 정신의 분화

프로이드는 1923년에 정신체계에 관한 세번째이자 마지막 일반가설을 제시하였다. 이 세번째 이론은 위상론과 구분하여 구조론이라고 부른다. 여기서 그는 서로 연관되는 세 가지 기능적 구조를 제시하였는데, 원자아(id), 자아(ego), 초자아(superego)가 그것이다. 일반적으로 원자아는 기본욕구(본능)이며, 자아는 원자아와 외부현실 사이의 중개역을 맡으며, 초자아는 개인의 도의적 자각과 이상(그의 양심)이 된다.

이와 같은 구조론을 발표하게 되면서 프로이드의 인간본능론에도 수정이 생긴다. 그때까지 프로이드는 인간의 모든 본능적 발로는 성욕에 의한다고 보았다. 그러나 1920년경에 피학대증과 학대증을 연구하던 결과, 그는 성적인 것 이외에도 기본적 욕구가 있음을 제시하였다. 이것이 공격론 또는 '죽음의 본능'이다. 그는 이들 두 가지 욕망이 정상과 병리적 합동 속에 합쳐져 있는데, 그 용량과 강도는 서로 다르다고 보았다. 그는 에로스(eros)라는 용어로써 성욕(생명)을 그리고 타나토스(thanatos)로써 공격욕(죽음)을 나타냈다.

프로이드는 공격욕의 용량과 능력도 성욕과 같아서 고착과 퇴행 그리고 구강기, 항문기, 남근기를 거치는 발달에 똑같이 작용한다고 보았다. 공격욕과 신체 각 부분과의 관계는 성욕의 경우와 같지는 않지만 자명한 것임을 프로이드는 지적하였다. 깨무는 것은 아기의 공격행동이지만 어른의 구강기 퇴행에서도 나타난다. 마찬가지로 더러운 장난이나 대변을 참는 행위는 항문기 퇴행을 나타내는 공격욕이라는 것이다.

그런즉 원자아는 성욕과 공격욕의 정신적 표출이 되며 파생으로 여겨진다. 이러한 욕망은 출생시부터 존재하는 것인데, 원자아는 출생 초기의 정신활력 전부를 차지한다. 그러다가 거기에서 자아와 초자아가 갈라져 제각기 그 기능을 갖게 된다.

원자아의 발동은 규제도 기강도 없는 분방상태이며 자아는 쾌락원리에만 따르기 때문에 1차적 과정에 따라 작용하며 즉각적 만족을 추구한다. 초자아는 5, 6세에 이르기까지 전혀 그 자체가 나타나지 않는다. 그러나 자아는 대개 생후 6개월부터 나타나기 시작한다. 외부환경에서 오는 좌절을 겪으면서 정신의 자아기능이 성장하게 된다. 자아가 추구하는 즉각적 욕구에 대하여 환경적 조건이 계속적인 거부를 표시할 때, 유아는 자기 자신과 외부현실의 차이와 원자아 충동이 외부현실에서 만족을 얻는 경우(쾌락)와 좌절을 겪는 경우(고통)를 구분할 줄 알게 된다. 이와 같은 경험의 큰 변동과 현실 지각이 늘어나는 데서 지각에 대한 유아의 현실적응력이 성장하고 자아의 형성이 가능해진다. 그러므로 자아는 욕동의 수행자요, 원자아와 외부환경의 중개자이다. 외부세계를 지각하고나서 인지, 지식, 사고, 감정 선택 그리고 실행과정을 거치는 데서 책임을 지는 인성(personality)의 측면이 바로 '나', 즉 자아이다. 자아는 원자아의 분별없는 충동을 통제하면서 최대의 만족이 되는 방향으로 정신활력을 유효적절하게 배분하는 기능을 수행한다.

자아와 마찬가지로 초자아도 원자아에서 나오는 인생의 기능이지만 5~6세경 후에야 발달하게 된다. 프로이드의 독특한 견해에 따르면 초자아는 오이디푸스 콤플렉스의 결과로 발달하게 된다. 오이디푸스 시기 이전의 유아에게는 도의성의 지각이 없다고 본다. 원자아의 충동과는 반대로, 그는 시키는 대로 행동하는데, 이는 환경적 처벌에서 오는 고통을 지각하면서 차라리 원자아의 좌절을 겪는 편이 낫다고 생각하기 때문이다. 오이디푸스 시기의 유아는 외부적 처벌의 위협이 제거되면 내부적 억제를 받지 않고 원자아의 충동이 되살아나기도 한다. 그러나 5, 6세가 지날 무렵이면 도의성의 내면화가 이루어지면서 10세경까지 계속 발달하여 마침내 안정기에 접어들게 된다.

어린이가 부모의 뜻을 받아들이는 이러한 내면적 수용은 오이디푸스 콤플렉스에서 생기는 원자아와 충동과의 대결을 통하여 부모와 자신을 동일시하는 과정에서 이루어진다. 어린이가 부모 한 사람을 살해하겠다고 마음먹는 자신의 엄청난 충동에 놀라면서 다른 부모와 성행위를 갖겠다는 욕망은 두려운 보복(거세)을 가져오기 때문에 마침내 위험한 오이디푸스 욕망을 억제하고 부모에게 합세할 수밖에 없는 생각을 갖게 된다. 이런 경향이 짙어가면서 그의 '내면화' 된 부모, 즉 '초자아' 가 생겨난다.

초자아를 우리는 이른바 '양심' 이라고 부를 수 있다. 그러나 우리가 생각하는 양심의 개념과는 달리 프로이드는 초자아를 크게는 무의식이라고 보았다. 초자아는 항시 원자아의 충동을 감시하며 또한 자아의 여러 가지 활동을 살피면서 '반도덕적' 행위라고 단정되면, 이를 벌하고 바람직한 덕성에 부합되는 사고, 감정 및 행동에는 상을 주는 감시역할을 수행한다.

초자아가 유치한 현실지각과 권위적 인물인 부모의 판단을 수용한 것이므로 개인의 도의적 행동에는 불합리한 측면도 많이 있게 마련이다. 그러므로 분석과정을 통하여 유년기에 겪었던 환자의 경험을 되살려보는 일은 그로 하여금 보다 현실적이고 합리적인 도덕평가를 하는 데 도움을 주는 일이 된다.

특히 프로이드는 초자아가 받아들이지 않는 임상적 의미의 중요성 한 가지를 지적한 바 있다. 어떤 사람이 죄악감을 갖는다 함은 그가 양심과 도덕관념을 위반하는 데서 오는 일이다. 특히 양심위반의 신호가 가져오는 열등감의 작용은 매우 뚜렷하다. 초자아의 무의식적 반대에서 오는 그러한 감정이 어떻게 일어나는지에 관해서 프로이드는 이렇게 설명한다. 즉 개인은 자기의 결격, 실패, 자존심의 저하 등에 관해서 온갖 생각을 의식적으로 갖게 되지만 가장 큰 무의식적 이유는 그가 초자아의 지시를 어겼다는 데 있다. 지금은 무의식적이나 내면화된 부모의 지시 때문에 '나쁜 아이'라는 열등감을 갖게 된다는 것이다.

2. 불안

정신구조설을 제창하면서부터 프로이드의 이론과 임상활동면에도 변화가 생기게 되었다. 이론면에서 나타난 두드러진 변화의 하나는 프로이드가 보는 불안(anxiety)의 본질이다. 원래 그는 불안을 제대로 방출하지 못한 리비도의 탓으로 보았다. 그러나 프로이드는 1926년 이 견해를 버리고 불안은 두 가지 사태로 말미암아 유발되는 것이라고 보았다. 하나는 '충격사태(traumatic situation)'이고, 다른 하나는 '위험사태(danger situation)'라고 지적하였다. 그는 불안 그 자체를 문화적 획득이 아니라 생물학적으로 이어받은 기본적 반응형태라고 보았다. 불안의 유전적 반응을 가져오는 첫번째 상황이 충격사태인데, 감당하기 어려운 자극의 힘 때문에 정신이 압도되는 경우이다. 충격사태에서 오는 불안의 원형이 바로 출생경험(랭크는 이 개념을 더욱 발전시켜 모든 불안의 원인으로 보았다. 제4장 참조)이다. 개인의 생활과정에서 이러한 충격사태가 일어나는 다른 장면도 있으나 대개 이러한 경험은 자아가 비교적 약한 발달초기, 즉 유아기에 국한된다.

어린이의 자아가 발달하면서 그는 충격사태의 예상이나 불안한 반응을 하게 될 가능성을 인정하며 배우게 된다. 이와 같이 예상되는 불안이나 위험(다루기 어려운 압도적인 경우와는 달리)을 프로이드는 신호불안(signal anxiety)이라고 불렀다. 어린이의 자아가 예상되는 위험에 불안을 안고 반응하는 데 불안은 다가오는 위험에 대하여 자아의 방어력을 동원하는 신호가 된다. 그러므로 이러한 불안이 큰 고통이며 불쾌한 일이기 때문에 이런 사태를 다루기 위해서 자아는 원자아에서 오는 정신활력을 통제할 수 있게 된다.

프로이드는 어린이의 생활에는 차례로 나타나는 여러 가지 전형적인 위험사태가 있는데, 그들은 그때마다 상당한 신호불안을 가져온다고 지적하였다. 즉 ① 사랑하던 대상을 상실, ② 대상으로부터 받던 사랑을 상실, ③ 성기 상실이나 손상(거세불안), ④ 초자아의 반대와 벌과 같다. 처음의 사태는 어린이가 사랑이라는 복합감정을 느끼기도 전에 경험하게 된다. 그것은 만족의 원천으로부터 아주 떨어져나가는 불안감일 수 있는데, 예컨대 어머니의 젖가슴이 자기와는 다르기 때문에 언젠가는 그것을 잃을 수 있다는 것을 처음으로 느끼게 되는 좌절에서 오는 불안과 같은 것이다.

두번째의 위험사태는 18개월쯤 되면서부터 갖게 되는 불안으로 어린이는 비로소 자기의 만족이나 쾌락이 주변의 중요한 사람들의 사랑과 호의에 의한 것이라는 것을 깨닫게 된다. 이와 같이 만족의 계속이 있으려면 중요한 타인의 사랑이 중요하다는 것을 발견하게 되고, 이러한 발견은 초기형태의 신호불안과 마찬가지로 좌절경험에서 오는 것이다. 이 경우 중요한 타인의 사랑 표시를 거절할 때, 어린이의 자아는 그러한 좌절을 지각하게 된다.

만 3세 이후부터 어린이는 남근기의 발달 단계로 들어서는데, 그의 성기가 불안의 새로운 초점이 되어진다. 좌절과 처벌이 그가 새로이 발견한 기쁨의 원천을 찾아온다. 그는 이제 주변의 중요한 타인들이 이 기쁨의 근거를 파괴할까 두려워한다.

프로이드가 말하는 위험사태의 최종단계는 물론 5, 6세가 지나 초자아의 발달과 함께 도래한다. 이제 위험의 신호는 내부에서 온다. 주변의 중요한 타인으로부터 오던 처벌위험이 이제는 그의 초자아 형태로서 내면화된 것으로부터 오게 된다.

프로이드는 이러한 위험이 모두 개인의 생애를 통하여 어느 정도 적어도 무의식적으로 끊임없이 지속된다고 본다. 그러나 그 위험성의 정도는 사람에 따라 차이가 있다. 각기 형태의 불안이 정상 성인에게도 모두 어느 정도 있을 뿐만 아니라, 정서장애를 겪고 있는 모든 사람에게서는 이런 형태가 한두 가지씩 나타난다.

20세기 초기에 나타난 정신구조가설이 나오자 정신분석이론의 주요 초점이 리비도의 변화로부터 불안의 돌출로 옮겨졌다. 그의 초기이론에서 프로이드는 전 성기기의 단계에 리비도가 고착되는 데서 정신신경증이 생긴다고 보았기 때문에 임상분석가의 주된 관심은 고착을 풀고 성숙된 통로를 통하여 리비도 활동에 대한 관심이 불안을 다루게 되면서부터 전적으로 그쪽에 쏠린 것은 아니지만 유년기의 성적 발달만을 다루어오던 종래의 중요성이 많이 감소된 것만은 사실이다. 바꾸어 말한다면 프로이드와 그의 일파는 무의식적 본능발달(그 다음에는 전적으로 성적발달)에만 주력해오던 그 관심을 확대하여 자아문제와 특히 불안으로 표출되는 자아의 실패를 살피는 데 옮기게 되었다는 것이다. 그리하여 주로 원자아의 심리학이었던 것이 자아심리학으로 확대되었다.

프로이드는 또한 세 가지 불안의 유형을 구분하였다는데, 즉 ① 진정한 또는 객관적 불안, ② 신경증적 불안, ③ 도덕적 불안이다. 객관적 불안의 경우 위험의 근거는 개인 밖에 있다. 예컨대 그는 실직, 상처 또는 가정과 생명을 잃음과 같은 위험이다. 불안신경증에서는 위험을 안고 있는 위협이 자아 안에 있는 만큼 다루기 벅찬 욕구의 압박 때문에 불안을 면치 못하는 경우를 볼 수 있다. 그리고 도덕적 불안은 초자아에서 오는 위협으로 나타난다. 자기의 도덕수준에 어긋나는 사고나 행동을 하는 데서 오는 양심의 가책이 자기 자신을 불안하게 한다.

프로이드의 불안개념을 바르게 이해하기 위하여 다음의 몇 가지 점에 유의할 필요가 있다. 첫째로 사람은 자기의 불안원인(만약 치료장면에서 치료자의 도움을 받지 않는다면) 바르고 소상하게 이해할 수 없다. 예컨대 신경증적 불안의 경우 춤은 죄악이기 때문에 나는 춤을 배우지 않겠다고 말하는 사람은 여자친구와 만났을 때 성적 제스처를 과잉행사하지 않을까 두려워하는 걱정을 무의식적으로 할 수 있다. 또 도덕적 불안의 경우 수영은 정력낭비이므로 배워서 뭐하느냐고 말하는 사람이 무의식적으로 익사의 위험이 있을 때 양심의 가책을 받겠구나 하고 걱정하기도 한다.

둘째로 이와 같은 불안의 유형은 어디까지나 임의적이며 연구의 목적에서 시도된 것이다. 현실생활에서는 두 가지 또는 그 이상이 합쳐지는 경우가 많다고 프로이드는 보았다.

셋째로 정서장애를 강조한다고 하여 프로이드는 모든 불안을 병리적으로 본 것은 아니다. 오히려 그는 불안을 느끼는 데서 내부와 외부의 위험을 깨닫게 되어 정상적 발달의 지향이 가능하다고 보았다. 불안을 느끼지 못하는 사람은 외부의 위험에 대처할 줄 모르며 내부에서 오는 모든 본능적 충동에 시달려야만 한다.

신경증적 불안의 세 가지 유형으로서 프로이드는 ① 자유분방형, ② 공포형, ③ 당황형을 들었다. 자유분방형 불안이란 무슨 재앙이 일어날까 하는 걱정을 하는 경우인데, 그것은 대개 밑도 끝도 없는 일시적인 불안이다. 프로이드의 이론에 따르면, 이런 사람은 그 자신의 원자아를 두려워한다는 것이다. 그는 쉴 새 없이 성적 충동이나 공격욕구가 자아를 눌러버릴 가능성을 걱정하기만 한다. 그러면서 그는 불안의 조건을 의식하지 못한다.

마찬가지로 공포형 불안도 같은 무의식의 근거(본능의 힘에 대한 공포)에서 오는 것인데, 아주 강도 높은 불합리한 공포가 그 특징이다. 어떤 사람은 그가 두려워하는 실제의 위험이나 상태와는 달리 지나치게 큰 공포에 사로잡혀 있다는 사실이다. 예컨대, 이런 사람은 작은 방이나 기차, 승강기와 같은 좁은 공간을 무서워한다든가(폐쇄공포증), 넓은 들판이나 무도장 강당을 무서워한다든가(공간공포증), 높은 건물, 절벽, 비행기를 무서워한다든가(고소공포증), 또는 생쥐, 새, 뱀, 벌레나 그리고 그밖에 상상할 수 있는 모든 것을 무서워한다.

이 모든 경우 그러한 공포대상과 상황에 대하여 그럴 만한 이유를 들어 말하는데(예컨대 쥐가 문다, 벌레에 세균이 많다, 승강기의 추락사고 등), 그 객관적 위험성은 대단히 희박하다. 프로이드는 환자를 분석치료하면서 어떤 특정 공포대상은 본능적 쾌락과 연관되는 것임을 발견하였다. 그 두드러진 실례로서 뱀을 남근의 상징과 연관시키는 것과 같다. 그래서 뱀에 대한 공포는 성적 충동을 두려워하는 무의식의 공포와 연관된다. 프로이드의 지적에 따르면 도덕적 불안은 공포의 신경증적 불안과 복합적으로 관련되는데, 그것은 자신의 도덕적 표준에 어긋나는 원자아 충동이 만일 표출된다면 어쩌나 하고 두려워하는 데서 오는 것이라고 한다.

당황형 불안은 원자아 충동이 자기의 통제범위를 벗어나는 것에 대한 두려움이다. 이때 사람은 몹시 당황하게 된다. 그래서 성욕이나 공격욕을 발산(강간, 총격, 달리는 차에 뛰어오르는 행동)하든가 또는 보다 소극적인 방법(잡화점에서 물건을 훔친다, 윗사람을 나무란다, 술에 취한다거나 음담패설을 한다 등)으로 원자아의 충동을 발산한다. 때로는 원자아의 욕구에 따라 참기 어려운 고역을 당하기도 한다. 이러한 당황반응(온당한 행동이 아닐 때)은 주위의 제재를 받게 마련인데 오히려 당황하고 있는 당사자는 그러한 제재나 처벌받기를 원한다. 그는 자기가 감당할 수 없는 원자아의 충동을 이제는 외부의 힘으로 통제하여 오히려 안도감을 얻는 것으로 생각한다. 그리고 그의 '나쁜' 소행 때문에 초자아에서 오는 죄악감은 처벌로써 감소되었다고 본다. 따라서 신경증적 및 도덕적 불안감은 외부의 처벌로서 해소되는 것으로 받아들여진다. 이것을 말해주는 가장 단순한 사례가 '나쁘다'고 꾸지람을 들은 어린이가 벌을 받고나면 다시 놀이에 열중하는 것과 같다.

3. 자아의 방어기제

불안에만 관심을 두면서 불안을 다루는 자아의 역할을 살피는 일은 동시에 원자아의 욕구에 대하여 자아가 행사하게 되는 방어기제를 따져보는 기회가 된다. 프로이드는 이런 경우에 관심의 초점을 바꾼다든가, 공상을 한다든가, 공포대상이 아닌 통제가능한 원자아의 욕구로 바꾼다든가 하는 일반방어의 심리기제를 관찰하였다. 물론 그밖에도 원자아의 욕구에 대항하여 자아가 이용하는 다른 특별한 방어기제도 있다. 이러한 방어기제에 대한 프로이드 일파의 견해는 다양하지만 보편적인 것으로 억압(repression), 합리화(rationalization), 투사(projection), 투입(introjection), 퇴행(regression), 자아반항(resisting against the self), 고립화(isolation), 사고유리(thought dissociation), 반동형성(reaction formation) 그리고 현실부정(denial of reality)이다. 이들 모든 방어기제는 정상인의 행동발달과 기능에도 어느 정도 나타나며, 병리적 상태의 경우에도 역시 마찬가지이다. 앞으로 방어기제의 개별적 설명을 제시하지만 실제로 이런 기제는 한 가지만이 아니라 복합적으로 그 기능을 나타낸다.

방어기제 가운데서 프로이드가 가장 먼저 거론했으며 지금도 가장 기본적인 것으로 인정되는 것은 억압이다. 억압은 원치 않은 원자아 욕구(또는 그와 관련된 감정, 소망, 기억이나 공상)가 의식층에 들어오지 못하도록 막아버리는 것이다. 프로이드는 억압된 것은 계속 정신활력의 부착(cathexis)작용으로 그 충동표출을 지도한다고 보았다. 따라서 자아는 원자아의 욕구를 반대하는 반부착으로서 억압기제를 계속 유지하는데 만일 부착작용의 힘이 강화되든가 반부착(counter-cathexis)의 힘이 약화되면 억압되었던 것이 의식층으로 돌아선다고 보았다. 이것은 몇 가지 형태로 나타나는데 그중의 한 가지가 당황형 불안이다. 수면중에는 꿈의 형태로 또는 급성 알코올 중독과 같은 경우에는 자아의 반부착작용이 감소되므로 억압되었던 원자아의 충동적 욕구가 일부 떠오르게 된다. 심하게 겪은 좌절경험 또한 원자아의 부착 증가를 가져오며, 자아의 반부착 감소를 가져온다. 사춘기는 특히 성욕(또는 공격욕)의 강도가 높아지는 때인지라 유년기에 잘 억압하였던 원자아 재료가 뚫고 나올 수 있다.

합리화는 흔히 볼 수 있는 방어기제이다. 어떤 원치 않는 원자아의 욕구가 의식층으로 들어왔을 때, 자아는 재빨리 사고와 감정의 내용을 바꿔서 수용할 수 있는 것으로 대치하도록 한다. 만일 미워하는 동료에 대한 공격충동의 결과로 동료의 비밀을 누설하여 불미스러운 행동 때문에 동료가 면직처분을 받게 되었다면, 이 사람의 자아는 자기행동의 진실된 동기를 바르게 받아들이지 못한다. 그래서 그는 진정한 이유를 대신할 만한 좋은 구실을 찾기 위해 자기 행동을 합리화시켜나간다. 예를 들면 우정보다는 도덕이 앞선다, 비밀이란 정의구현에 방해가 된다, 그보다도 내 마음이 더 아프다, 회사에 대한 충성이 친구보다 우위이다, 나는 그를 위해서 비밀을 폭로하였다 왜냐하면 그가 장차 더 큰 비행을 저지를 수도 있기 때문이다, 그는 오히려 우리보다 낫다. 우리는 아직도 이곳에 얽매여 있지 않는가 등 이런 식의 합리화로 일반 또는 특정상황에서 어떤 진리를 얻을 수 있게 된다. 그렇지 않으면 자아가 합리화의 진리를 받아들일 도리가 없다. 그런데 이는 무엇을 하고자 하는 진정한 동기와는 아무런 상관이 없다. 이렇게 함으로써 자아는 진정한 동기와의 대결을 회피할 수 있게 된다.

방어기제의 셋째 형식은 투사이다. 이는 자기가 원치 않는 원자아의 충동을 다른 사람에게 옮김으로써 자아를 보호하는 방법이다. 어떤 부인의 경우 불순한 성관계 충동을 억압하느라 그런 충동을 모두 남자에게 투사함으로써 그런 충동에 압도되는 자아를 보호할 수 있게 된다. 그런즉 모든 남자는 이 여자를 강간의 대상으로 노리게 되니 아주 안전한 장소를 제외하고는 늘 몸조심을 하게 된다.

　투입은 투사의 반대이다. 여기서 자아는 원자아의 무의식적 압력을 피하고 자신을 방어하기 위하여 원자아와 다른 사람을 동일시한다. 예컨대 앞에서 이야기한 부인이 매혹적인 남자배우를 만난다면, 그녀는 이 방법으로 자기의 리비도 부착을 감소함으로써 일시적인 욕구충족을 할 수 있다. 성적 매력이 넘치는 남우를 내면에 투입함으로써 남우에게 인기있는 여우가 되어 성적 만족을 얻는다는 이야기가 된다. 그러면서 이 여자는 그러한 성적 욕구가 의식층에 들어오지 못하도록 막아놓는 데 성공하고 있는 터이다.

　다섯번째가 퇴행이다. 이것도 역시 원자아 충동에 압도되는 것을 막기 위하여 자아를 보호하는 데 흔히 쓰는 방법이다. 예컨대 성기 단계에서 적응문제를 풀지 못할 때, 리비도 활력이 항문기 단계로 역행하게 된다. 이런 사람은 성적 긴장, 무력감을 겪으면서 성기기의 모든 성적 감정을 억압함으로써 다른 사람들(특히 이성)로부터 오래 고립되거나 또는 오로지 작품활동에만 열중하는 조각가가 될 수도 있다. 이보다 더 극단적인 경우가 구강기 퇴행의 리비도 고착인데 담배를 계속 피우는 것으로써(공격적 원자아 충동을 억제) 긴장을 해소하는 사람들도 있다.

　단지 어린이나 정서장애 환자에게서만 볼 수 있는 방어기제로서 자아반항이 있다. 만일 어린이가 공격충동이 교사나 부모와 같이 존경하는(또는 무서운) 사람에게 돌려져 감히 그런 충동을 돌출하지 못하는 경우, 그는 자신을 멸시하게 된다. 때로 투입이 자기반항을 수반하는 때가 있다. 어린이가 잠시 자기가 미워하는 부모가 되어서 부모를 대하듯 자기를 대하게 되는 것이다. 그러나 자아는 보호되고 있으며, 공격욕을 공공연하게 부모에게 돌리는 일 없이 해소하는 방법이 된다.

  일곱번째가 정서의 고립(isolation of affect)이다. 이것도 억압의 일종인데, 과거에 겪었던 쓰라린 경험의 기억이나 상상이 이미 의식층에 들어 왔으나 감정이나 고통은 분리되어 있는 셈이다. 말하자면, 과거의 사건에 대한 완전한 억압 대신에 단지 그 사건과 관련된 감정만이 의식층에서 유리된 경우이다. 이렇게 원자아 정서의 힘을 억압함으로써 자아는 원자아 충동으로부터 보호된다. 이러한 추정을 통하여 완전한 형태의 억압은 원자아에 있는 '무서운 괴한'에 대한 기억을 의식층에서 제거해버린다. 고립화의 기제를 통하여 그 괴한은 의식층에 나타나지만 거기에 따르는 공포는 모두 사라지는 셈이다.

  고립의 기제와 유사한 것으로서 사고유리(thought dissociation)가 있다. 그 특징은 잠시 동안의 기억의 공백상태이다. 이는 아주 위험한 원자아 충격과 관련되는 사고로부터 자아를 보호하기 위하여 자기를 괴롭히는 사고가 의식층에 들어서는 것을 막기 위한 수단이다.

  아홉번째 방어기제로서 흔히 볼 수 있는 반동형성을 들게 된다. 대개 사람들은 사귀는 인물에 대하여 양가감정(ambivalence)을 갖게 되는데, 이때 한쪽의 감정을 무의식층에 억압하고 다른 감정을 지나치게 강조하면서 부모, 자녀, 친구 기타 중요한 인물에게 보호 온정을 극진히 표시하는 경우가 바로 반동형성이다.

  끝으로 열번째의 방어기제가 현실부정(denial of reality)이다. 특히 이는 아주 심한 병리적 상태에서 나타나는데, 예컨대 뇌손상을 입고 지체마비가 된 사람은 그와 같은 현실을 부인하려 한다. 그래서 설사 마비가 된 다리를 자기 눈으로 직접 보고도 그 사실을 인식하지 못하며 심지어 그것을 다른 사람의 다리라고 우겨대기도 한다. 이렇게 하여 자아는 마비라는 아주 불편한 상태에 직면하여 보호받는다. 이와 같이 객관적으로 나타나는 것 이외에도 여기에는 위험스런 원자아의 욕구와 유관한 외부자극으로부터 자아를 보호하려는 현실부정의 방어기제로서 자기방임(self-indulgence)의 활용이 있다. 말하자면 현실부정은 위험한 원자아의 욕구가 있다고 지적되는 외부자극을 의식하지 않도록 하기 위한 일종의 억압형태라고 볼 수도 있다.

4. 정신병리의 치료

후기의 프로이드이론을 적용하여 다루는 이와 같은 정신병리적 상태에 관한 진료는 실로 방대하다. 그런데 여기서 간과할 수 없는 한 가지 강조점이 있다. 그것은 프로이드가 정서장애를 다루는 데 있어서 유년기에 겪는 좌절이나 자기방임이 지나칠 경우 장차 자아가 약화됨으로써 정신병리적 곤란이 심화된다고 지적한 점이다. 그리하여 심한 좌절이나 방임 때문에 자아는 원자아와 외부현실의 조절작업을 배우지 못하게 된다. 아주 심한 좌절을 계속 겪게 되면 원자아의 욕구는 간접적인 만족도 얻지 못하게 되므로 자아가 활동해야 하는 모든 정신활력을 억압의 대상으로 돌리고 만다. 그래서 자아는 현실대처 능력이 약화되어버린다. 그리고 지나친 자기방임의 경우 원자아의 욕구는 만족을 얻기가 쉽지만 자아의 발달은 더뎌진다. 이것은 자아의 발달이 어느 정도의 좌절을 겪으면서 외부적 현실과의 관계를 다루는 능력과 기능을 키워나가야 하기 때문이다. 따라서 지나친 좌절의 경우와 마찬가지로 지나친 자기방임의 경우에도 원자아 때문에 자아는 병들고 약화된다.

　자아의 무능은 또한 초자아에도 문제를 가져온다. 그래서 오이디푸스 콤플렉스의 암투가 해결되지 못한 상태에서 어느 한쪽 부모에 대한 욕정과 다른 부모에 대한 반항적 기분 때문에 초자아가 내리는 행동판단은 거칠게 되어버린다. 그래서 이런 사람은 항상 죄악감과 열등감에 사로잡힌다. 그는 어떤 외부적 성공이 있다 하더라도 항상 자기를 실패자로 보는 신경증적 완벽주의자가 된다. 그렇지 않을 경우에는 오이디푸스 콤플렉스의 암투가 다른 방향으로 번져나가 너무도 약한 초자아의 발달을 볼 수 있게 된다. 이런 유형의 사람은 도덕수준이 아주 낮은 데서 병리적 형태를 나타내게 된다. 그리고 이런 형태의 극단적인 경우를 우리는 이른바 사회병리적 또는 정신병리적 성격이라고 부른다. 프로이드의 용어에 따르면 원자아, 자아 그리고 초자아 사이에 비교적 원만한 균형이 이루어질 때 개인의 성격구조가 바르게 형성된다. 즉, 비교적 행복할 뿐만 아니라 환경적응도 적절하게 잘하는 사람이 있다면, 그의 성격구조는 건전하고 정상적이라 할 수 있다. 그런데 만일 이런 능력이 비교적 한정되어 있어 환경적 적응이 미흡하다면 그는 병리적 성격구조 또는 성격이상이나 성격신경증을 가진 사람이라고 볼 수 있다.

　성격신경증과 구분하여 정신신경증은 원자아의 욕구통제에 실패한 자아 때문에 생긴다는 프로이드의 이론으로 풀이된다. 자아의 어떤 방어력도 터져나오는 원자아의 욕구를 제지하지 못한다. 자아는 원자아와 겪는 급박한 갈등 때문에 '타협형식'으로 일을 처리하게 된다고 프로이드는 말한다. 그리하여 타협형식은 원자아의 욕구와 자아반응을 무의식적으로 돌출하면서 오늘날 우리가 말하는 정신-신체적 증후를 이루게 된다. 예컨대 구토는 원치 않는 아기를 없애버리라고 하는 받아들일 수 없는 원자아의 욕구에 대하여 이런 충동의 분출을 부분적으로나마 막는 데 성공한 임산모의 반응표출이라고 할 수 있다. 말하자면 '구토'라는 타협형식은 애기를 버리라는 원자아에 대한 반응일 뿐만 아니라 파괴적 충동의 완전표출의 억제로 볼 수 있다. 물론 임산부에게서 볼 수 있는 입덧의 경우를 도외시하고 하는 말은 아니다. 정신신경증의 경우에 볼 수 있는 원자아와 자아의 타협형식으로 나타나는 정신-신체적 표출 이외에도 억압, 투사, 현실부정 등과 같은 다른 형태의 방어기제를 집중적으로 또는 습관적으로 활용하는 것을 볼 수 있다.

정신신경증과 성격신경증의 치료에서 행해지는 정신분석 기법의 성공이 어디에서 오느냐에 관한 견해에는 프로이드와 그 일파 간에 다양한 차이가 있다. 그러나 대체로 젊은이와 자기의 신경증적 상태에 대한 불만이 아주 큰 환자의 경우에 치료의 성공률이 높다고 한다.

프로이드의 이론은 주로 환자치료의 과정에서 발전된 것이지만 정신분석이론 역시 이런 과정을 통하여 발전되었다. 그가 처음으로 개인환자에게서 무의식의 영향을 발견하였을 적에 치료의 주목적은 억압되었던 것을 의식층으로 되살려나게 하는 일이었다. 오늘날도 많은 정신분석가들이 초기 단계의 이론 영향을 그대로 받고 있으면서 무의식의 내용과 과정을 의식층으로 올리는 데 주력하고 있는 실정이다. 그러나 프로이드 자신은 정신구조설을 주장하면서도 자아는 자유연상법에 의하여 밝혀지는 억압된 욕구를 다루기 위하여 끊임없이 변하는 것임을 깨닫게 되었다. 그러므로 치료의 역점은 더욱더 저항(분석과정에서 나타나는 무의식적 욕망을 다룰 수 없는 데서 나타나는 자아의 방어기제)과 그와 같은 저항을 이겨내고 자아방어에 투입되는 정신활력을 이용하기 위한 수단으로서의 전이(transference)에 옮겨지게 되었다. 그리고 정신분석을 실시하는 과정에서 프로이드의 새로운 이론들의 효과가 인정받게 되었는데 이에 못지않게 환자를 다루는 분석가의 관계도 그 중요성이 크게 인정되었다. 그리하여 전이, 즉 환자의 과거 속에 있는 중요한 인물들이 치료자에게도 환치되는 기제를 다룰 뿐만 아니라 역전이(countertransference), 즉 치료자가 과거에 다른 사람들과 가졌던 관계에서 오는 감정을 환자에게 환치하는 기제를 또한 많이 다루게 되었다.

프로이드는 초기에 정신분석자의 객관적이고도 비판적 개입이 없는 태도의 교정적 영향을 매우 중요시하게 되었다. 그리하여 환자가 치료과정을 통하여 유년기의 생활을 되살려나갈 때 새로운 변화가 나타나는데, 이는 예전에 그가 자기행동에 대하여 이와 같은 객관적 반응을 경험하지 못하였기 때문이다. 환자의 과거에 중요한 인물들이 억제하며 억압받았던 것을 직접 다룰 수 있게끔 된다. 여기서 통찰의 힘도 크거니와 통합적 형식으로 이전에 억압했던 재료를 다룰 수 있는 자아의 강화수단이 되는 치료 자체의 교정적 정서 경험의 중요성이 더욱 강조된다.

이상에서 우리는 프로이드의 정신분석이론을 대체로 정상행동과 병리행동의 측면에서 그리고 이들 이론과 유관한 임상적 절차에 비추어 대략 살펴보았다. 물론 이밖에도 프로이드 일파가 제창한 정신분석의 이론과 응용 방법은 많이 있다. 또한 프로이드 일파는 사회의 여러 측면과 사회의 여러 구성집단에 대하여서도 많은 관심을 기울였다. 그리하여 그들은 예술, 과학, 문학, 종교, 전쟁 그리고 그밖의 많은 사회현상에 대하여 매우 적극적인 연구를 수행하였다. 그 내용은 심리치료적 측면을 다루는 이 책의 범위를 넘어서는 이야기가 된다.

요 약

　1900~1923년 사이에 프로이드는 정신의 본질에 관하여 어느 정도 서로 다른 일반적 이론 세 가지를 발전시켰다. 그중 마지막 것으로서 프로이드의 구조가설은 정신분석이론과 실천에 아주 많은 변화를 가져왔다. 프로이드는 기본적 본능의 개념을 확대하였는데, 여기에는 공격욕구(죽음의 본능)와 성적욕구가 포함된다. 원자아는 바로 이들 기본적 욕구와 본능 그리고 여기서 생겨나는 모든 것의 정신적 표상이다. 자아는 원자아와 외부적 현실의 중개자가 되며, 초자아는 개인의 도덕적 지각과 이상적 야망을 모체로 한다. 대개 자아는 생후 6개월에 형성되는데, 초자아는 오이디푸스 콤플렉스의 암투 때문에 생후 5, 6세쯤에 형성된다.
　후기의 프로이드이론과 실천의 관심은 주로 불안심리에 집중되는데, 프로이드는 불안이 야기되는 두 가지 상황으로 '심리적 외상의 상황'과 '위험상황'을 들었다. 전자는 그 원형을 출생의 외상적 경험에서 찾아볼 수 있는데, 신호불안을 야기하는 전형적 위험상황으로서 사랑하는 대상을 상실하거나 대상의 사랑을 잃는 일, 성기의 상실 또는 손상 그리고 초자아의 거부나 처벌 등이라고 하였다. 프로이드는 이러한 전형적인 위험과 여기에 수반되는 불안은 개인의 일상을 통하여 무의식적으로 계속되는 것이라고 주장하였다. 또한 프로이드는 객관적/현실적 불안, 신경증적 불안 그리고 도덕적 불안을 구분하였다. 신경증적 불안은 자유분방형, 공포형 그리고 당황형으로 구분된다.
　불안과 이를 다루는 자아의 역할에 대하여 관심이 집중되면서부터 여러 가지 충동에 대한 자아의 방어기제에 대해서도 관심이 고조되었다. 그 예로 열 가지 방어기제를 살펴보았는데, 그것은 억압, 합리화, 투사, 투입, 퇴행, 자아반항, 고립, 사고유리, 반동형성 그리고 현실부인이 그것이다. 이들 모든 기제는 정상, 비정상을 막론하고 행동발달과 그 기능의 과정에서 작용한다고 하겠다.
　신프로이드 학파가 주장하는 이론 중의 하나로 정신분석에서 도입된 것이 있는데, 이는 무의식의 과정을 철저히 다루던 입장을 버리고 자아와 초자아의 활동에 더 큰 관심을 기울여 쏟는 입장이다. 그리하여 많은 정신병리적 증상을 두 가지 성격 부분의 기능부전에 비추어 이해할 수 있게 되었다. 대체로 우리는 지금 프로이드 일파의 용어를 써서 성격이상(자아, 원자아, 초자아의 고르지 못한 균형 탓으로 쾌락추구에 제한이 생기며, 환경에 대한 적응능력에 손실이 생긴 경우)과 정신신경증(원자아의 충동을 자아가 적절하게 통제하지 못하는 경우)을 구분하게 되었다. 자아심리학을 적용하는 데 있어서 정신분석을 실시하는 경향이 짙어가고 있기 때문에 분석자와 환자 간의 관계에 비교적 객관적인 치료상황 자체가 갖고 있는 교정적 영향을 중시하는 데 대하여 보다 많은 관심이 고조되고 있는 터이다.

제4장

정신분석이론의 이탈파들(Ⅰ)

　프로이드는 매우 융통성 있는 사상가였기 때문에 새로운 사실을 발견하면 거기에 비추어서 자기의 이론을 수정하는 데 주저하지 않았다. 그러면서도 그는 새롭고도 독립적인 다른 사람의 가설을 너그럽게 받아들이지 못하는 경우가 있었다. 그래서 그를 추종하는 일부 사람들 중에는 그에게 고분고분하기만 한 제자가 있었던 것만은 아니었으므로 정신분석 운동에서 분열이 때때로 일어났다. 이 장에서는 프로이드와 갈라져 나간 여섯 제자들이 형성한 체계들을 살펴보기로 한다.

1. 아들러

프로이드에서 갈라져나간 첫 제자가 바로 아들러(Alfred Adler 1866-1950)이다. 10년간의 교분을 끊고 아들러는 1911년 정신분석학회 모임에서 이탈하였다. 아들러는 신경증의 병인으로서 성욕 대신에 열등감을 내세웠다. 그는 신경증 환자들의 말에 오도되어 프로이드 일파는 성욕이 병의 근원인 줄로 잘못 알고 있다고 주장하였다. 아들러의 주장인즉, 환자들은 성적 공상과 성적 감정을 통하여 '남성적 목표'의 방향과 심한 강박관념을 돌출하고 있다는 것이다. 아들러의 체계에 의하면, 남성특질은 체력과 권력을 나타내며 여성특질은 약체와 열등감의 상징이라고 한다. 남성과 여성의 경우 '남성적 항의'가 보통인데, 그것은 힘의 추구를 의미한다. 그에 의하면 성욕 대신에 인간행동과 발달을 결정하는 것은 권력추구이다.

사람 각자에게 열등감은 존재하기 마련이다. 그것은 태어날 때부터 무력하거나 주위사람에게 의존하거나 성장하는 기간이 너무 길기 때문이다. 그래서 이와 같은 열등감은 신체나 기관의 결함(실제이든 공상이든 간에), 힘세고 연장자인 동기간들 그리고 부모의 배척이나 무관심 또는 그밖의 수많은 요인 때문에 과장된다. 그래서 이러한 열등감에 대처하는 방법은 보상행동밖에 없다고 본다. 이로써 자기의 열등감을 이겨내는 힘을 얻는다. 그리고 개인의 생활영역에서나 다른 사람을 누르는 힘의 성취에 있어서도 성공적 수단이 된다. 열등감을 극복하는 두번째 방법으로서 신경증을 들게 되는데, 이는 복종적이거나 여성적인 부정이나 퇴보의 형태를 말한다. 이와 같은 부정이나 퇴보는 공상, 정신신체질환, 투사, 합리화, 현실부정, 그밖에 프로이드가 소개한 바와 같은 여러 가지 방어기제의 형태를 택하게 한다.

아들러의 견해인즉, 사람의 발달은 생물학적 힘의 작용보다도 사회환경의 조건에 영향을 크게 받으므로 그 개인의 유년시절에 겪었던 일보다는 지금의 생활 목적이나 목표를 분석하며 이해하는 일이 보다 중요하다는 것이다. 그래서 아들러식의 분석은 개인 각자의 생활계획이나 생활양식을 대상으로 하는데, 이러한 체계를 개인심리학(individual psychology)이라고 부른다. 그리하여 개인의 특이한 생활양식을 완전히 알고 나면 치료자가 할 일은 환자로 하여금 건전한 생활양식과 목표를 받아들이도록 재교육하는 일이라고 보았다. 아들러는 힘의 추구를 대체하는 것으로서 사회적 감정과 공동사회의 관심과 봉사를 들었다.

아들러의 견해에 따르면 힘으로써 다른 사람을 견제하려고 할 때, 성(sex)은 일시적 무기가 될 뿐이라고 한다. 그리고 그는 오이디푸스 콤플렉스의 중요성을 부차적인 것으로 보았으며, 그것은 부모를 상대로 하는 힘의 투쟁에서 이겨보려는 시도가 가져오는 것이라고 보았다. 그는 자기를 방임하는 부모 이외의 사람에게는 자기의 성적인 힘을 행사할 수 없는 허약성 때문에 오이디푸스 콤플렉스를 해결하지 못한다고 보았다.

아들러파의 치료전문가들(뉴욕, 시카고, 로스엔젤레스, 유럽의 중요 도시에 소수가 있을 뿐임)은 아들러의 선례에 따라 무의식적 힘을 극소화하면서 과거의 일을 문제삼는 데 있어서도 환자의 생활양식에 영향을 주는 범위에 한정할 뿐이었다. 그래서 무의식이나 그 성적 표출을 중요시하지 않는 만큼 전이(transference)에 대해서도 크게 역점을 두지 않는다. 환자의 생활 속에 있는 어떤 중요한 인물로부터 강한 감정이 전이되어 치료자에게 간 탓으로 치료과정에서 무슨 차질이 생길 때에만 개인심리학자는 전이현상에 관심을 돌리게 될 뿐이다.

　아들러는 누구보다도 먼저 치료자와 환자의 사회적 관계를 크게 중요시한 사람이다. 그는 이 관계가 바로 다른 관계로 연결되는 재교육적 효과가 있는 교량이라고 보았다. 그의 주장인즉, 실패를 겪는 사람들은 모두가 다른 사람에 대한 관심이나 사랑이 없는 결함이 있다는 것이다. 그래서 그는 치료과정에 있어서 환자의 사회적 관심을 고취하는 데 크게 역점을 두었다. 또한 정서장애를 겪는 사람들은 불합리한 인생관 때문에 다른 사람들에 대한 깊고도 적극적인 생각이 부족하다고 아들러는 지적하였다. 그러므로 그는 치료의 과제를 인생의 비현실적 목표를 현실적인 것과 바꿔 놓으면서 사회적 관심과 흥미를 갖게 하는 데 있다고 보았다.

　이상에서 나타난 바와 같이 아들러의 치료절차는 그가 프로이드로부터 받은 것과 현저하게 다르다. 그는 긴 의자 대신에 얼굴을 마주볼 수 있는 의자로 바꿔 놓았다. 그는 적극적, 교육자적인 자세를 취하였다. 그는 꿈의 해석을 단지 현재의 생활양식을 밝히며 장래의 생활목표를 이해하는 데 도움이 되는 것에만 한정하였다. 그는 수시로 치료과정을 중지하여 환자에게 자기기만적 경향이 있음을 지적해주는 일이 치료자의 책임이라고 보았다. 그리하여 자유연상 대신에 치료자의 지시적 면접을 채택하여 실시하였다. 환자는 일주일에 3, 4차례(프로이드의 5, 6차례와 비교됨) 치료자와 만나는데, 치료의 총 기간도 프로이드에 비하여 짧은 것이 개인심리학 기법의 일반적인 통례이다.

　우리는 여기에서 아들러의 고전적 개인심리학이 성격이론으로서, 정신병리의 모형, 생활철학, 예방교육을 위한 책략 그리고 심리치료 기법으로서 가치론적 기반을 가진 통합적인 이론임을 알 수

있다. 따라서 그의 심리치료 목표는 오로지 이상증상을 제거하는
데만 치중하는 것이 아니라 심리적 발달과 건강면에서 내담자가 개
인, 부부, 가족으로서 건전하고 협동적인 사람이 되어 사회적 자질
과 민주시민으로서의 생활을 바르게 영위할 수 있도록 힘쓰게 하는
데 있다. 오늘날 아들러의 이론을 따르는 심리치료과정은 개인의
발달과 사회적 책임의 감당을 적절하고도 균형있게 권장하는 일을
강조하며 중요시한다.

2. 스테켈

아들러에 이어 프로이드와 결별한 제자가 스테켈(Wihelm Stekel 1868-1940)이다. 그는 이론 체계도 빈약하고 일파를 묶어서 학파를 구성할 만한 대인관계의 발전에도 실패했다. 그러나 그는 미국의 심리치료 발전에 영향을 끼친 바 있어서 특기할 만한 인물로 꼽힌다(Harper 1974). 그의 공헌은 이론보다도 기법면에서 인정된다. 실제로 정신분석이론에 몇 가지 독창성 있는 수정을 가져오기도 하였다. 그는 그가 채택한 몇 가지 상징을 통하여 꿈의 해석에 있어 계략적 기능을 보여준 바 있다. 또한 그는 정상적 및 병리적 성문제를 다루는 데 있어서 선구적 관찰과 견해를 발표하여 현대의 성문제 연구에 길잡이가 되는 큰 공헌을 하여 인정받고 있다.

스테켈의 견해인즉, 환자의 현재 갈등문제는 과거의 것과 마찬가지로 중요하다는 것이다. 아들러와 같이 스테켈도 프로이드 일파는 너무 과거에 집착함으로써 현재를 소홀히 하고 있다고 보았다. 그의 주장인즉, 때로는 과거와의 관련이 전혀 없이도 환자는 도움

을 받을 수 있다는 것이다. 비록 과거의 갈등이 중요한 것이라 할지라도 현재의 갈등에 대하여 분석가는 많은 관심을 기울여야 마땅하다고 보았다.

스테켈 자신도 프로이드가 중요시하는 성격분석과 역전이 기능에 큰 관심을 두고 있는 터이다. 그는 주장하기를 정신분석의 장래는 환자의 성격구조를 이해하면서 그의 성격특징과 정신신경적 상태의 주된 동향과 경향의 관계를 살피는 데 있다고 하였다. 그는 프로이드처럼 역전이를 다루지는 않았지만 분석자의 성격이 치료진행에 결정적 요인이 된다는 것을 재차 지적하였다. 그의 의견인즉, 치료자의 방법보다도 성격이 치료적 의미가 크다는 것이다.

그가 치료자로서의 역할을 강조하며 자기에게 오는 환자를 치료한다는 책임을 강조하는 점이 그와 프로이드의 입장이 극명하게 차이나는 요점이라고 한다. 그는 프로이드가 환자의 치료보다도 자기의 이론과 기법의 발전에 더 치우쳤던 사실을 지적하기도 하였다. 스테켈은 주장하기를, 프로이드는 그 자신을 첫째로 과학자라고 내세운 다음에 치료자로 본다는 데 비해 자신은 그 우선순위를 뒤집어 놓았다고 하였다. 또한 프로이드의 주된 관심은 "내가 이 환자에게서 인간의 심리적 본성에 관하여 무엇을 알아볼 수 있을까?"라는 것에 있는 데 비해 스테켈은 "내가 어떻게 이 환자를 치료할 수 있을까?"에 관심을 둔다고 하였다.

이와 같은 치료 관심이 스테켈로 하여금 그의 기법개선을 낳게 하였으며, 더욱 빠르고 효과적인 치료성공을 거두기 위하여 적극적인 자세를 취하게 했던 것이다. 그리하여 그는 그의 치료절차를 '적극적 분석심리치료'라고 명명하였으며, 이는 아주 적절한 이름이라고 하였다.

스테켈은 분석자가 마땅히 치료과정을 통하여 적극적인 동반자여야만 한다는 것이다. 그는 치료를 시작할 때부터 환자와 협동하여 자유연상과 꿈의 해석을 진행하여 나가면서 때로는 그가 중요하다고 생각되면 환자에게 보다 적극적인 반응을 촉구하고, 대수롭지 않은 점에 대해서는 이를 무시하여 자유연상을 진행하도록 하였다. 그는 직관력을 동정과 상상력에서 오는 통찰과의 결합으로 보고 특별한 노력과 훈련으로 획득될 수 있다고 보았다. 그는 또한 직관력을 활용하여 환자의 통찰능력을 가로막는 저항에 처치를 내릴 수 있는 시간을 적절하게 파악할 수 있다고 보았다.

스테켈은 수시로 필요한 권면과 지시적 조언을 하였으며, 자기 결단의 책임이 환자에게 있다는 점을 늘 강조하였다. 스테켈 자신은 환자의 저항에 대하여 매우 권위주의적인 듯 보였지만 그의 추종자들(Emile A. Cutheil이 저명함)은 적극적 분석심리치료에 있어서 대단히 허용적이며 객관적인 경향을 보이고 있다.

대개의 경우 스테켈의 직관적 분석은 환자가 말하는 꿈의 해석에 초점을 두었는데, 그는 자신의 꿈의 해석 솜씨가 탁월하다는 것이 문제되는 것이 아니라 분석자로서의 헌신적 노력이 더 큰 일이라고 보았다. 그는 꿈에서 나타나는 환자의 현재의 태도와 반응에 주된 관심을 두었으되, 오직 환자가 현재 겪고 있는 성격상의 어려운 문제를 비춰주는 경우에만 과거의 꿈을 문제시하였던 것이다. 그는 바로 이 점에서 아들러의 입장과 일치하고 있다.

물론 스테켈도 전이를 모든 분석의 일부라고 보았지만 분석가가 부단히 환자의 환상이나 어린이와 같은 정서의 환치를 깨어버리고 있기 때문에 그것은 실제의 적극적 분석심리의 중요문제로 될 수 없다고 보았다. 스테켈은 환자와 직접 면담하면서 치료를 하는 과정을 통하여 환자에게 주는 치료자의 도움에 대한 고마움을 느끼는 데서 적극성을 띠고 있는 치료자에 대한 적극적인 전이가 저절로 생겨나는 것으로 보았다. 그러나 적극분석의 기간이 6개월을 넘지 않는 데서 환자와 치료자의 관계는 제약을 받는지라 적극분석자는 영구적인 낭만적 관계가 이어지는 데 대한 기대를 환자가 갖지 못하도록 해야 하는데, 이는 물론 고전적 정신분석의 경우에서도 마찬가지이다.

스테켈의 추종자들은 결코 그의 원리나 기법을 고수하는 사람들이 아니다. 사실상 그들은 스테켈의 진수가 활동과 신축성에 있음을 지적하는데, 정신분석적 심리요법의 다른 분야에서도 이런 취지를 많이 채택·적용하고 있다. 또한 자기들 역시 다른 학파의 견해를 자유롭게 받아들이고 있다. 한편 적극적 정신분석 치료자들의 대부분은 6개월의 치료기간을 고집하지 않는다. 그리고 환자에 대한 태도에 있어서도 스테켈과 같이 권위주의적이 아니며, 직관 위주의 분석적 해석을 고집하지도 않는다.

3. 융

아들러나 스테켈의 이탈은 그래도 프로이드의 이론과 기법을 직접 받아들이면서 더욱 그 입장을 확고하게 좁히는 면이 있는 데 비해 융의 경우는 이들보다도 더욱 신비스럽고 복잡한 체계를 만들면서 그로부터 이탈하였던 것이다.

융(Carl G. Jung 1875-1961)이 프로이드 일파에서 완전히 이탈한 것은 1912년인데, 그는 시초부터 프로이드의 견해를 전폭적으로 받아들인 것은 아니었다. 그의 독자적 견해의 발전은 마침내 그의 저술 『무의식의 심리학(The Psychology of the Unconscious)』이

출판되던 1912년에 돌이킬 수 없는 결렬점에 이르고 말았다. 그런데 프로이드와 융에게서 볼 수 있는 리비도에 대한 시각 차이는 결코 기본적인 개념의 부인이 아니라 단지 어휘의 문제에 그치는 것으로밖에 볼 수 없다. 융에 따르면 원초(primal) 리비도는 전혀 분해되지 않는 보편적 '생명충동'이다. 그러나 그의 말인즉, 인간역사의 초기에 리비도는 본질적으로 성욕과 유관하였으나 진화의 과정을 통하여 성적인 면이 제거되어 마침내 다시는 성적 활력으로서 복귀될 수 없는 상태로 되었다고 보는 것이다. 융은 특히 어린이가 빨아들이는 행동이 본질적으로 성욕과 유사하다는 인식을 받아들이지 않았다. 그러나 프로이드는 리비도 고착의 네 가지 발달 단계(제2장 참조)를 인정하면서 정신활력(리비도)이 집중되는 대역으로서의 구강, 항문, 남근 및 생식기 단계를 들었다. 프로이드의 주장인즉, 성인기에서 볼 수 있는 성적 활력의 성기중심적 경향은 유년기의 세 단계에 있었던 것과 같은 것이므로 리비도의 성적 활력이며 따라서 유년기 이후에도 있는 것으로 보는 입장이 옳다는 것이다. 한편 융은 그렇게 받아들이지 아니하고 이 활력에는 중립적 특질이 생기는데 그 활력이 나타나는 것으로 보았다. 그리하여 리비도는 구강단계에서 성욕이 아니라 굶주림이라고 보았다. 바꾸어 말하면, 리비도는 A, B, C단계를 거쳐 마침내 D단계(생식기의 성욕에 고착)에 이른다고 프로이드는 보는 데 비해 D(sex)가 성활력이 아니라 X(중성) 활력이며 리비도는 여러 단계를 왕래하는 것이기 때문에 어느 한 단계에 고착시켜서 명명하는 것은 적합하지 않다고 융은 보았다. 그러나 이들 두 사람은 근본적 생명력을 의중에 두고 있었던 것만은 틀림없다.

  그러나 프로이드는 그의 이론이 지니고 있는 성적 측면에 대한 많은 비난과 반대에 부딪치게 되어 괴로웠던지라 융이 리비도에서 이 요소를 제거하는 입장을 받아들일 수 없었다. 두 사람은 그들의 차이가 단순히 의미론적 견해에 달려 있었음을 인식하지 못하였다. 어찌보면 프로이드는 융이나 그의 일파가 성적인 요소를 제거하고 리비도를 다룬 것은 특히 종교나 윤리현상에 집중할 때 아주 적절하다고 받아들였던 것이다.

마찬가지로 오이디푸스 콤플렉스와 엘렉트라 콤플렉스(Electra complex)에 대한 융의 해석이 본질보다는 용어의 의미면에서 프로이드의 생각과 아주 달라졌다는 것을 말하고 있다. 융은 어머니가 어린이에게(성적 만족이 아니라) 배고픔을 만족시켜주는 데서 쾌감을 준다고 강조하면서 또한 어머니에 대한 어린이의 애정이 그의 성숙과 더불어 성적 특징의 발달을 가져오는 것이라고 보았다. 그리하여 오이디푸스 콤플렉스의 본질에 관한 융의 견해는 프로이드와 대단히 가까운 것으로 볼 수 있다.

비록 융이 사실상 프로이드의 개념을 많이 채택했다고 하나 그의 이론과 치료는 프로이드의 입장과는 아주 다르다. 융은 근원적 원인보다도 행동의 목적과 목표추구의 해석에 주된 관심을 두고 있다. 이 점에서 그의 견해는 아들러와 매우 흡사하다. 예컨대, 융은 오이디푸스 콤플렉스를 무의식의 성욕 전부라고 보면서 회상적이 아니라 미래전망적인 상징으로 본다. 개인의 행동이 오이디푸스 콤플렉스에 동참하면서 성에 대한 유년기의 적응 해석에서 오는 것이라고 하지만 그것은 생의 여러 가지 목표를 지향하여 전진하는 자세를 의미한다고 융은 보았다. 아들러와는 달리 융은 개인의 독자적인 생활목적을 이해하려는 데 주력하면서 또한 여러 가지 집단적 생활목표를 기술하였다. 그런데 융을 지지하는 사람들에게도 이는 아주 모호하고 검증불능한 의문이었다고 한다.

융은 정서장애자들에게서 나오는 상징적 작품들이 원시인들의 것을 방불케 하는 데 착안하여 조상의 경험을 각인한 마음을 사람들은 승계받고 있다는 생각을 하게 되었다. 그리하여 그는 집단무의식(collective unconscious)의 존재를 상정하게 된다. 그는 연상, 상상, 그림이나 꿈에서 원초의 상을 볼 수 있다고 생각하였는데, 그는 이를 원형(archetype)이라고 명명하였다. 가장 두드러진 원형으로서 그는 여성정신의 이상적 상대가 되는 아니무스(Animus)와 남성정신의 것으로 아니마(Anima)를 상정하였다. 또한 집단무의식과 거기에 포함된 원형의 사상과 함께 융은 인간정신을 페르소나(persona : 사회적 관계 속에서 다른 사람에게 자기를 나타내는 모습)와 자아(ego : 정신의 심층부로서 개인의 경험을 반영하는데 부분적으로 의식 그리고 무의식이라고 보았다)로 나누었다.

융의 견해인즉, 개인의 정서장애는 페르소나, 자아 그리고 집단무의식간의 균형이 무너지는 때라든가, 남성적 아니무스가 균형을 깨고 여성적 아니마에서 이탈되는 때에 생기는 것이라고 한다. 그리고 한 개인의 페르소나가 극단적 내향성(introversion) 형태나 외향성(extroversion) 형태로 옮겨지는 데서 정서장애를 겪게 된다고 보았다.

융은 아들러나 스테켈과 마찬가지로 정신문제의 무의식 원천을 과거에서 찾기보다는 현재의 곤란과 장애를 위한 노력에 도움을 주고자 꿈의 해석을 이용하였다. 또한 융은 치료자에게는 자유연상법이 중요하다고 인정해서 부차적으로 이용하였다. 융은 또한 주장하기를, 치료자가 내리는 양과 질의 해석은 환자의 성격유형에 따라 달라져야 한다고 하였다. 그래서 내향성의 경우에는 집중적이고도 자세하며 잘 여과된 해석이 필요하고, 외향성의 경우에는 주어지는 행동처방이 적응의 현저한 개선을 가져오는 데에는 만족스럽지만 변화의 역동적 원인 등에 관해서는 별로 관심을 둘 필요가 없다고 보았다.
 융은 스테켈과 함께 정신분석에서 역전이(counter-transference)문제를 보는 분석자 자신의 견해와 환자에게서 배우는 분석자의 능력을 강조한다는 점에 있어서 당대의 선구자이기도 하다. 더 나아가서 그는 랭크(Otto Rank)를 비롯하여 후기의 이탈자들이 성격의 적극적이며 창의적인 측면을 인식하면서 치료과정을 통하여 치료자와 환자 간의 건설적인 상호작용에 역점을 두어야 함을 크게 강조하였다. 그래서 다른 어떠한 정신분석 체계보다도 융이론은 인간행동의 이해와 치료상황의 이해 증대에 크게 공헌하고 있음이 인정되고 있다. 융 일파의 치료자들은 환자에게 현재의 어려운 문제 위주로 건설적인 조언을 주며, 관심을 기울이면서 환자의 인격 통합 및 중요성에 대해 다른 어떤 치료가들에게서도 볼 수 없는 존경을 표시한다. 그러나 융 일파의 사람들은 개인의 정신을 구성하고 있는 여러 부분의 형이상학적 및 신비적 해석들이 어떻게 환자에게 도움을 주느냐에 대해서는 상세한 풀이를 밝힌 바가 없다.
 융의 체계에는 신비종교의 특질이 깃들여 있는데, 그것 때문에 때로 환자를 현실에서 유리시키고 신비스런 공상의 생활을 갖도록 고취하는 것 같이 보이기도 한다. 미국에는 융의 분석심리학 지지자들이 많지는 않지만 간접적으로 융의 사상이 현재 실천되고 있는 심리치료에 많이 수용되고 있기 때문에 랭크, 호르나이, 프롬에 대한 융의 영향은 크며 또한 그들의 영향이 미국의 정신분석 운동에 영향을 크게 미치고 있음을 마땅히 지적해둘 필요가 있다(Harper 1974).

4. 랭크

랭크(Otto Rank 1884-1939)는 일찍이 젊은 학생으로서 프로이드를 따르는 비엔나학파의 중심세력에 가담하여 그의 측근자가 되었다. 그러나 그는 1920년경에 분석적 상황에서 할 수 있는 단기치료 실험을 하면서 능동과 수동적 측면과 같은 기술적 문제를 검토하기 시작했다. 그러다가 그는 그 나름의 임상적 변혁을 통하여 정신분석이론의 수정을 주장하였다. 그리하여 프로이드와의 관계에서 금이 가기 시작한 그는 파리에서 다시 뉴욕으로 옮겨갔다.

어찌보면 랭크는 스테켈과 더불어 단기적 정신분석치료를 주장한 선구자이기도 하다. 그의 이론은 사회사업적 사례작업에서 채택하고 있는 '기능' 학파(프로이드의 '진단' 학파와 구분함)에 크게 공헌하였으며 또한 내담자중심 또는 비지시적 치료에도 공헌이 컸다. 랭크의 입장 역시 정신질환의 병인론에 있어서 프로이드 이상으로 사회관계를 강조하는데, 이런 점에서도 그는 호르나이, 프롬과 같이 '역동적 문화주의'의 선봉격이라고 하겠다.

랭크가 기존 정신분석이론에 대하여 가장 거세였던 비판은 1924년 발간된 그의 『출생의 충격(Trauma of Birth)』에서 였다. 이 책에서 그는 공포, 불안감, 의존성, 불안정에 관한 이미지(image) 중심의 개념을 소개하였다. 그는 출생충격이 정서장애의 근원으로서는 오이디푸스 콤플렉스보다 더 중요하다고 보았다. 그는 또한 치료시의 분석가의 피동적 역할을 따지고 나서 보다 더 적극적이고 신축성이 있으며 창의적인 기능수행을 해야 할 것을 주장하였다.

랭크이론의 중심은 바로 독립성 획득과정에 있는 개인의 적극적이고도 통일성을 지향하는 성장과 창의성을 나타내는 것으로서의 의지개념을 다루는 데 있다. 적극적 의지를 방해하는 것이 바로 개인의 의존성인데, 이는 '자궁에 복귀'하려는 병리적 경향이라는 것이다. 랭크파의 분석가는 출생충격을 분석함으로써 환자의 병리적인 자궁복귀 경향의 극복을 돕고, 건설적 의지의 발휘를 고취한다.

분석치료 시간이 환자로 하여금 과거의 경험 속에 살게 하며 특히 출생충격을 갖게 하지만, 랭크는 치료의 역점을 과거가 아니라 현재에 둔다. 환자는 그의 의지를 강화하기 위하여 성격의 건설적 요인을 동원하여 자기주장을 강하게 하며(프로이드의 저항에 해당), 부정적 의지표출을 적극적이고 창의적인 의지로 전환하도록 고취한다.

스테켈과 마찬가지로 랭크 역시 고전적 정신분석의 장기적 분석기간에 크게 반발하였다. 사실상 치료의 '종결시간'이나 '시간제한' 그리고 치료자의 한결 더 큰 활동은 모두가 정통파에서 이탈하게 된 중요기법의 변화내용들이다.

랭크는 신축성과 적응성 그리고 개인과 환자중심의 치료절차를 강조하였다. 바로 이와 같은 방법으로 후일 내담자중심의 치료법이 발전할 것임을 그는 예상하였던 것이다. 분석내용에서 볼 수 있는 경직되고 사전결정에 따르는 인식에 반발하면서 랭크는 환자와 치료자 사이의 관계는 아주 독특하고 창의적인 것이어야 하며, 그리고 환자에게는 반드시 자기결단과 자기지시를 성취하는 방법이 제시되어야 한다고 주장하였다.

그런데 이와 같은 허용적 자아실현이 장애 정도가 심한 환자의 경우 어느 정도 실천가능한가의 논의는 랭크 일파와 다른 치료전문가들 사이에 치열하게 전개되었다. 그러한 결론은 그 강도와 범위에 있어서 비지시적 내담자중심의 치료법이 대두되면서 더 심해지기도 하였다.

5. 퍼렌치

퍼렌치(Sandor Ferenczi 1873-1933)는 이론보다도 주로 방법면에서 프로이드의 이탈파로 지명된다. 그는 심리치료 방법의 개선을 탐색하는 초기 단계에서부터 랭크와 친밀한 사이가 되었다. 랭크와 마찬가지로 퍼렌치도 보다 적극적인 치료의 역할을 강조하면서 고전적 정신분석 기법에서 이탈하였다. 퍼렌치는 환자의 저항표출을 가려내기 위해서 프로이드가 분석시에 강조한 환자에게서 쾌락을 박탈해야 한다는 기준을 아주 극단적으로 확대하였다. 일찍이 프로이드는 성적 방출이 억제되면 분석상황에서 재생되는 과거의 정서경험에 리비도가 크게 작용한다고 하여 환자에게 철저한 금욕을 권장하였다. 퍼렌치의 추리인즉, 성기문제는 신경증 환자가 관심을 갖는 대상 중의 하나에 불과하다는 것이다. 그래서 다른 신체적 쾌락의 박탈 때문에 보다 많은 리비도가 분석과 관계되는 정서경험에 집중된다고 퍼렌치는 보았다. 그리하여 그는 이런 가정에서 먹는 일, 마시는 일, 배변, 배뇨와 마찬가지로 직접적인 성적 방출도 최소한으로 줄여야 한다고 치료과정에서 환자들을 설득하였던 것이다.

이렇게 박탈의 철학을 극단적으로 적용하자 퍼렌치는 환자들의 큰 반발에 부딪치게 되었는데, 이때 그는 자기에게 쏠리는 이러한 일시적 원망과 적대감정의 치료적 가치를 오히려 크게 인정하였다. 그러나 그후 그는 환자의 적대감정이 유년시절의 근원에서 오는 것이 아니라 단순히 현재의 치료상황에서 겪는 곤란 때문인 것임을 본 후 크게 환멸을 느끼기도 하였다. 그리하여 그는 강제적 제재를 제거하면 분석치료자에 대한 적대감정이 감소되는지의 여부를 알아보고자 이 방법을 자진하여 원하는 경우에만 실시해보기로 하였다. 그러나 마침내 그는 이 모든 절차가 실패작이라는 결론을 내렸다.

퍼렌치는 1927년경에 그의 정신분석 기법의 실험을 아주 엄격한 박탈의 정반대인 애정과 허용주의로 전환하였다. 이와 같은 기법개선의 시도를 통하여 퍼렌치는 일부의 지지와 호평을 받았으나 반면에 프로이드를 비롯한 고전적 분석가들의 비난을 받았다. 퍼렌치의 견해가 이렇게 달라지게 된 논리의 배경인즉, 신경증 환자들은 어렸을 때 부모에게서 진정한 사랑을 받아보지 못한 사람들이라는 사실에서이다. 그리하여 정서장애를 겪는 사람들에게 가장 필요한 것은 부모의 대리자로서 치료자와 만나는 일이며, 치료과정을 통하여 온정과 사랑이 넘치는 허용적 분위기 속에서 유년시절의 생활을 재생하는 일이라고 퍼렌치는 보게 되었다.

그는 자기보다 먼저 프로이드에게서 이탈하였던 일부 사람들과 마찬가지로 치료관계의 중요성과 이러한 관계 속에서의 치료자가 담당하는 역할이 크다는 사실을 알게 되었다. 또한 그는 아들러, 융, 스테켈, 랭크와 비교하여 볼 때 이론면에서는 순종파이면서도 기법면에서는 전혀 그들과 다른 입장을 취했던 것이다. 그는 원래 권위주의적 금욕주의를 강조하는 극단적 입장을 표방하였으나, 후에 애정과 허용주의를 강조하는 극단주의자로 변신하였다. 프로이드의 환자로 하여금 유년시절의 생활을 재생하도록 돕는다는 기본적 기법에 대하여 퍼렌치는 이를 정당하다고 지지하였지만 재생을 다루는 치료환경의 차이가 중요하다는 점을 더욱 강조하였다.

퍼렌치의 주장인즉, 치료자는 환자에게 신경증의 원인이 되는 '나쁜' 부모와 뚜렷하게 대조가 되는 '좋은' 부모로서 치료관계를 유지해나가는 것을 의미한다. 그러면서 그는 자신의 오류, 맹점, 약점을 시인함으로써 부모라 할지라도 항상 정당하며 융통성이 없고 신격화되어 애정없는 권위자가 아니라는 점을 환자에게 보여주어야 함을 강조한다. 그가 주장하는 평심요법(relaxation therapy)이란 환자와의 건설적인 상호작용을 갖게 되는 새로운 세계의 시작을 의미한다.

퍼렌치의 허용주의 기법은 그로 하여금 환자가 유년기의 경험을 극화하는 과정을 수용 또는 고무하게끔 진행된다. 예컨대, 환자가 유년기의 어느 시절을 털어 놓고 싶어할 때에는 그 당시의 어린이가 되어서 놀이, 언어, 동작의 표출을 나타내는 것을 그대로 다룬다는 뜻이다. 그리하여 그는 정서장애 환자가 어린 시절의 심적 갈등을 극화할 때 그를 팔이나 무릎에 안고 다루었던 것이다.

이러한 허용주 때문에 퍼렌치는 형식주의와 엄격한 감정통제의 틀을 지키는 일부 정통분석가들로부터 비난을 받게도 되었다. 심지어 프로이드 자신도 솔직한 표현을 권장하는 일이나 애정의 표시 그리고 환자 앞에서 자기오류를 자인한다는 퍼렌치의 견해를 비난하였다.

어떤 특정 기법을 전적으로 수용하는 입장이 아니더라도 퍼렌치의 수정주의 입장은 거기에 적극·소극적인 양면이 있다고 보아야 하겠다. 모레노(Moreno, 제10장 참조)가 보여주는 바와 같이 정서장애를 극화한다는 것은 효과적인 치료 기법이 될 수 있다. 그러나 치료자가 정서면에서 지나치게 개입한다면 과연 이런 기법이 효율적인가의 여부에 대해서는 뚜렷한 풀이가 어려워진다. 환자에 대한 애정의 문제도 퍼렌치의 경우처럼 극단적으로 받아들인다면 무관심이나 마음의 경직에 방해가 될 수 있는 것처럼 환자를 이해하는 데 장애가 될 수도 있다. 사실상 환자와 치료자는 애정의 허용을 신경증적으로 또는 건전하게 이용하기도 한다(호르나이 견해, 제5장 참조). 그러므로 치료상황에서 표시되는 애정은 퍼렌치가 초기실험에서 다루었던 적대감정의 표시 이상으로 치료에 효과적이라고 누구도 장담할 수는 없다.

그러나 애정, 온정, 허용주의에 대한 퍼렌치의 극단적인 강조는 사회적인 거리를 두고 냉정한 치료관계를 유지하였던 고전적 정신분석 일파에 점차 교정적 영향력을 미치게 되었다. 이와 마찬가지로 프로이드와 그의 일파는 환자의 비판이나 환자가 지적하는 분석자의 실수에 대하여 지나치게 과민해져서 이를 모두 환자의 저항이나 부정적 전이라고 보았다. 이런 점에서 퍼렌치는 일부나마 분석가들로 하여금 사람이 완전무결한 존재가 아니라는 것과 환자의 비판을 현실지향적으로 보고 관심을 갖게 하는 데 공헌한 셈이다. 그리하여 오늘날 다수의 정신분석 전문가들은 오류의 시인이 반드시 분석과정에 반하는 것이 아니며 오히려 이를 겸허하게 받아들임으로써 환자가 자기의 문제를 떠나서 분석의 방향을 치료자에게 돌리려는 적대적 태도와 방어적 사고를 억제할 수 있게 된다고 볼 수 있다.

퍼렌치 자신은 별도의 정신분석이론을 발전시킴으로써 프로이드와 정면충돌하는 일이 없도록 유의하였으며, 그의 일부 추종자들은 그의 기법과 이를 지지하는 이론을 발전시켜나갔다. 이들의 이론은 애정의 교정적 치료효과라는 기본적이고도 압도적인 중요성을 강조하면서 환자의 적대감정이 어린 반발의 유무와 관계없이 치료과정에서 치료자가 환자가 애정과 수용을 표시하는 일의 필요성을 다시 한 번 강조하고 있다.

6. 라이히

　라이히(Wilhelm Reich 1897-1957)는 1932년에 죽음의 본능이 과연 있느냐의 여부와 특히 피학대증(masochism)의 경우 그것은 어떤 작용을 하는가에 관한 결론을 내리고 나서 프로이드와 관계를 끊었다. 그후 라이히는 오르곤(Orgone)요법과 같은 기법을 발전시켰는데, 이는 비단 프로이드의 정신분석이론뿐만 아니라 정신치료이론으로부터 이탈된 급진적 변화라고 하겠다. 여기서는 그가 성격분석면에서 정신분석이론에 공헌한 부분을 살피면서 그의 견해를 알아보기로 한다.

　오늘날 호르나이, 설리반, 프롬 등의 이른바 '역동적 문화주의'의 영향 때문에 환자의 성격구조 분석이 거의 상례적인 절차로 되어 있으나 성격을 연구의 초점으로 삼은 제일인자는 바로 라이히이다. 그런데 성격분석을 치료의 주된 목표로 정하였던 역동적 문화주의자들의 입장과는 달리 그는 성격분석을 본격적 분석에 앞서서 시행하는 장애극복의 과정으로서 필요하다고 보았던 것이다. 그리하여 그는 '성격무장'이야말로 무의식 과정의 분석에 대한 저항으로 나타나는 것임을 대부분의 환자의 경우에서 볼 수 있었다. 따라서 그는 그러한 저항의 제거야말로 중추적 분석의 준비과정으로서 필요하며, 자유연상에 의한 리비도의 변화를 다시금 추적하는 데 필요하다고 보았다. 사실상 라이히는 성격저항의 분석을 '분석을 위한 교육'이라고 부르기도 하였다. 그는 환자의 관심을 이러한 저항에 집중케 함으로써 피동적 반발심과 공격행동으로서 나타나는 부정적이며 저항적인 행동유형이 마침내 무의식의 내용을 밝혀주는 것이 된다고 보았다.

라이히는 또한 전형적인 신체·생리적 반응유형을 철저하게 관찰하기 시작한 분석가이기도 하지만 환자의 특이한 반응유형(예컨대, 냉소적인 무반응 또는 지나친 반응표출)이 무의식의 자료를 효과적으로 밝혀내는 데 오히려 방해가 될 수 있다고 지적하였다. 그는 특히 자아가 원초아의 충격을 어떤 대상과 대응케 함으로써 억압된 충격과 마찬가지로 변화에 대하여 본능적으로 저항하는 불합리한 방어무기로서 어떻게 굳혀지는지를 밝혀놓기도 하였다. 환자의 리비도 구조를 직접 반영한다기보다는 라이히가 보는 성격은 강력한 리비도의 움직임에 대한 반동이므로 그것은 분석과정에서 제거하기 어려운 심각한 장애가 된다고 보는 것이다.

라이히의 견해인즉, 성격의 방어무장을 완전히 파헤쳐 놓은 뒤라야 비로소 고전적 분석가로서 보다 더 피동적인 역할을 수행하는 위치로 돌아선다고 보았던 것이다. 초기의 프로이드가 제창하였던 리비도의 이론과 같이 라이히도 환자가 성격저항에 얽매이는 일이 없이 억압되었던 유년기의 성적 욕구에 관한 자료를 개방적으로 다루게 되면서부터 리비도의 성숙된 고착이 가능해진다고 보았다. 그의 주장에 따르면 환자의 주장을 진실로 시험해볼 수 있는 길은 그의 성적 만족의 능력을 성취하는 데 있다는 것이다. 이 견해의 과학적 타당성은 의문의 여지가 없다고 하는데, 이는 정신분열증 환자나 정서장애의 정도가 심한 환자들을 대상으로 한 조사에서 완전한 성적 만족의 능력이 있었음이 밝혀졌기 때문이라고 한다.

요 약

　프로이드의 제자들 가운데서 그로부터 이탈한 여섯 사람은 아들러, 스테켈, 융, 랭크, 퍼렌치 그리고 라이히이다.
　첫번째 이탈자 아들러는 개인심리학의 체계를 발전시켰는데, 그의 주장을 보면 정서장애는 열등감과 개인의 권력욕구에서 온다는 것이다.
　아들러는 정신질환을 다루는 데 있어서 성적 요인을 중요시할 것이 아니라 현재의 생활양식과 장래의 생활목표를 다루는 일이 과거의 일과 관련된 무의식을 다루는 것보다도 중요하다고 강조하였다. 그는 또한 비교적 피동적 치료자가 실시하는 프로이드의 자유연상법 대신에 치료자의 지시를 중심으로 하는 교육적 면접을 주창하였다.
　스테켈은 독자적 이론이 없는지라 이탈자들 가운데서 이름이 별로 알려지지 않은 존재이다. 그는 이론보다도 기법에 대한 공로가 큰데 그렇다고 하여 이론의 발전에 전혀 기여한 바가 없는 것도 아니다. 그는 기법면에서 '적극적 분석심리치료'를 제창하였는데, 여기서는 현재와 마찬가지로 과거의 심리적 갈등과 치료자의 인격 역전이의 중요성 그리고 치료자의 적극적인 간섭과 분석적 도구로서의 꿈의 해석의 활용발전 등이 강조되고 있다.
　아들러나 스테켈보다 직접적이고 단순하며 교육적 이탈형과는 대조적으로 프로이드의 이론과 실천에 대한 융의 반항적 이탈은 신비주의 경지에까지 이르는 복잡성을 보여주고 있다.
　리비도, 오이디푸스 콤플렉스와 같은 프로이드의 중요한 개념에 대하여 융은 성문제를 경시하는 반발을 하였고, 이를 또 프로이드가 재차 반발하는 비난이 오고갔지만 대체로 이들의 견해 차이는 본질적이기보다는 의미론적 측면이 크다고 하겠다. 인과론적 원천을 추구하는 프로이드의 접근에 비한다면, 융은 이론과 실천면에서 행동의 목표 추구적 해석에 주력하였던 데서 두드러진 차이를 볼 수 있다.
　융이 말하는 분석심리학에서 그는 집단무의식 페르소나, 아니무스, 아니마, 원형, 내향성—외향성 등의 개념을 발전시켰다. 그들 가

운데서 내향성―외향성같은 일부 개념은 일반적 심리학 문헌에 채택
된 정도이지만 그의 주된 공헌은 성격의 적극적이고도 창의적인 측면
을 중시한 점과 호르나이, 프롬 등의 후기 이탈자들에게 미친 큰 영
향이라고 하겠다.
 랭크는 처음에 고전적 분석의 기법을 가지고 약간의 실험을 시도
하였던 것인데 후일 프로이드에서 이탈하여 그 나름대로의 독자적 이
론을 발전시켜나갔다.
 랭크는 오이디푸스 콤플렉스보다 출생충격을 더 중시하였으므로
개인의 성장·발달과정에서 아버지보다도 어머니의 영향이 더 크다고
보았다. 또한 그는 정상 및 병리적인 성격발달의 이론을 발전시켜나
가는 데 있어서 생물학적 원인론보다도 사회적 원인론에 더 치중하였
다. 그는 융의 견해와 마찬가지로 개인의 적극적이고도 창의적인 잠
재능력을 인정하고 이런 잠재능력의 발휘가 치료과정을 통하여 있어
야 한다고 강조하였던 것이다.
 랭크는 사회산업이론의 '기능'학파와 내담자중심의 심리치료에 크
게 영향을 주었으며, 또한 정신분석이론의 역동적·문화적 측면 강조
에도 간접적으로 영향을 미쳤다.
 퍼렌치는 실제로 프로이드와 완전히 결별한 것은 아니라고 한다.
그는 초기에 심리치료의 권위주의적 측면에 관한 실험을 적극적으로
하다가 그후로는 반대로 애정과 허용주의를 강조하게 되었다. 이는
치료환경을 온정과 수용으로 바꾸게 하는 절차가 되는데 신경증을 낳
게 하는 환자의 유년기 가정환경과 대조적이어서 환자로 하여금 그가
안고 있는 미해결의 갈등문제를 개방적으로 다루면서 성숙되고 정상
적인 치료종결에 이르는 기회를 얻게 한다.
 이러한 허용과정을 통하여 퍼렌치는 환자가 치료자를 비판하며,
'애정'의 일반적 표시나 유년기에 겪었던 고난의 극화적 표출을 마음
놓고 할 것을 권장했던 것이다. 그의 이러한 개혁은 분석적 심리치료
의 '인간화'에 크게 영향을 주었다고 평가된다.
 라이히는 죽음의 본능과 피학대증의 문제를 놓고 프로이드와 의견
대립을 보이다가 마침내 그에게서 이탈하였다. 그는 후일 오르곤요법
을 개발하였는데, 이는 정신분석이론뿐만 아니라 심리치료의 일반개

념과도 근본적으로 다른 접근으로 인정된다. 그의 독창성 있는 성격 구조 분석 때문에 그는 프로이드에게서 이탈하기 이전부터 정신분석 이론의 발전을 논의하는 데 있어 반드시 그 이름이 포함되기 마련이라고 한다.

제5장

정신분석이론의 이탈파들(Ⅱ)

 이 장에서는 이른바 정신분석이론의 후기 이탈파들에 관하여 알아보기로 한다. 이들은 역동적·문화적·정신분석 계보의 네 사람들로서 호르나이, 설리반, 프롬 그리고 앤더슨이다. 이들은 더욱 간결하고 직접적인 심리치료를 지향하면서 정신분석이론과 운동을 수정해가면서 유럽의 정신분석(실존분석) 이론가들이 발전시킨 철학적 지향성을 거기에 가미하였다.
 특히 이 장에서는 네 사람 가운데서도 설리반의 성격이론과 심리치료 체계를 다루기로 한다. 왜냐하면 ① 설리반의 공헌이 다른 사람들에 비하여 더 복잡한 개념화를 규정하였으며, 또한 심리치료의 발전과 변화에 더 큰 영향을 미쳤고, ② 그의 저술(대부분 사후 출판)이 일반인에게는 이해하기 어려우며, ③ 앞의 두 가지 이유 때문에 이를 요약·소개하는 것이 어렵기 때문이다.

1. 호르나이

호르나이(Karen Horney 1885-1952)는 프로이드의 정신분석이론을 독일에서 공부한 후 1930년 초에 미국에 건너왔다. 얼마후 그녀는 고전적 정신분석 운동과 결별하고, 그녀의 독자적인 학회와 교육기구를 조직하여 1952년 세상을 떠날 때까지 운영하였다. 비록 그녀는 자기의 이론을 프로이드이론의 수정이라고 하였으나 그것은 오히려 전적으로 새로운 이론 체계였으며 프로이드의 본능설과 정신구조이론(원자아, 자아, 초자아)을 거부하는 것이었다.

그녀가 말하는 인간행동의 결정원리를 뒷받침하는 것은 프로이드의 성적 욕구 및 공격 욕구와 관련되는 본능이 아니라 안정(security)을 바라는 욕구이다. 그래서 어린이가 부모와의 관계에서 기대하는 이 안전의 정도가 미흡하면 그는 세상이 온통 자기와 적대관계에 있으며 위험하다고 보게 된다. 호르나이는 이 감정을 기초불안이라고 불렀다.

불안한 사람은 그의 고집과 무기력감을 이겨내려고 여러 가지 계책을 세운다. 이런 계책은 성격의 역동성에서 나타나는 충동이나 욕구의 특질을 지니게 된다. 그러나 이러한 계책은 곤혹스런 인간관계의 문제를 풀고자 하는 불합리한(그런즉 신경증적) 시도로 나타난다. 호르나이는 이러한 신경증적 욕구를 열 가지, 즉 ① 애정과 인정에 대한 욕구, ② 자기생활을 맡아줄 동반자에 대한 욕구, ③ 경계를 좁혀서 생활범위를 제한하는 욕구, ④ 권력에 대한 욕구, ⑤ 다른 사람을 착취하려는 욕구, ⑥ 위장의 욕구, ⑦ 선망의 욕구, ⑧ 성취욕구, ⑨ 자기충족과 만족의 욕구, ⑩ 완전무결의 욕구 등으로 분류하였다.

이들 열 가지 욕구가 바로 내적 갈등의 근원이 된다. 모든 내적 갈등은 이러한 신경증적 욕구의 상호작용에서 올 수 있다는 뜻이다. 예컨대, 신경증적 인물이 독립하겠다고 주장하지만 애정 그리고 선망의 대상이 되고자 하는 욕구가 충족되지 못하는 데서 악순환되기 마련이다. 그런데 이들 열 가지 욕구는 세 가지 유목으로 정리될 수 있다고 호르나이는 밝힌다. 즉 사람을 향한 접근(moving toward people), 사람에게서 물러서는 유리(moving away from people) 그리고 사람에게 거역하는 반발(moving against people)이다. 물론 정상인이라 할지라도 이들 세 가지 유목의 욕구 사이에 갈등이 생겨날 수 있으나 능히 그 균형과 통정을 유지할 수 있다. 그러나 신경증적인 사람의 경우에는 모순되는 행동경향을(억압함으로써) 아주 원만하게 조절하는 것처럼 보이면서 이상적인 자기상을 만들어내려고 한다.

호르나이는 이와 같은 신경증적인 인물이 만들어내는 이상적 자기상이 그의 가치의식과 의미 이해의 그릇된 신념의 소산물이라고 보는데, 이 괴물은 실제로 그의 잠재능력을 발휘하는 데에 크게 방해가 될 뿐이다. 그래서 신경증적인 사람은 이상적인 자기상을 구현하기 위하여 세속적 영광을 추구하는 데 전념할 뿐만 아니라 자기를 신격화하면서 자기 안에서 자기를 폭군처럼 만들어나간다. 그는 자기에 대하여 세상의 특별한 관심과 배려와 면책특권이 있어야 한다고 주장하면서 건전한 자신감과 비교할 때 아주 비현실적인 자부심을 지니고 있으므로 정당하게 성취할 수 있는 세상영광을 얻는 데에도 실패하고 만다.

그런즉 호르나이의 견해에 따르면 신경증의 학설이란 환자자신과 타인과의 관계가 일그러지는 인간관계의 장애를 말한다. 신격화된 자기가 현실의 자기를 혐오하게 되는 사태를 말한다. 이상적 자아상(신경증적이며 오만하고 영예만을 찾는 성격의 측면)과 현실적 자아(항상 존재하는 개인의 성격전체)와 함께 호르나이는 '진정한 자아'를 이야기한다. 이것은 자유로움과 건전한 성격의 잠재력이 발달할 수 있는 근원이 되며, 한 개인의 내적 중심세력이 된다고 호르나이는 보았다. 그리고 치료과정을 통하여 이상적 자기상을 무너뜨리면서 현실적 자아가 진정한 자아로 되는 것이라고 보았다. 신경증 환자의 내부적 갈등은 진정한 자아의 건설적인 힘과 파괴적인 교만 사이의 격돌이 되며, 건전한 성장과 이상적 자아상을 실현하려는 신경증적 욕동 간의 갈등이라고 호르나이는 풀이하였다.

그러므로 심리치료의 근본적 의미를 따져볼 때, 호르나이는 이를 이상적 자아와 싸우는 신경증적 환자에게 지지와 도움을 주는 일이요, 또한 현실적 자아와 실제로 대결하면서 진정한 자아를 해방시키는 과정(파괴적인 교만 대신 건전한 성장을 성취하는 일)이라고 천명하였다. 그녀에 따르면 이상적 자아상이 바로 심리치료의 주된 장애물이 되는데, 이유인즉 이러한 신경증적 경향을 인정하는 일이 바로 환자로서는 자신이 알고 있는 자기 자신이 무너지는 일로 되어버리기 때문이다. 그런즉 심리치료는 환자로 하여금 바로 이러한 '환멸의 과정'을 겪는 가운데서 파괴적인 힘을 약화시키는 한편 진정한 자아의 건전한 성장력을 발동케 하는 일일 따름이다.

초기의 다른 정신분석 학파의 이탈자들과 마찬가지로 호르나이도 프로이드나 그를 따르는 고전적 일파와는 달리 분석가는 보다 더 적극적이고 능동적인 치료자 역할을 감당해야 한다고 보았으며, 신경증적 욕구와 경향 그리고 이상적 자아의 명예 욕구와 교만심에 관하여 여러 가지 치료책략을 환자에게 풀이해주는 것이 옳다고 보았다.

2. 설리반

심리치료의 한 체계를 세운 사람으로 설리반(Harry S. Sullivan 1892-1949)은 바로 프로이드에 다음가는 인물로 인정되기도 한다. 그는 말년에 인간행동의 이해에 관한 사상의 집대성을 의욕적으로 소망하였으며, 단지 프로이드의 이탈파로 취급되는 데 대하여 불만이 있었으므로 프로이드와는 별개의 입장임을 나타내기 위하여 새로운 용어와 우화적 설명을 시도하기도 하였다.

설리반은 인간내부의 심리적 변동뿐만 아니라 인간관계의 변동에 관해서도 대단한 식견을 갖춘 인물이었는데, 그의 학문적 주장의 요점인즉 정신의학의 기본관심은 대인관계의 연구에 있다는 것이다. 그의 인간관계의 개념은 단지 사람들 사이의 교호작용을 말하는 것뿐만 아니다. 거기에는 한 사람이 그가 상상하는 인물(꿈의 여인이라든가, 이 여인을 빼앗아간 인물)과 환상적 또는 공상적 인물(단테의 비아트리체)이나 자기의 의인화 등이 포함된다.

대인관계 상황에서 공상적 인물에 반응하는 행동이 나타날 때, 설리반은 이를 병렬적 왜곡(parataxical distortion)이라고 불렀다. 여기에는 프로이드 일파에서 말하는 감정전이(유년기에 중요한 타인들에게 가졌던 태도를 치료자에게 환치함)가 포함되지만 이는 공상 속의 인물이나 그러한 인물을 다른 인물과 동일시하는 것까지도 포함하는 넓은 의미에서의 태도를 말한다. 그리하여 설리반의 용어에 따른다면, 환자는 현실적으로 치료자와 교류하는 것이 아니라 이러한 유년기의 인물을 의인화하여 교류하는 것인데, 심리치료의 중요 목적 중의 하나가 바로 다른 사람과의 안정되고 만족스런 교류의 장애가 되는 병렬적 왜곡을 바르게 이해할 수 있도록 깨우쳐주는 데 있다.
　설리반은 인간행동의 목적이나 목표를 만족의 추구와 안정의 추구라는 두 가지로 크게 나눈다. 그가 말하는 만족이란 수면과 휴식, 성적 충족, 음식 그리고 다른 인간동물과의 접촉을 유지하는 생물학적 욕구를 의미하며, 안정은 건강한 상태, 소속관계, 다른 사람에게 받아들여지는 수용을 의미한다. 그런데 대부분의 심리적 문제는 안전을 추구하는 일과 유관한다고 설리반은 본다. 때로 생물학적 만족에 대한 신화적 간섭을 받는 일이 생기지만 대체로 안정을 얻고 유지하려는 과정에서 어려움을 겪게 된다. 사람이 희열을 느끼면서 사는 때가 안정감을 얻는 때이다. 희열을 잃고 불평과 불안이 따를 때가 안정을 잃은 상태이다.
　그리고 사회화 과정을 통하여 인간이 된다는 것이 설리반의 견해이다. 출생 이후로 내내 문화의 가치가 주위사람들의 태도를 통하여 어린이에게 전달된다. 어린이는 부모나 또는 부모를 대신하는 인물들이 가지고 있는 가치에 부합되는 바른 행동을 하는 데서 희열과 안정감을 얻으며, 그렇지 못하는 데서 안정감을 잃게 된다.
　갓난아기는 그의 주변에 있는 사물을 미처 알아차리기도 전에 '어머니 노릇'을 하는 사람의 여러 가지 태도가 감정이입적 공감(empathy)을 통하여 들어오는 것을 받게 된다. 설리반이 말하는 공감의 뜻을 상술하기는 어렵지만 그것이 정서교류에서 생기는 생물학적 의미라고 볼 수 있다. 예컨대, 만일 어머니역의 인물이 어린이에게 먹을 것을 줄 때 어떤 일 때문에 불안을 느낀다면, 이 불안감이 어린이에게도 전달되는 것이므로 이와 같은 정서적 감염과 교류 때문에 갓난아기는 처음으로 이 세상에 나서 불안감을 얻게 된다고 보는 것이다.
　설리반은 불안이 자아형성에 유력하면서도 제약적인 힘이 된다고 보았다. 성장초기에 가졌던 불안 때문에 인간은 여러 모양으로 '자기 이하의 일그러진 열등한 모습'을 갖게 된다(호르나이의 용어를 빌린다면 현실자아가 진정자아 이하로 격하된다). 또한 정서장애가 심한 경우 성격의 미발달 분야가 크게 남아 있음을 볼 수 있는데, 설리반의 심리치료 활동은 특별히 정신분열증과 같은 심한 정신장애를 다루는 데 주력하였다. 그리하여 설리반의 심리치료 활동은 그 대부분이 환자의 불안상태를 영속화하는 병렬적 왜곡을 다루는 데 역점을 두었다. 특히 유년기의 불안경험 때문에 정서장애를 겪는 환자는 자기 자신과 다른 사람에 대하여 일그러진 생각을 갖게 되는데, 이것이 바로 그의 경우에는 병렬적 왜곡이 된다. 그러면서 아무런 생각없이 그의 불안을 제거 또는 감소하려는 데서 병렬적 왜곡이 나타난다. 그리고 이것은 그대로 불안제거의 수단으로 받아들여지다가 마침내 그 정서장애 환자가 심리치료자를 만나서 보다 더 합리적이며 현실적인 생활을 할 수 있게 되면서부터 그 왜곡의 실상을 깨닫게 된다.

그런데 성장과정에서 특히 청소년시절에 동년배 또래와 원만한 교류관계를 가졌던 사람은 다행하게도 병렬적 왜곡을 교정하는 데 큰 어려움이 없다. 그러나 어떠한 경로를 거쳐서 그러한 교정을 얻을 수 있었든 간에 자기의 감정과 사고를 유별나게 다른 사람의 것과 비교하면서 얻은 교정을 설리반은 '합의적 타당(consensual validation)'이라고 불렀다. 어린이의 자아형성과정에서는 세 가지의 자기(me) 의인화 단계가 있는 것으로 설리반은 추정하였다. 이는 다른 사람이 '좋은 나'와 '나쁜 나'와 '나 아닌 나'이다. '나쁜 나'가 바로 불안상태와 관련된 경험이 되며, '나 아닌 나(not me)'는 어렸을 때 겪었던 두려움, 놀라움, 무서움 등으로서 설리반이 말하는 '무시무시한' 경험에서 오는 '원시적 불안'이 원인이 된다고 본다. 그리고 이 '나 아닌 나'의 감정은 정신증적 병태라든가 야간에 악몽을 겪을 때에만 나타나는 것이라고 그는 보았다.

만일 어린이가 겪는 경험 가운데 안전을 희구하는 감정이 압도적으로 클 때 '좋은 나'가 자아개념을 근본적으로 표시하는 경향으로 나타난다. 그런데 만일 그가 불행하게도 불안발생의 경험을 갖는 사람들과 이례적으로 많은 접촉을 갖게 된다면 그는 무엇보다도 '나 아닌 나'와 자기를 동일시하게 된다. 이는 다시 말하여 어린이는 그가 접촉하는 '중요한 타인들'이 자기에게 표시하는 반응을 쫓아 스스로를 평가하게 된다는 뜻이다. 그래서 만일 부모나 주위의 중요한 사람들이 그에게 애정과 존대와 화목을 표시한다면, 그는 사랑과 공경에 합당한 자기를 받아들이면서 성장하게 된다. 이와 반대로 중요한 사람들이 그에게 주로 부정적 태도를 보여준다면 그는 자중자애하는 생활태도를 배우지 못하면서 성장하게 된다.

설리반의 심리치료 체계를 이해하는 데 있어서 '역동성'은 중요한 개념이다. 그는 역동성을 정의하여 "살아 있는 생체의 특징을 발휘케 하는 활력 발생의 역속적 상태"라고 하였다. 그런즉 그것은 생체의 활력을 조직하며 발동케 하는 과정의 총체라고 볼 수도 있다. 설리반은 성장하는 자아총체를 지칭하는 말로 '역동성'이라는 용어를 썼으나 또한 역동체제의 발달 속의 일부 체계를 뜻하는 말로도 사용하였다. 그래서 예컨대 탐욕 체계를 설리반은 다음과 같은 몇 가지 구성부분으로 나누었다. 즉 ① 심리 · 생리적 통합장치, ② 상호작용의 영역 체계, ③ 나타나거나 또는 나타나지 않는 상징적 사건의 형태, ④ 통합경향의 체계이다.

개인의 생활과정에서 총체적 경험의 여러 가지 양상을 활용 · 통합하는 데 결정적 역할을 하는 것이 바로 생동하는 역동 체계라고 하는데, 설리반은 특히 '선택적 무관심(selective inattention)'이라는 말로써 개인의 자아형성과정에서 별로 의미가 없는 것에 대해서는 자각에서 배제한다는 점을 지적하였다. 특히 자기의 동년배들과 비교하여(동의적 확인) 자기의 이념과 가치의식을 시험하면서 자아의 역동 체계가 관심의 대상이 되는 것을 선별하는 가치의 지침을 굳혀나가게 된다.

그런데 어떤 대상은 자아의 안전에 위협이 되는지라 쉽사리 대결의 상대로 삼기 어려운 때도 있기 마련이다. 그래서 이와 같은 상황에서 오는 불안을 지각하기 이전에 이를 관심사가 되지 않도록 조치하는 경험에서 오는 정신과정이 있는데, 프로이드는 이것을 억압이라고 호칭한 데 비해 설리반은 해리(dissociation)라고 하였다. 프로이드와 마찬가지로 설리반도 개인의 발달 단계에 관심을 두고 그 나름의 개인의 생리적 욕구에서 나오는 것과 다르며 성장 단계에서 나타나는 여러 가지 사회적 형태 및 대인관계와 관련되는 특징이 있다고 보았다. 설리반은 발달 단계를 ① 영아기 : 생후 얼마 안 되는 시간부터 분절적 언어가 나타나는 때까지, ② 아동기 : 분절적 언어사용 능력이 생기면서부터 놀이상대가 필요하게 되는 때까지, ③ 소년기 : 놀이친구들과 교류하는 때부터 비교적 동등한 지위의 친구와 관계를 더욱 친밀하게 유지하게 되는 때까지, ④ 청년초기 : 친구본위의 시기가 이성을 찾는 성적 발달의 시기로 옮겨짐, ⑤ 청년기 : 성적 욕구의 만족을 주는 동작이 나타나는 때, ⑥ 청년후기 : 정욕적 시기가 지나고 자기와 동등한 지위의 중요한 타인으로서의 이성과 애정관계를 설정하는 때(이로부터 성인기에 들어섬)와 같이 말하였다.

설리반은 인간생체와 여러 발달 단계에서의 대인관계를 논의하면서 어린이가 생활환경에 대한 반응으로서 나타나는 여러 가지 상징의 유형을 다룰 수 있는 능력에 관하여 역설하였다. 모든 발달 단계를 통하여 인간행동의 목표는 늘 같은 것이다. 즉 그것은 생물적 욕구의 충족을 통한 만족의 추구와 불안을 피하고 기쁜 감정을 얻는 데서 오는 안전의 추구이다. 그러나 이들 두 가지 기본 목적의 추구를 위한 방법이 되면서 목표에 이르는 수단을 어떻게 확보하느냐라는 것은 개인이 그가 처한 성장 단계에서 사회환경 속의 여러 가지 상징적 대상을 어떻게 이해하며 조직하느냐에 크게 좌우된다.

설리반은 사람을 대인관계 속에서 나타나는 여러 가지 유형에 따라 분류하였다. 비록 그가 종합적인 분류를 크게 완성한 것은 아니지만 그는 다음과 같은 열 가지 증후군이 있다고 말하였다. 즉 ① 분열적 — 이른바 정신분열적 성격(항상 거짓말을 잘하며 사기행각을 하는 사람인데 사회적 감정이 부족하다), ② 자기몰입적 — 공상적이며 희구적 생각을 많이 하는 사람, ③ 일치성의 결여 — 자기보다 약자인 사람을 제외하고는 적대관계로서 상대방을 대하는 사람, ④ 부정적 — 다른 사람의 사랑과 인정을 받는 대인관계를 부인하면서 관심의 대상이 되기만을 바라는 사람, ⑤ 말을 더듬는 사람, ⑥ 야심만만한 사람, ⑦ 반사회적 — 다른 사람과 유리된 고독한 사람, ⑧ 부적절 — 설익은 채로 가지에 매달린 포도와도 같은 격의 사람, ⑨ 동성연애자(설리반은 이를 장애라고는 보되 그 자체가 문제되는 것이 아니라고 하였다), ⑩ 만년청년 — 항상 무엇을 추구하되 그 속에서 생의 이상을 발견하지 못하는 사람이다.

설리반은 정신분열과 강박증 환자를 다루면서 성격유형에 관한 지식을 정리하였는데, 그는 초기에 이들 환자를 다루는 데 있어 자유연상법은 적절하지 못하다고 보았다. 그러나 그가 시도하였던 다른 방법도 실효가 없었기 때문에 그는 의사소통과정(communication process)에 주목하면서 의미전달이 이루어지는 과정에 주력하였다. 이러한 연구과정에서 설리반은 치료자 자신의 태도 이념 그리고 행동이 치료과정에서 가장 중요한 것임을 인정하게 되었다. 그리하여 설리반은 정신의학에서 마땅히 대인관계를 연구할 것과 치료자를 동참관찰자로 보아야 하는 입장을 강조하게 되었다.

프로이드 학파의 사람들이 표출되는 증상의 근원을 찾고자 환자의 영아기에 억압되었던 무의식을 탐색하는 것과 마찬가지로 설리반은 환자에게서 볼 수 있는 대량의 해리현상을 가져온 유년기의 특정적 증후군의 출처를 찾고자 시도하였다. 그리하여 환자가 그의 불안과 적대의식은 모두 유년기의 수난과 혼란에 대한 반응으로서 납득할 만하다고 받아들이는 것이 그와 같은 사회화 과정의 결과로서의 오늘의 문제를 다루는 데 큰 도움이 될 수 있다고 설리반은 보았다. 프로이드와는 달리 설리반은 치료자와 환자는 지난 날의 해리현상과 대결하면서 이를 분쇄하기 위하여 이러한 통찰의 힘을 가져야 할 필요가 있다고 느꼈다. 설리반은 치료에 있어서 환자와 치료자의 교류관계 속에서 나타나는 병렬적 왜곡의 분석과 이러한 괴리의 원천으로서의 과거상황의 분석과 해리적 반응을 밝히는 수단으로서 치료관계를 제외한 환자의 현재생활 분석 사이를 왔다갔다 하는 이동을 보여주는 입장을 취하였다. 환자와 치료자 간에 일어나는 특수한 대인관계를 가리켜 설리반은 '정신의학적 면담'이라는 말을 썼다. 그는 면담을 네 가지 단계로 나눴다. 즉 ① 정식시작 단계, ② 탐색, ③ 자세한 탐사, ④ 종결 단계이다.

시작 단계에서 면접자는 환자의 문제를 알아보면서 아주 조용한 관찰태도를 유지하여야 한다고 설리반은 말하였다. 치료자는 비단 환자가 무슨 말을 하느냐에만 주의를 기울이는 것이 아니라 그가 어떻게 그 말을 하였는지(낱말의 비율, 어조, 음성의 변화, 신체적 위치, 안면표정 등)에도 유의해야 한다. 비록 치료자는 첫단계에서 조용한 관찰을 해야 한지만 설리반은 환자 자신이 관찰의 대상이 되고 있다고 느낄 정도로 관찰자 역할을 수행할 필요는 없다고 말하였다. 치료자는 대인관계의 전문가로 자부하며, 환자는 첫면접에서부터 자신에게 유익한 무엇을 배우고 있다는 생각을 가져야 한다고 설리반은 말한다.

설리반이 말하는 탐색은 치료자가 집중적인 질문을 통하여 환자에 관한 생물학적 정보를 수집한다는 뜻이다. 치료자의 접근법에 신축성이 있어야 한다고 설리반은 말하는데, 이는 관련성이 없고 신통하지도 않을 정보는 배제해야 한다는 뜻이다. 면담의 제3단계에 들어서면서 치료자는 환자가 알고 있는 문제의 본질과 근원에 관하여 자기 나름의 몇 가지 가설을 시험해보아야 한다고 설리반은 강조한다. 치료자는 환자와의 사이에 항상 생각과 감정의 교류가 부단히 이어지고 있음에 유의하여야 한다. 만일 이와 같은 의사소통에 장애가 생긴다면 치료자는 그가 무엇을 하였기 때문에 환자의 불안이 증가되고 있는지에 대해서 자신에게 물어보아야 한다. 또한 치료자는 적절한 의사소통 유지를 위하여 자신의 태도를 통제하는 데에도 마땅히 유의하여야 한다.

치료자는 또한 결정적이고 직접적인 심리치료의 종결을 지을 수 있어야 하며, 또한 환자로 하여금 자신의 대인관계에서 태도변화가 일어나도록 할 뿐만 아니라 그와 같은 변화가 어떤 치료효과를 환자에게 가져올 것인지에 대해서도 치료자는 예언할 수 있어야 한다고 설리반은 강조하였다.

3. 프롬

에릭 프롬(Erich Fromm 1900-1980)은 1933년 미국에 오기 전에 유럽에서 심리학자, 사회학자 그리고 정신분석가로서의 교육을 받은 사람이다. 그는 미국에서 단지 정신분석 분야뿐만 아니라 심리학자, 사회학자, 철학자, 종교가로서 일반대중에게도 큰 영향을 미쳤던 사람이다. 그렇다고하여 특별한 심리치료 유파를 형성하려고 시도한 적은 없다. 그는 프로이드를 포함한 모든 유파의 정신분석 개념을 자유롭게 인용하면서도 프로이드나 다른 사람의 이론에서 그가 보는 부족이나 지나친 강조점에 대하여 비판적이었다. 그는 철저하게 설리반과 호르나이의 역동적 문화주의에 찬동하여 그들과 가장 가까운 입장이라고 밝혔다.

프롬의 글에서 볼 수 있는 본질적인 주제는 고독하고 지나치게 개인적인 생활의 참된 의미가 무엇인가를 찾으려는 데 있다. 프롬의 주장인즉, 사람은 그의 독특한 개인적 자유를 자아의 충족과 보다 나은 사회발전을 위하여 다른 사람과 합류하는 사랑의 생산성이라는 정신으로 활동하든가 아니면 권위주의적 사회의 속박에 자기를 내줌으로써 자유로부터 후퇴할 수도 있다는 것이다.

특히 프롬은 설리반이나 호르나이 이상으로 개인의 정신력과 그가 살고 있는 특정사회의 상호관계를 이해하는 일에 역점을 두었다. 실제로 그가 다루는 이와 같은 심리·사회학적 상호관계에 관한 탁월한 분석은 심리치료의 이론이나 기법과 직접적인 연결성이 없었다. 그가 전개하였던 뛰어난 역사적·사회경제적 이론과 개인의 역동성을 파헤치는 그의 분석은 실제의 심리치료에 적용할 수도 없는 것이었다. 단지 우리는 프롬 자신이나 다른 사람들이 그가 엮어 놓은 체계의 응용을 시도한 적이 없다고 지적할 수는 있다. 그러나 우리는 불합리한 권위에 굴복하는 일에 철저히 반대하면서 교사로서, 치료자로서 프롬이 심리치료 분야에 끼쳤던 영향력은 그의 동시대인 누구에게도 못지않게 크고 중요하였다는 사실이 지적되고 있다.

4. 정신분석이론중심의 심리치료

대체로 위에 열거한 사람들은 퍼렌치의 경우를 제외하면 모두가 이론과 기법면에서 프로이드의 입장으로부터 크게 이탈한 경우이다. 그런데 이와 같은 철저한 이탈파가 아니면서 정신분석적 이론과 기법을 받아들이되 고전적 정신분석 기법을 떠나서 자유로이 그들 나름의 실험을 시도한 사람들이 있다. 이들 유파에 속하는 사람들로서 미국에서 저명한 도전자 네 사람을 소개하면, ① 시카고 정신분석 연구소의 알렉산더(Alexander) 등이며, ② 도이취(Felix Deutsh)와 그의 부분치료(sector therapy) 체계이며, ③ 카프만(Benjamin Karpman)과 그가 말하는 객관적 심리치료, 그리고 ④ 로우젠(John Rosen)과 그의 '직접분석'이다.

특히 알렉산더(Alexander) 일파는 다른 어느 누구보다도 비판적 검토와 과학적 실험을 강조하면서 정신분석의 절차와 기법을 다루었다. 이들의 연구결과에 따르는 기법 개선건 중 하나가 경우에 따라 환자와의 치료적 접촉을 적절히 줄이며 중단하는 조치이다. 알렉산더는 많은 환자의 경우 퇴행적 의존경향에 대처하는 해석이 충분하지 못하다고 보았다. 그래서 여기에 대한 대응책으로서 적절한 시기에 면담횟수를 줄이고 치료의 중단을 고려하는데 말하자면 새로운 통찰의 내용을 바르게 소화하며 행동형태에 통합하기 위하여 치료자와 헤어져 방학에 들어가는 일이다. 또한 그뿐만 아니라 환자에게 자신감을 고취하기 위하여 치료장면을 떠나서 새로운 생활경험을 얻을 수 있는 계획을 꾸민다.

 이들 시카고 일파의 견해인즉, 아주 중증의 불안에 시달리고 있는 사람이라면 긴장이 고도로 심할 때 매일 치료자와의 면담이 필요하지만, 그토록 중증이 아닌 경우에는 일주일에 2, 3일 정도 만나면 좋은 치료가 가능하다고 본다. 분석시간에 긴 의자를 이용하는 여부에 관한 실험을 통하여 이들이 얻게 된 견해인즉, 부끄럼을 타거나 마음이 약하여 죄책감에 사로잡힌 환자에게는 그것이 도움이 되지만 자기의 피동적 욕구를 버리지 못하는 적대적 태도를 지닌 환자의 경우에는 치료진전에 있어서 적지 않은 장애물이 된다고 보았다. 이들은 특히 환자의 성격과 그가 현실생활면에서 해결해야 하는 문제에 관해서 새로운 사실이 나타날 때, 치료계획을 거기에 맞춰서 수정할 필요가 있다고 역설하였다.

 이들 시카고 일파가 강조하는 치료기법의 신축성에는 자유연상을 위한 직접면접을 때로 다른 기법과 바꾸는 일이며, 환자에게 생활의 적응문제에 관해서 조언하거나 시사를 주는 일이며, 치료의 진전을 위해서 유익하다고 인정되는 생활경험을 활용하는 일 등이 포함된다. 그리고 감정의 전이보다는 오히려 환자와 치료자 간의 대인관계에 역점을 두어야 하며, 화목한 관계의 설정과 유지를 적극적 전이를 고취하는 데서 치료의 진전을 기대할 수 있으며, 장애가 된다고 판단될 때에는 부정적 전이를 철저히 분석하여야 한다는 것이다. 그리고 치료과정에서는 물론이고 실제의 생활상황에서 환자가 겪는 교정적 정서경험을 활용하는 일에도 역점을 둔다.

도이취(Felix Deutsh)의 부분치료는 환자가 엮은 자서전적 생육사(生育史)에서 나타나는 중요한 단어와 관련된 환자의 연상에 접근하는 방법이다. 도이취 자신은 건설적 치료목표의 달성을 위하여 정신분석 절차를 단축할 수 있다고 보는 입장은 아니지만 환자가 사용하는 중요한 낱말에서 나타나는 증후와 갈등에 초점을 두는 기법에 따르는 분석적 면담을 통하여 제한된 목표의 성취는 가능하다고 본다. 그러나 이러한 자유연상법이 정서와 관련되는 중요한 자료에서 이탈되는 경우라면 이를 중지하고 환자가 사용하는 주목할 만한 낱말이나 구절에 돌아오도록 인도하여야 한다고 주장한다. 이 방법으로서 환자의 현실문제의 증후가 그 속에 깔려 있는 갈등과 연결될 수 있다고 보는 것이다. 그리하여 치료자와의 대결과정에서 환자가 갖고 있는 현재의 연상적 연쇄가 끊어지면서 새로운 연상적 연쇄가 형성된다. 따라서 환자의 자아가 그 방어적 태도를 바꾸는 데서 지금의 현실을 과거의 경험과 구별하는 올바른 이해의 도움을 얻게 된다는 것이다.

이와 관련된 기법으로서 카프만(Benjamin Karpman)은 몇 차례의 첫단계 면담이 끝나고 나면 환자에게 자신의 자서전 기록이나 치료자가 다른 경로에서 입수한 자료에서 얻은 일련의 질문내용에 대하여 응답하라고 요청한다. 보통 세 가지 질문을 묶어서 제시하는데, 서면응답을 받게 되는 때에는 치료자가 타자를 쳐서 메모를 준비한다. 또한 그의 문제와 관련된 읽을거리를 환자에게 제공하고 그의 반응을 서면으로 받기도 한다. 환자는 꿈의 기록을 적으며 치료자가 그 해석을 서면으로 적어 환자에게 주기도 한다. 환자와 주당 몇 차례 아주 짤막한 면담을 하지만 결코 친밀한 사적인 관계로 발전되는 것은 피해야 한다. 치료종결 때에는 전모를 적은 마지막 메모를 엮어서 환자에게 제공한다. 카프만은 이 객관적 치료가 고전적 정신분석보다도 피상적이기는 하지만 사실에 수용된 환자들이나 정서장애가 경미한 사람들에게는 적절하게 활용할 수 있다고 보는 것이다.

또 다른 정신과 의사 로우젠(John Rosen)은 중증의 신경증 환자를 다루는 데에 그의 정신분석 기법을 적용하였다. 그는 그의 절차를 '직접분석'이라고 명명하였으며, 환자의 상징적 세계에 직접 들어서는 노력을 뜻한다. 로우젠은 환자의 망상과 공상 속에서 나타나는 무서운 인물의 상징적 역할을 여러 차례에 걸쳐 담당 수행한다. 그러한 과정을 통하여 긴장형, 망상형, 파괴형 환자들을 다루면서 이들 무서운 인물들이 지금은 모두 친근하며 환자를 사랑하는 사람들로서 받아들여지도록 훈련한다. 그는 환자들이 이전에는 그 음성을 듣고 무서워서 떨던 인물들에 대한 무서움을 능히 이겨낼 수 있다는 시범을 보여주었다. 그리하여 상황해석과 함께 강한 적극적 전이와 치료자가 환자의 공상세계 속에 직접 참여하는 것으로 치료의 크고도 건설적인 성과를 거둘 수 있다고 로우젠은 주장한다. 특히 정신분열증 환자의 치료에 있어서 역전이(counter-transference)는 정서장애가 아주 심한 어린이에 대하여 부모가 갖게 되는 온정어린 태도나 감정과 같아야 한다고 로우젠은 말한다. 그의 주장에 따르면 치료자는 좋은 부모와도 같이 불행한 환자를 대함으로써 그 자신도 환자의 불행 때문에 불편을 겪으며 환자가 마음의 평화를 회복하기까지는 편안할 수 없을 정도여야 한다는 것이다. 환자가 유년시절에 겪었던 애정의 결손을 치료자가 보상해 주는 호의적인 노력을 적극적으로 하면서도 환자의 관심이나 생각의 흐름을 주관하기 위하여 직접적인 제재를 가하는 의미에서 늘 활발한 접촉을 외면하지 말아야 한다는 것이 로우젠의 주장이다. 그런데 이 기법에 따르는 치료의 성과가 경이적이라는 주장도 많지만 추후연구에서 재발의 사례도 많다는 지적이 있다.

5. 실존분석

유럽의 실존주의 철학과 결부하여 발전된 단 한 가지 형태의 정신분석이 바로 실존분석(existential analysis)이다. 이 운동은 유럽과 아시아에서 상당한 지지를 받았으나 미국에서는 성행하지 못하였다. 그러나 뉴욕의 윌리엄 알랜슨 화이트 협회(William Allanson White Institute)와 워싱톤의 정신의학연구원의 존재는 특기할 만하다.

실존주의 철학의 저명한 현대인물로서 우리는 하이데거(Martin Heidegger), 부버(Martin Buber), 사르트르(Jean Paul Sartre)를 들게 된다. 그러나 극단적인 허무주의와 다른 이유 때문에 정신분석학자들은 사르트르를 경원한다. 그래서 부버와 하이데거가 정신분석 운동에 있어서 가장 큰 영향을 주는 인물로 평가받는다. 실존주의 철학의 견해를 치료활동에 받아들인 유럽의 분석가로 우리는 보스(Medard Boss), 프랭클(Victor Frankl) 그리고 빈스방거(Ludwing Binswanger)를 유명인물로 드는데, 이들은 모두 하이데거의 견해를 받아들이고 있다.

실존철학은 실증주의, 기능주의, 도구주의, 실용주의 그리고 조작주의와 같은 과학적 입장과 또한 대다수의 미국의 심리치료 전문가들이 받아들이는 가치 체계와는 유리된 유럽적 경향을 대표한다. 따라서 이러한 이유 때문에 실존분석은 미국에서 그다지 인기가 없다. 실존주의 철학은 유럽의 분위기를 대변하는 위기철학이기도 하다. 실존주의자가 보는 절박한 환경 속의 인간은 잃어버린 생존의 힘을 찾고자 몸부림친다. 또한 인간의 수난이 바로 그의 자발적 생존의 불만요소가 된다.

그러므로 실존분석은 개인의 가치와 목표의 중요성을 역설하며 자기세계의 이해, 즉 개인의 가치세계를 중시하는 데 역점을 둔다. 그들의 주장은 그 초점이 다른 치료자들이 인간의 본성과 특별한 가치에 대한 이해가 부족하므로 환자를 바르게 이해하는 데 방해가 되는 철학적 선입관에 좌우되고 있다는 것이다. 그리하여 환자 개개인의 가치세계가 지닌 '의미구조'를 분석하며, 인간의 본성과 가치에 대한 선입관에서 탈피함으로써 실존분석가들은 바로 본질적 본성이 존재의 기본이 되며, 인간의 특출한 가치는 바로 인간의 통일성과 세계 속에 함께 존재하는 데 있음을 발견하였다고 주장한다.

때로 그가 사용하는 의미가 달라지는 힘이 있기는 하되 프랭클은 실존주의 철학을 심리치료에 적용하는 데 있어서 똑같은 방향을 지향하는 입장이다. 프랭클은 그가 말하는 '실존적 신경증'을 강조하는 바, 이는 생의 의미를 제대로 찾지 못하는 데서 오는 것이라고 한다. 심리치료의 주된 노력은 환자로 하여금 '바른 실존적 양식'을 찾도록 도움을 주는 데 있다. 프랭클이 말하는 의미요법(logotherapy)의 과업은 환자의 세계관(가치 체계)에서 부족한 점을 찾아내어 올바른 견해를 정립하도록 도움을 주는 데 있다(제9장 참조).

그렇다고 하여 인간의 본성과 가치에 대한 바른 이해가 치료자로 하여금 그가 어제까지 지켜왔던 정신분석적 또는 심리치료적 절차를 저버리게 한다는 뜻은 결코 아니다. 다만 이런 것을 도구로 이용하면서 그의 태도가 크게 변화하는 것이라고 실존주의자들은 주장한다. 그리하여 심리치료자들이 진실로 인간은 근본적으로 세계를 밝혀나가며 세계를 개방하는 존재임을 이해한다면, 그는 환자로서 그가 대하는 사람과 같은 모든 사람을 경외하는 마음을 가지고 대할 줄 알게 된다는 것이다. 그는 인간존재라는 입장에서 자기의 가치세계와 인간의 통일적 입장에서 존재가 지니는 가치와 함께 환자를 보게 된다. 또한 치료자는 인간의 근본 과제가 인간의 발달을 가장 효율적으로 돕는 데 있음을 환자로 하여금 깨닫게 하는 데 있다. 그리하여 치료자는 환자와 같은 존재의 평면 위에 서는 사람이어야 한다고 실존주의자들은 주장한다. 그는 환자를 실존적 동반자로 대하면서 과거의 연속이며, 미래의 가능성을 안고 있는 환자의 현실을 분석하는 것임을 환자에게 알려주어야 한다는 것이다.

이 견해에 따르면 심리치료과정의 기초는 치료자와 환자가 근본적으로 공존한다는 점에서 찾아볼 수 있다. 만일 실존적으로 부합되는 치료자와 환자의 첫대면이라고 한다면, 치료자는 환자의 존재양식과 합쳐져야 한다(이를 다른 심리치료자들은 '심리적 공감' 또는 '공감적 이해'라고 부른다). 또한 첫대면에서부터 환자는 치료자의 생활양식에 동참하게 된다. 그리하여 점차 환자는 치료자가 그의 감정을 이해하며 살펴주는 데서 치료자의 건전한 실존양식을 자기의 것으로 받아들일 줄 알게 됨으로써 자기의 참된 자신이 되고자 건강지향의 목표를 추구하게 된다.

실존분석의 공헌은 어찌보면 정신면에서 기여하는 바가 크다고 하겠다. 물론 새로운 기법을 뚜렷하게 내세우는 것은 없지만 이론면에서도 다른 심리치료자들이 이미 인정하고 있는 가치영역에 주된 역점을 두고 있을 뿐이라고 하겠다.

요 약

 정신분석이론의 후기 이탈자로서 역동적 문화주의를 표방하는 네 가지 체계를 살펴보았다. 또한 '정신분석적 심리치료'를 내세우면서 이론보다는 기법에서 입장을 달리하는 일파와 마지막으로 실존분석을 살펴보았다.
 첫째로 꼽히는 역동적 문화주의론자 호르나이(Karen Horney)는 인간행동의 결성원리로서 안전(security)에 대한 욕구를 들었다. 이 욕구의 총족이 어려워지는 때에 개인의 기본적 불안이 생긴다고 보았다. 불안을 다루기 위해 신경증적인 사람은 열 가지 계책을 세우는데, 이는 세 가지 특징적 양식으로 대별되며 구조화된다. 호르나이는 특히 이것을 가리켜 '환자의 이상적 자아상'이라고 불렀으며, 심리치료란 바로 이와 같은 자아상과 그밖에 이와 관련된 신경증적 욕구를 물리치면서 자기 자신을 똑바로 볼 줄 알게 됨으로써 장애가 되는 신경증적 교만을 버리고 건전한 성장을 도모하며, 또한 진정한 자아를 밝혀내는 데 있다고 호르나이는 풀이한다.
 설리반(Harny S. Sullivan)은 한결 더 복잡한 심리치료 체계를 발전시켰다. 그는 인간행동의 목표를 서로 관련된 두 가지로 대별하였는데, 바로 만족의 추구와 안전의 추구이다. 사회화 과정이 바로 인간이 되는 과정이라고 설리반은 지적하였는데, 그런 의미에서 심리치료자가 첫째로 살펴야 하는 목표가 환자의 대인관계라고 하였다.
 설리반이 다루는 중요개념으로서 불안, 병렬적 왜곡, 선택적 무관심, 해리(붕괴), 역동성 발단 단계, 특징적 증후군을 들 수 있는데, 모두가 간결하게 요약하기 어려운 낱말들이다. '정신의학적 면담'이라는 말로 알려진 설리반의 치료적 기법이 있는데, 이것으로 그의 독특한 공헌이 인정되고 있다.
 세번째로 들게 되는 역동적 문화론자 프롬(Eric Fromm)은 개인과 사회를 이해하는 데에 이론적 공헌을 많이 하였지만 심리치료와 직접 관련된 것이 거의 없다. 프롬의 기본적 지론인즉 사람이 고독한 삶의 참된 의미를 찾아내야 하는데, 이는 오로지 동포인간과의 생산적 사랑의 정신적 유대를 통해서만 가능하다는 것이다. 인간의 자아실현과 보다 낳은 사회의 발전이 바로 여기서 나온다고 프롬은 말한다.

정신분석중심의 심리치료자의 입장은 고전적 정신분석이 필요치 않는 사람들과 정신증 환자들에게 신속하고도 효과적인 치료를 약속하는 기법을 발전시키는 데 있다.

실존분석의 주된 주장은 잠재적인 철학적 편견 때문에 심리치료자들은 생의 의미와 목표를 바르게 이해하지 못하기 때문에 이러한 선입관을 떨쳐버리고 실존주의자들이 발견한 인간의 본성이 바로 존재성이며 그 목표는 인간의 통일성과 결합성임을 받아들여야 한다는 데 있다. 이러한 이해를 전제로 하는 태도를 가진 실존분석자들이야말로 환자에게 큰 도움을 줄 수 있다고 그들은 자부한다.

제6장
내담자중심의 심리치료

1. 로저스 이론의 발달

　유럽의 정신의학적 배경을 떠나서 전적으로 미국의 심리학적 바탕 위에서 발전한 최초의 심리치료 체계가 바로 로저스(Carl R. Rogers)를 주창자로 하는 비지시적 상담(nondirective counseling)인데, 그후에 명칭이 내담자중심의 심리치료(clientcentered psychotherapy)로 잘 알려지게 되었다.
　로저스는 유니온 신학교에서 자유신학을 공부하였으며 콜롬비아 대학에서는 듀이(John Dewey)의 진보적 교육철학을 공부하는 한편, 임상심리학을 전공하였다. 그리하여 카운슬러 및 심리치료 전문가로서 허용주의적 입장을 내세우는 강력하고도 높은 전문성을 지니는 치료자로서의 역량을 발휘하게 되었다. 그가 카운슬러로서 임상훈련을 받던 수련시절에 그는 인간행동의 이론(정신분석이론)이 지나치게 사변적인 데에 근거를 두고 있는 권위주의적 심리치료 절차에 크게 반발하였다. 그가 본격적인 카운슬러로서 라체스터 가이던스 센터에서 근무하였을 때 그는 치료의 실제경험과 동료직원들과의 회의를 통하여 그리고 정통 정신분석 학파에서 이탈해버린 랭크(Otto Rank)의 견해를 받아들이면서 카운슬러는 내담자에 대하여 전적으로 허용적인 태도를 취해야 한다는 입장을 굳히게 되었다. 허용적 태도는 내담자가 지니고 있는 성장과 발달의 기본적 잠재력을 인정한다는 명제에 근거한 것이다. 그래서 치료자의 주요기능은 내담자로 하여금 스스로 자기탐색을 하도록 하는 분위기를 마련함으로써 자신에 대한 깊은 이해를 가질 수 있게 되며, 점진적으로 자기성찰의 능력과 주변세계를 보는 지각을 얻을 수 있게 한다는 데 있다.

그는 1940년 라체스터를 떠난 이후 오하이오 주립대학, 시카고대학, 위스콘신대학에서 차례로 교편을 잡는 한편, 임상행정업무를 담당하기도 하였다. 이 시절에 그는 대학원 학생들을 대상으로 심리치료에 대한 그의 기본적 접근을 가르치면서 내담자중심의 이론을 더욱 첨예하게 다듬어나갔으며, 치료와 일치되는 성격이론을 발전시키면서 다른 어떤 학파보다도 많은 경험적 연구 업적을 쌓고 이를 전문지에 발표하였다.

로저스의 이론이 크게 인기를 얻게 된 데는 몇 가지 이유가 있다. 첫째, 그의 이론이 미국의 민주주의 전통에 부합된다는 점이다. 내담자는 스스로 치유가 가능한 능력을 지닌 대등한 사람으로 대접받으며 권위자나 전문가의 지식에 지나치게 의존할 필요가 없다고 본다. 둘째, 건설적 변화의 잠재능력을 인정하는 내담자중심의 철학은 미국문화에서 볼 수 있는 낙관주의적 전망과도 잘 부합된다.

셋째, 내담자중심의 방법은 비교적 '쉬운 방법'으로서 경험이 부족하고 불안정한 젊은 카운슬러 지망생들에게 인기가 높다. 그것은 성격 진단이나 역동성에 대한 깊은 지식을 심리치료자에게 요구할 필요가 없으며, 장애환자에 대해서 철저한 책임을 지닐 필요가 없기 때문이기도 하다. 심리치료자는 단지 내담자에게 보다 더 충실하게 자기 자신이 되어보라고 권장할 따름이며, 그의 자아실현을 돕기 위하여 온정과 수용을 적극적으로 표시할 뿐이다. 그러므로 허용적이며 인정이 많은 사람이라면 누구나 내담자중심의 심리치료 체계를 통하여 치료자가 될 수 있다고 보는 것이다. 넷째, 적어도 초기에 있어서 그 방법은 정신분석보다는 성격변화를 가져오는 지름길이 된다고 여겼다. 그런데 내담자중심의 심리치료가 그렇게 간단한 것이 아니라고 여기게 된 것은 근래에 이르러 보다 많은 장애환자와 곤란을 겪는 사람들이 내담자중심의 치료자를 찾기 때문이라고 풀이된다. 그리고 다섯째, 미국 심리학자들이 이 방법을 매력시하는 이유가 외국어보다도 미국적 용어를 많이 쓰면서 심리학적 연구방법을 중시하는 데 있다고 하겠다. 그러나 근래에 임상심리학자들 사이에는 심리치료이론들의 통합 경향과 학습이론의 영향을 내세우는 행동주의 일파에서 내담자중심의 치료법의 현상학적 전망을 비과학적이라고 보는 것에 따라서 그 매력이 감소하고 있다.

2. 로저스의 성격이론

로저스의 성격이론은 그가 몇 해를 두고 내담자중심의 기법을 발전시켜온 이후의 산물이다. 치료에 관한 그의 대표적 저술인 『상담과 심리치료(Counseling and Psychotherapy:New Concepts in Practice)』(1942)에서 시작되며, 그의 성격이론의 완성은 『내담자중심치료:실제, 의미, 이론(Client-centered Therapy:Its Practice, Implication and Theory)』(1951)에서 제시되었다. 많은 심리학자들 특히, 골드스타인(Goldstein), 스나이프(Snyff)와 콤즈(Combs), 매슬로우(Maslow), 엥겔(Angyal), 레키(Lecky)의 가설을 인용하였는데, 특히 설리반(H. S. Sullivan)을 중시하였다. 로저스의 성격이론의 본질적 개념을 이해하는 데에는 현상학적 견해에 대한 지식이 필요하다. 이 가설에 따르면 사람은 각자 자기의 현상의 장(a phenomenal field)을 가지고 있으며, 이것이 그에게 나타나는 사건이나 현상에 대한 정의가 된다. 현상주의자들의 견해에 따르면 사람의 행동은 전적으로 그의 장에 의하여 좌우되며, 행동의 예측에는 그 장에 관하여 그가 알고 있는 것이 무엇이냐에 대한 지식이 필요하다는 것이다.

그런데 만일 어떤 임상가로서 동성연애자의 행동을 이해하고자 할 때에 그가 관련된 통계수치, 배경요인, 발생이론 등을 살피는 일은 시간낭비일 뿐이라고 현상학자들은 본다. 가장 타당한 정보의 출처는 바로 그 동성연애 당사자라는 것이다. 그가 어떤 감정을 갖고 있으며 그의 생활관이나 대인관계에서 자기를 어떻게 생각하느냐 등에 대한 대답이야말로 로저스나 다른 현상학파의 사람들이 볼 때 가장 필요한 자료이며 이로써 그의 행동을 이해할 수 있으며 치료장면 내외에서 그가 어떤 반응을 보일까에 관한 예측이 가능하다고 본다.

한 개인의 현상의 장은 한정되어 있다. 한 시점에서 볼 수 있는 것은 극히 제한된 경험의 한 부분이다. 그러나 현상의 장은 개인의 필요에 따라 부단히 재구성된다. 프로이드 일파의 사람들은 정신활력의 내용은 전의식에서 의식계로 옮겨 간다고 보는 데 비해 설리반은 선택적 관심과 무관심을 말하고 있다.

특히 자기의 현상의 장에서 지각하는 부분을 자기 자신의 부분이나 특징이라고 보는 것은 행동이해의 결정적 단서로서 아주 중요하다고 로저스는 인정한 바 있다. 여기에는 개인의 신체적 자아와 주변의 문화세계 및 자연계와 그와의 관계가 포함된다. 개인은 이들 가운데서 어떤 것은 별로 중요하지 않는지라 애매하게 방치하면서 관심을 두려고 하지 않는다. 그러나 이들과 구분되어 자기의 현상적 자아의 일부라고 간주하는 부분에 대해서는 이들 자신의 안정된 일부라고 규정하면서 자기생활과 자아개념 형성의 중요측면으로 받아들인다. 이는 말을 바꿔 한다면 자아개념이나 자아구조는 지각의 내용이 되는 자아인지의 구성체로 볼 수 있다는 뜻이다.

그런데 로저스의 체계를 전적으로 받아들이지 않을 경우 위에서 정의되는 자아개념이 호르나이의 이상적 자아상과 어떻게 구분되느냐를 따져보기가 어렵게 된다. 심리적 부적응의 경우 이들 두 개의 개념은 하나요, 그래서 같은 것으로도 보인다. 로저스는 신체가 중요한 감각운동이나 내장경험을 거부하는 때 그리고 이런 경험이 자아개념에 종합되지 않을 때에 생기는 심리적 긴장에 관하여 언급한 적이 있다. 그리하여 이러한 상황에서는 로저스가 말하는 자아개념이 호르나이의 도식에서 가장 큰 신경증적 문제인물이 되는 이상적 자아상과 흡사하게 나타난다. 다만 호르나이의 현실자아나 프롬의 진정자아는 로저스가 말하는 건강한 개인의 자아개념과 매우 유사하다고 보아야 하겠다. 자아개념을 이렇게 정의하므로 생체의 모든 감각 및 내장경험이 자아개념과 일치되는 상징적 수준으로 동화될 수 있다고 보여진다.

생체의 경험과 욕구가 상징화 과정을 거치지 않아 자아와의 일치성을 이루지 못한다면 이는 로저스가 말하는 개인의 저버림을 받은(disowned) 경우라 하겠다. 이것은 프로이드가 말하는 억압과 설리반의 해리(dissociation)와도 유사하다. 로저스의 성격이론에서 무의식은 전혀 고려대상이 아니다. 한편 경험에 부여하는 가치와 자아개념의 일부로 되어 있는 가치는 직접경험에서 얻은 것이든가 또는 다른 사람의 것을 취사선택한 것이든 간에 마치 자기가 직접 얻은 것처럼 잘못 생각하고 있다고 로저스는 지적한 적이 있다. 이렇게 왜곡된 방식으로 취사선택한 가치체계 때문에 혼란, 불행, 부실의 사태를 빚는 사람들이 있다. 이런 사람은 자기 자신을 바르게 알지 못한다. 왜냐하면 그의 생체(내장과 감각지각)가 한 가지를 말하는 데 대하여 그의 자아개념(자각이 받아들이는 가치)이 다른 것을 말해주기 때문이다.

현상학 이론의 테두리 안에서 볼 때 모든 행동의 바탕에 깔려 있는 기본적 충동은 현상적 자아를 보존하며 신장시키는 데 있다. 그리하여 자아의 구조 밖에 있는 경험 모두가 위협으로 간주되며, 보다 많은 위협이 있을수록 자아는 그 자체의 유지와 보호를 위하여 더욱 경색해지게 된다.

그런즉, 우리는 로저스가 두 개의 상반되는 체계의 구성이 필요하다고 본 것은 프로이드의 원자아와 자아 그리고 융의 의식 및 무의식에 해당되는 상징이라고 볼 수 있다. 생체는 자아구조와 반드시 일치하는 것이 아니기 때문에 자아가 지각하기를 거부하는 내장의 경험과 감각적 경험을 갖게 될 수도 있다.

자아의 유지와 신장이라는 인간행동의 기본적 동기에서 개인은 때로 자아파괴적 행동을 자기존중의 행동으로 오인하고 처신하는 수가 있다. 따라서 심리치료는 갈등에서 자신을 풀어주며 다른 사람과의 관계에서 원만한 대인관계를 유지하도록 도움을 주는 일이어야 한다. 특히, 내담자중심의 심리치료는 자아구조에 대한 어떠한 위협도 배제하는 분위기 속에서 자아와 생체의 조화어린 통합을 성취하는 과업을 돕는 데 그 역점을 둔다. 이러한 환경에서 개인은 자아구조를 지각, 검토, 수정하면서 그 구조와 일치하지 않는다고 하여 회피하였던 경험을 동화·포섭하게 된다. 일반적으로 내담자중심의 치료자들의 주장을 이상과 같이 적기하여 볼 수 있다.

3. 내담자중심의 심리치료 체계

로저스에 따르면 내담자와 치료자가 다루는 현실이란 내담자가 지각하는 현재의 현실을 말한다. 물론 서로 중첩되는 많은 경험과 현상의 장들이 있기 마련인데, 내담자와 치료자 간의 의견과 감정의 의미있는 교류를 통하여 이것을 활용하게 된다. 로저스의 심리치료 체계에 있어서 과거와 미래는 내담자가 현시점에서 개념화하는 때라든가 또는 비상징적으로 현재의 행동에 영향을 주는 긴장을 야기시킬 때에만 비로소 관련성이 있다고 하여 문제시하게 된다. 내담자중심의 심리치료에 있어서는 병인, 진찰 그리고 예후는 전혀 문제시되지 않으며, 치료자의 마음에 걸리는 일이 될 수도 없다. 치료자는 오직 내담자의 '현시/공간(here and now)' 측면에서 관심을 가져야 한다. 행동은 목표지향적인 데 대하여 욕구와 목표는 부분적으로 현재에 속하는 것이지 과거나 미래와는 상관없다고 보는 것이 로저스의 견해이다.

로저스는 성격에 관한 한 내담자의 보고가 타당하고 믿을 만한 정보의 원천이 된다고 본다. 성격을 보는 로저스의 기본개념은 자아를 대상시하는 데 있으며 의식적으로 경험한 자아의 감정이 치료자에게 전달될 수 있다고 본다. 이것은 자아에 대한 환자의 의식적 인상이 진정한(무의식) 성격동기에 관한 아주 타당하고 신뢰성 있는 정보원천이 될 수 없다고 보는 정신분석 학파의 견해와는 아주 대조적이다. 로저스 일파는 꿈의 해석, 말과 행동의 실수, 기지 또는 무의식적 동기를 알아보는 통로로서의 자유연상에 대해서는 전혀 관심을 두지 않는다. 로저스 일파는 실제로 무의식의 동기란 존재하지 않는다고 보고 있다.

로저스에 따르면 내담자는 치료 단계에 들어서면서부터 자신에 대해서 부정적인 자기상을 갖게 된다. 그는 마땅히 어떤 모습이어야 한다는 이상적 자아상을 그리면서 거기에 훨씬 미치지 못하고 있는 자기모습을 처량하게 받아들인다. 치료의 첫단계에서 그는 오히려 더욱 실망적이며 자기비판적이어서 그 자신에 대하여 더욱 모순적인 태도를 자각하게 된다. 치료자가 제공해주는 수용적이며 인정어린 분위기 속에서 이러한 태도를 탐색하는 동안 환자는 모순적인 측면도 포함하여 더욱더 있는 그대로의 자기를 받아들일 줄 알게 된다.

그리하여 자기비난과 자기인정이 점차 감소되는 대신에 행동에 있어서 자신을 보다 객관적으로 관찰하는 경향이 두드러지게 된다. 이러한 변화가 일어나면서 환자는 자신을 보다 현실적으로 그리고 통합된 사람으로 느끼게 된다. 그의 목표는 성취가능한 것으로 옮겨지며 그의 이상적 자아상과 현실적 자기지각 사이의 괴리도 더욱 감소된다. 그리하여 그의 내면생활이 긴장에서 풀려나면서 더욱 안정되어간다.

그런즉 내담자중심의 심리치료가 성공적일 때 그것은 다른 치료법에서 볼 수 없는 심리적 지지를 제공하고 있다는 객관적 증거를 제시하겠다는 주장에 유의할 필요가 있다. 로저스 일파는 보다 많은 녹음기록과 녹화기록을 만들어내면서 활발한 조사연구를 펼쳐 나갔으며, 다른 어떤 심리치료 체계보다도 자신들의 치료절차를 검토의 대상으로 공개하였다. 물론 그들의 주장이 모두 정당하며 원리나 실천 절차가 치료면에서 다른 체계들보다 단연 월등하다는 뜻은 아니다. 앞으로 제11장에서 로저스 체계의 비판적 검토를 다시 다루기로 한다.

심리치료의 진단역할에 대한 로저스의 태도는 대단히 독특하다. 그는 진단절차를 아예 무용지물로 보며 어리석고 해로운 짓이라고 말한다. 이러한 태도는 비단 심리측정, 검사에만 한정된 것이 아니라 환자문제의 본질을 보는 치료자의 진술의견의 경우에도 마찬가지이다. 로저스의 견해인즉, 진찰의 결과로 환자에게 전달되는 정보에 대하여 환자는 전혀 아무런 준비도 없는 상태라 오히려 이 때문에 치료자를 전문가로 보는 데서 환자에게 더 큰 의존심을 심어줄 수 있다고 보는 것이다. 이와 같이 진찰은 내담자의 태도에 해로운 결과를 가져올 뿐만 아니라 치료자에게도 또한 좋지 못한 결과를 가져온다고 로저스는 본다. 내담자의 태도에 변화가 오도록 결정을 내리는 사람은 바로 치료자인데 만일 그의 태도가 어떤 고정적인 견해의 영향에서 벗어나지 못한다면 그는 내담자에게 정신건강의 증진에 필요한 수용과 적극적 관심을 활발하게 표시하지 못할 것이다. 말을 바꾸면, 치료자는 전문가로서 아는 바가 적다고 생각할수록 그는 내담자가 자기필요의 충족을 위하여 치료상황의 진전을 바라는 내담자의 자유에 대한 간섭이 적어질 것은 분명하기 때문이다. 그리하여 로저스는 마지막으로 치료자로서는 그에 대한 진단을 내리기 위한 작업을 동시에 추진하지 않아도 내담자가 성취하고자 하는 것을 이해하는 일만도 너무 많다고 보는 것이다.

　치료과정의 산물로서 내담자중심의 심리치료자에게 볼 수 있는 특징적 활동은 다음과 같다. 즉 ① 낱말, 동작, 표정 등으로 전달되는 내담자의 언어, 감정의 내용을 이해하기 위하여 부단히 기울이는 노력, ② 낱말이나 수용적 태도에 의하여 이러한 이해를 내담자에게 전달하는 노력, ③ 표현된 감정을 적기하여 수시로 제시하는 노력, ④ 치료관계의 본질과 한계 상황의 기대 내용 그리고 내담자가 자기문제를 능히 다룰 수 있다고 보는 능력 인정, ⑤ 문답과 정보제공이 내담자가 자기문제를 풀어나가는 데 도움이 될 때는 활용하되 그렇지 않고 내담자의 의존심을 키워줄 때에는 이를 즉시 철회하는 일, ⑥ 내담자의 말과 감정을 바르게 이해하고 있다는 것을 확인하기 위하여 치료자는 내담자에게 중단을 요청할 수 있으며, 내담자가 느끼는 바를 요약하되 그 이상의 해석을 내리지 않는 것, ⑦ 마찬가지로 내담자중심의 치료자는 직접 통찰의 힘을 얻도록 고취하거나 조언, 칭찬, 비난 또는 질문이나 탐색영역을 시사하는 일을 하여서는 아니된다.

　이 모든 특징에 대하여 내담자중심의 심리치료가 다른 어떤 심리치료 체계와도 다른 한 가지 문제로서 거론되는 것이 바로 치료과정 방향에 관해서 모든 책임을 내담자가 지게 된다는 데 있다. 토의 주제의 선택, 의미의 발견, 내담자가 생활문제에 직면하는 속도의 유무, 후퇴의 빈도 정도, 중요시되는 문제의 추수적 탐색 등의 모든 문제와 이와 관련되는 결정을 내리는 사람은 치료자가 아니고 바로 내담자이다.

　그러면 내담자중심의 심리치료에서는 어떤 때에 내담자가 치료 대상이 된다고 보는가? 내담자의 자아구조가 그의 현실상황에 적절하게 대처하지 못할 때, 또는 그가 바라는 존재상태와 지금의 존재상태 간에 큰 차이가 있다고 여길 때이다. 희미하게 또는 분명하게 불안을 느끼는 사람들이 내담자중심의 치료를 받게 되는데 로저스에 따르면 내담자는 다른 데서 도저히 얻을 수 없는 전혀 새로운 자유를 경험하게 된다는 것이다. 그로써 자기에게 가해지는 직접적인 공격을 경험하지 못하지만, 그는 자기의 과거 모든 것을 다 내놓은 동시에 그것이 받아들여지고 또한 존중된다는 사실을 알게 되는 데 일찍이 그는 이런 경험을 가져본 적이 없었던 것이다. 그의 적대감정, 불확실의 감정, 모순의 자각, 의기소침 등 이들 모든 것이 도전과 멸시를 받으며 상충되는 때도 모두가 수용되며 존중된다. 이와 같이 안전하고 수용적인 분위기에서 자아의 굳건하고도 방어적인 경계선이 누그러지면서 환자는 그의 모순적인 지각과 경험을 객관적으로 살필 수 있게 되므로 새로운 성격의 통합형태(personality gestalt)를 형성해나갈 수 있게 된다.

내담자중심의 심리치료란 자아의 분리와 재통합의 과정이라고 로저스는 잘라서 말한 적이 있다. 그리하여 새로운 재통합은 보다 광범위한 감각 및 내적 경험의 정확한 상징화를 포함하게 되는데, 이는 그 개인의 독자적 감정과 경험에 바탕을 두고 있는 가치의 개념화 체계라고 보아야 한다. 이로서 그는 주로 남의 것이었던 낡은 가치 체계를 버리게 되는 것이다. 그리고 이와 같이 분리의 재통합이 가능한 것은 치료자가 내담자의 모순적인 낡은 가치 체계를 수용해 줄 뿐만 아니라 새로우면서도 어려운 체계 또한 받아주기 때문이다. 이런 과정을 통하여 내담자는 치료자의 조용한 수용을 자기에게 투입하며, 재통합에 필요한 새롭고 어려운 현실지각을 능히 다룰 수 있게 되는 것이다.

그리하여 새로운 자아구조가 굳건하게 또는 명백하게 잡혀지는 데서 그의 실제활동이 착실한 방향으로 바로 잡혀갈 수 있게 된다.

이제부터는 적극적 태도가 소극적 태도를 점진적으로 지배하면서 내담자는 밖에서 주어지는 것이 아니라 직접경험에서 오는 행동양식을 굳혀나갈 수 있게 된다. 그와 같은 가치 체계가 직접적인 경험에서 오는 만큼 그것은 자기가 지각하는 자아와 더욱더 잘 합치되면서 현실적 만족을 얻을 수 있게 된다. 이렇듯 현실적 바탕 위에 서 있는지라 나타나는 행동 역시 적응면에서나 사회적인 면에서 건실한 모습을 보여준다.

내담자중심의 심리치료에 있어서도 전이태도가 나타나지만 이는 아주 드문 경우를 제외하고는 경미하므로 전이관계나 전이신경증으로 발전하는 일이 없다고 로저스는 말한다. 이는 전이에 대한 내담자중심의 정신치료자의 태도가 늘 일관성을 가지고 내담자를 대하는 데서 가능한 일이다. 오직 치료자가 내담자를 이해하며 수용하려고 할 뿐이기 때문이다. 이와 같은 수용을 내담자가 이해하기 때문에 이런 감정은 내담자 내부에서 오는 것이지 밖으로부터 주어지는 것이 아님을 깨닫게 된다. 치료자의 이와 같은 사심없는 안정된 태도가 마침내 내담자로 하여금 치료자에게 전이하였던 환치(displaced)감정을 스스로 버리게끔 해준다. 로저스의 가설인즉, 내담자가 볼 때 치료자가 자기보다도 더욱 굳건한 자아를 소유하고 있다는 것을 분명히 깨달을 때 전이관계가 발전될 수 있다는 것이다. 그러나 이런 상황은 내담자의 자아관념을 이해하기 위해서 내담자를 유일한 정보원천으로 인정하기 때문이다.

그가 심리치료의 이론 체계를 다듬어나가던 초기에 로저스는 내담자중심의 접근대상으로서 적절한 사람의 유형을 제한하였다. 그 제한이란 연령, 지능, 가족, 통제에서 벗어난 자유 그리고 극단적인 불안정 경향이 없어야 한다는 점이다. 그후에 그는 임의적으로 효과의 제한을 두는 시도는 탐탁한 일이 아니라고 보았다. 또한 정신

능력이 부족하거나 비행을 행하는 자들을 대상으로 치료를 실시할 수 없으나 경우에 따라서는 다른 모든 영역의 병리적 행동을 치료하는 데 성공을 거두기도 하였다. 그러므로 내담자중심의 심리치료의 본질로 보아 이를 어떠한 환자에게도 실험적으로 실시할 수 없다고 단정짓지 말아야 한다는 것이 로저스의 주장이다. 그리고 이것은 옳은 주장이다. 왜냐하면 여기서는 상호관계에 압력을 주는 일이란 전혀 없기 때문이다. 또한 상대하기 거북하거나 위험하다면 언제나 물러서면 되기 때문이기도 하다.

아주 건설적인 변화를 성격에 가져오는 데 필요충분한 조건이 무엇인가를 언급하면서 로저스는 보다 높은 단계의 성숙, 통합 그리고 유익한 생활에 활용되는 성격구조의 변화를 크게 강조한 바 있다. 그가 제시한 여섯 가지 필요충분조건을 살펴보기로 한다.

첫째로 대인관계를 떠나서는 적극적이고 중요한 성격변화가 일어날 수 없다고 보았다. 그러므로 그의 첫째 조건은 단지 실리적 접촉을 말하는 것뿐이다. 즉 내담자와 치료자가 서로 상대방의 존재를 지각하는 일이다.

로저스의 두번째 조건은 심리치료적 변화를 가져오기 위해서는 내담자가 불일치 단계에 있을 필요가 있다는 것이다. 이는 실제경험과 자기상에 있어서 양자간에 두드러진 차이가 있다는 데 대한 자각을 의미한다. 때로는 그와 같은 불일치를 희미하게나마 자각할 때에도 그는 불안하게 된다는 것이다. 설사 자각하지 못한다 해도 그는 불안에 대하여 약하게 마련이다. 그런즉 불안상태에 있거나 아니면 불안에 약한 상태가 두번째의 필요조건이다.

내담자의 건설적 변화를 위하여 필요한 세번째의 필요조건은 치료자가 두 사람의 관계에 있어서 일치성이나 통합성을 유지해야 한다는 점이다. 이는 치료자 자신의 자각을 바르게 제시하는 실제경험과 함께 늘 자유롭고, 깊이있고, 일치성 있게 자신을 유지해야 한다는 뜻이다. 예컨대 그는 권태를 느끼든가 또는 개인적인 문제에 얽매여 있을 수 있겠지만 그가 이와 같은 감정을 자각적으로 부인하지 않는 한 그는 로저스가 말하는 일치성 있게 자기구실을 한다는 정의에 부합되는 셈이다.

네번째로 로저스가 강조하는 것은 심리치료자가 내담자에 대하여 무조건적 적극적인 관심을 표시한다는 것을 체험하는 일이다. 이는 바로 치료자 자신이 내담자의 여러 가지 경험의 측면을 내담자와 똑같이 따뜻하게 수용하는 실제경험을 얻어야 한다는 뜻이다. 이러한 수용에는 무슨 조건이 있을 수 없다. 이는 내담자로 하여금 독립된 인격자로서 그 나름의 독자적 감정과 경험을 갖도록 지원하는 일이다.

다섯번째의 필요조건은 내담자가 자기의 경험을 자각하는 데 대하여 치료자도 마땅히 공감적 이해를 경험함으로써 그와 같은 이해를 내담자에게 전달하는 일이다. 공감적 이해란 치료자가 자기의 정서적 토대를 그대로 유지하면서 내담자가 갖고 있는 내면적 이해의 틀(internal frame of reference)을 마치 자기의 것인 양 지각하는 일이다. 이는 정서적 개입없이 내담자의 정서를 예민하게 지각할 수 있는 치료자의 능력을 의미한다. 말하자면 심리치료자는 내담자의 정서세계에 마음대로 들어와서 그것을 이해할 뿐만 아니라 그 이해를 내담자에게 아주 분명하게 전달할 수 있어야 한다는 것이다.

이리하여 성격의 변화에 마지막으로 필요한 여섯번째 조건은 심리치료의 공감적 이해와 무조건적 적극적인 관심을 효율적으로 전달하는 의사소통, 즉 커뮤니케이션의 능력이다. 내담자는 치료자가 강조하며 수용하는 점이나 또는 치료자와의 관계 속에서 그러한 태도를 볼 수 없다든가 하는 것을 지각함으로써 치료자가 자기를 수용·이해하고 있다는 것을 바르게 알 수 있게 되어야 한다.

로저스는 서슴지 않고 앞에서 열거한 여섯 가지 조건이 충족된다면 그 심리치료의 결과는 아주 효과적임을 강조한 바 있다. 이는 어떤 형태의 정서장애를 다룰 때에도 합당하다고 보며 신경증 환자, 동성연애자, 정신병질적 성격이상의 경우 등에 따라 이를 지원하는 치료자의 조건이 달라질 수 있다는 다른 심리치료 전문가들의 주장을 일축하였다.

어떤 입장에서든지 로저스가 제시한 조건을 부인하는 사람은 많지 않다. 대개의 사람들이 필요조건을 인정하는 것이다. 그러나 내담자중심의 심리치료를 표방하는 치료전문가를 제외하고 그러한 조건이 충분하다고 보는 사람은 드물다. 어떻든 간에 공감적 이해와 적극적 관심을 이해하고나서 미로에서 빠져나가는 방향을 찾아야 한다는 주장은 여러 심리치료 체계에서 일반적으로 볼 수 있는 주장이다. 우리는 여기에서 로저스가 제기하는 성격의 심리치료적 변화를 위한 필요충분조건에서 빠진 것 중의 하나로 특별히 주목할 만한 것이 있는데, 그것은 심리치료자가 갖춰야 하는 전문적 훈련과 지식에 관한 조건이다. 어떤 사람이든지 통합적이며 일치감이 있고 수용적이며 공감적 이해를 갖는 사람으로서의 구실을 하는 경험을 얻는다면 능히 로저스가 말하는 유능한 심리치료자의 기준에 부합될 수 있다. 그리고 심리학적·정신의학적 지식은 심리치료자로서 유능하게 활동하는 데 필수불가결의 것이라고 보는 것이 아니다. 오히려 내담자를 어떤 진단규준에 돌려버림으로써 효과적 심리치료에 큰 장애가 될 수도 있다. 로저스가 제안한 건설적인 성격의 심리치료적 변화를 위한 필요충분조건의 주요 장점은 이를 가설로 받아들이고 검증대상으로 삼는 데 있다. 그리하여 심리치료의 효과

측정을 통하여 이 가설의 검증이 가능하다는 점이다.

로저스가 제창한 내담자중심의 심리치료는 개인치료의 범위를 넘어서 확장·이용되고 있다. 그 기본적 지침을 이용하여 교육현장, 유희치료, 집단치료, 산업 분야, 종교 분야, 카운슬러와 심리치료자의 교육 등에 광범위하게 활용되고 있다. 그가 주장하는 심리치료이론의 본질적 요소는 애정, 수용, 이해를 통하여 개인이 자기의 운명을 감당하는 주인공이 되도록 효율적으로 지원하는 데 있다.

요 약

　내담자중심의 심리치료 체계는 인간행동의 현상학적 개념에 바탕을 두고 있다. 이는 사람마다 현상의 장을 갖고 있는데, 모든 사건과 현상을 보는 안목이 여기에서 나온다고 보는 견해이다. 그래서 그의 행동을 결정하는 것이 바로 그가 가지고 있는 현상의 장이므로 그의 행동 예측에는 그 장에 관한 지식이 필요하기 마련이다.
　내담자중심의 치료를 제창한 로저스는 개인의 현상의 장에 통합되는 가치내용은 그 자신의 직접경험에서 오든지 아니면 다른 사람들의 것을 얻어오는 것이라고 보았는데, 다른 사람에게서 얻어온 가치내용 가운데서 왜곡된 것들 때문에 혼란, 불행 그리고 비효율성이 비쳐진다고 지적하였다. 이런 사람들은 자기 자신을 바로 알지 못하는데 이는 그의 정체와 자아개념의 일치성이 없기 때문이다. 이와 같이 자기 일치성을 유지하지 못하는 사람들이 불안과 무력감 때문에 심리치료의 대상이 된다.
　로저스에 따르면 내담자중심의 치료는 자아의 체제를 분리하며 재통합하는 과정이다. 그리하여 재통합된 자아의 체제는 광범위한 감각경험과 내장경험의 보다 바른 상징화와 자기 자신의 감정과 경험에 바탕을 두는 새로운 개념정립으로서의 가치체제를 망라하게 된다. 그런데 치료자가 과거의 모순적인 태도를 받아줄 뿐만 아니라, 근래의 새로운 그리고 곤란을 겪는 태도양식도 받아주기 때문에 이와 같이 고통에 겨운 탈조직이나 재조직의 완성이 가능한 것이다. 내담자는 치료자의 조용한 수용을 자기에게 투입하면서 그러한 재조직에 필요한 새롭고 또한 곤란한 현실지각을 다룰 줄 알게 된다.
　로저스의 가정인즉, 심리치료적 성격의 변화는 다음의 여러 가지 조건의 충족을 통해서만 실현 가능하다는 것이다. 즉 치료자와 내담자의 심리적 접촉, 내담자의 일치성 상실, 치료자의 무조건적이며 적극적인 공감적 이해를 내담자가 지각하는 일이다. 진찰기법, 전문지식 그리고 그밖에 수시로 강조되는 치료자가 갖춰야 하는 조건 특징은 불필요할 뿐더러 오히려 방해가 된다고 보는 것이 로저스의 견해이다.
 내담자중심의 소견과 그 진리성이 어떻든지 다른 어떤 심리치료 체계에 비해서 치료성과에 관한 경험적 연구의 많은 결과가 심리치료 분야에서 떨치고 있는 영향은 자못 크다고 하겠다.

제7장

현대의 다양한 심리치료 체계(Ⅰ)

　앞에서 우리는 정신분석 심리치료 체계가 다양하게 갈라져나간 내용과 비교적 독립된 체계로서 발전된 내담자중심의 심리치료 체계에 관해 살펴보았다. 이 장에서는 새롭게 심리치료 체계를 살펴보기로 하는데, 이는 심리생물학적 심리치료, 게슈탈트 심리치료, 최면치료, 경험중심적 심리치료, 조건반사 심리치료 및 상호제지 심리치료를 뜻한다. 이 가운데서 심리생물학, 게슈탈트, 경험중심의 심리치료 체계는 여러 가지 견해를 통합하여 성립되는 데 비해 최면치료법은 단기, 장기 그리고 재교육 재활치료에 있어서 오로지 최면 기법의 효용가치만을 강조한다. 그리고 조건반사 심리치료와 상호제지 심리치료는 기타 심리치료 체계와 근본적으로 다른 입장을 내세우는 체계들이다.

1. 심리생물학적 치료법

정신과 의사 마이어(Adolf Meyer 1866-1950)는 모든 심리치료 체계와 여러 가지 생물학적·의학적 치료 방법을 하나로 통합해보려고 시도하였던 사람이다. 그는 정신분석 절차를 배제하지는 않았지만 환경적 조작과 지원 방법을 강조하는 동시에 환자의 의료 및 사회적 성장내력을 완전히 파악하는 데 주력하였다. 마이어와 그의 제자들은 질병에 근거를 두는 분류가 아니라 특징적 증후에 따르는 반응형이나 유형에 따라 진찰분류 체계를 작성하였다. 이러한 마이어 체계를 흔히 심리생물학적 치료법(psychobiological therapy)이라고 부른다. 그 특징적 절차를 가리켜 '분배적 분석과 종합(distributive analysis and synthesis)'이라고 부른다.

앞에서 언급하였듯이 마이어는 자기문제에 대하여 환자 자신이 갖고 있는 견해를 분명하게 이해하는 일이 중요하다고 보았으므로 면접의 내용을 집중적으로 기록하는 데 역점을 두었다. 그리고 환자로 하여금 자기 자신과 그 배후, 현재문제 등에 대하여 자세한 진술을 하게 하면서 심리생물학적 치료자는 환자가 자신의 사정을 소상하게 진술하는 데 필요하다면 언제든지 적극적으로 도움을 제공하기도 한다.

심리생물학적 치료자는 그의 일상 판단에 있어서 환자의 견해를 중요시하지만 그는 또한 정서장애가 증후의 결함으로 여러 가지 형태로 나누어진다고 본다. 따라서 그는 환자의 내력과 사실을 분석·종합함에 있어서 이러한 범주, 형태와 관련되는 자기의 지식만을 활용한다. 심리생물학적 배경을 가진 심리치료자는 자기의 문화권에서 통용되는 정신 인식의 영향을 받고 있기 때문에 환자의 가치의식과 무관한 심리치료의 진행을 한다는 착각을 가질 수 없다. 비록 심리생물학적 치료자는 단순히 환자의 가치관념을 반영하는 존재가 아니로되 그는 자신의 편견을 자각하면서 그 영향이 미치는 일이 없도록 조심하게 마련이다.

이들의 주장에 따르면 심리치료는 환자와 치료자의 견해를 종합함으로써 환자에게 가장 효율적이고도 만족스런 치료효과를 얻을 수 있게 한다는 것이다. 치료활동은 치료자 자신과 환자를 위하여 환자의 문제해결 방책을 도우려는 공동탐색이지 치료자가 환자에게 주는 학습지도가 아님을 알게 된다. 환자로 하여금 이와 같은 공동 노력의 결과로 얻어진 생활양식이 치료 이전보다도 훨씬 나은 것임을 깨닫게 하는 것이 치료자의 임무로 되어 있다.

또한 심리생물학적 치료자에 따르면 환자가 겪는 주요장애는 강박적 습벽과 여기에 따르는 유년기 경험에서 오는 정서라고 한다. 이와 같은 습벽과 거기에 따르는 정서적 태도는 서로 연관되거나 또는 전혀 연관이 없는 자극으로 말미암아 생길 수 있으며, 환자는 이 때문에 불합리하고 미숙한 행동양식의 포로가 된다. 개인의 성격형성에 있어서 나타나는 이러한 태도의 가장 파괴적 측면은 자기증오와 자기경멸이다. 이와 같은 자아태도에서 생기는 성격장애는 자기를 비겁하고 무용지물이라고 보는 경미한 감정에서부터 극단적으로는 사회병리적 및 범죄적 성격유형의 외부지향적 적대감정으로 나타나며 그리고 병적 공포, 망상 경향 및 우울증과 같은 내부지향적 적대감정으로 나타난다.

심리생물학적 치료자는 환자와의 사이에 최선의 연대관계를 형성하는 치료상태를 유지하기 위하여 그 기법에 있어서 항상 신축성과 절충성을 시도한다. 다른 심리치료 체계에서 보는 것과 마찬가지로 자기의 체계에만 집착하는 일이 없으며, 기법보다도 성격이나 상황

요인을 더 중시한다. 마이어 일파의 심리치료자는 협동적 노력과 환자에 관한 정보에 비추어 지시적 또는 비지시적 사이에서 그리고 암시적 수용에서 피동적 수용으로 방법을 바꾸는 융통성을 강조한다.

심리생물학적 치료자는 때로 치료도구의 하나로서 상황해석을 중시한다. 마이어는 이를 환자가 처하고 있는 상황을 이해하며 해석하기 위한 치료자의 합리적 개념의 활동이라고 보았는데, 단순히 지적인 면에서 뿐만 아니라 정서면에서도 통용되는 뜻으로 이렇게 보았던 것이다. 물론 치료자는 이와 같은 상황해석을 내담자에게 강요하는 것이 아니라 능히 그런 해석을 활용하며 받아들일 수 있는 태세를 갖추었을 때에만 시도할 따름이다.

2. 게슈탈트 치료법

게슈탈트 심리학은 지각연구에서 두드러진 공헌을 하였는데, 이를 심리치료에 광범하게 전적으로 활용하려는 시도로서 이 체계는 발전되었다. 펄스(Frederick Pearls), 헤퍼린(Ralph F. Hepperline) 및 굳맨(Paul Goodman) 등 세 사람이 여기에 공헌하였으며, 공저로 『게슈탈트 심리치료(Gestalt therapy)』(1951)를 발간하였다. 이들은 게슈탈트 견해야말로 우리가 있는 그대로의 인생을 왜곡없이 바르게 이해하는 길이라고 믿으며 대체로 사람들은 문화적 접촉을 가지면서 사고, 감정, 행동의 홍정이 무너지고 단편화된다고 주장한다. 따라서 게슈탈트 심리치료 기법은 환자의 이원적 존재관념을 고쳐서 통일된 전망을 갖게 하는 데 주안점을 둔다는 것이다.

게슈탈트 심리치료의 체계를 엮어나가면서 이 책의 저자들은 심리학 및 심리치료의 다양한 견해를 묶어서 저들만의 독특한 의미를 갖는 통합을 주장한다. 게슈탈트 심리학에서 말하는 소지(ground)란 요소, 즉 도형(figure)을 배경으로 삼는 맥락을 뜻한다.

도형과 소지의 상호작용이 펄스 일파가 제시하는 성격과 심리치료의 게슈탈트 이론의 초점이 된다. 건강한 사람에게서는 안정되고 의미있는 도형과 소지의 형성을 볼 수 있다. 그와 같은 도형/소지의 형성에 있어서 그의 흥미, 흥분, 우아, 집중 및 관심 등이 특징적으로 나타나는 데 비해, 신경증이나 정신증 환자의 경우에는 건강한 사람에게서 볼 수 있는 도형/소지의 융통성 있는 형성과정과는 반대로 경직성 아니면 도형형성의 결여가 나타나는 것을 볼 수 있다. 따라서 정서장애를 겪고 있는 사람의 경우 도형/소지 형태의 모습으로서 혼란, 권태, 강박성 고착화, 불안 그리고 자아의식을 알 수 있게 마련이다.

펄스와 공저자들은 환자의 심리적 기능과 생활환경을 이해하는 것만으로는 그의 전체상황을 이해하기에 미흡하다고 본다. 치료자는 환자와 그의 환경과의 상호작용을 바르게 이해해야 하는데, 이는 설리반이 대인관계에 역점을 두는 견해와 비교된다. 이들 저자는 억업된 자아를 탐색하는 정신분석적 시도를 떠나서 자아구성의 재구성에서 오는 억압의 힘을 알아보는 데 주력한다. 그들의 견해인즉 신경증 환자는 자기의 방어계책을 뚫고 들어오려는 치료자의 시도를 억제하며 물리치는 것이 자기생존을 위한 상책이라고 생각한다는 것이다. 그런데 환자의 자아가 억압하는 욕구를 치료적 공격만으로는 알아볼 수 없으며, 오로지 그와 같은 억압의 기제를 바르게 이해하는 데서만 가능하다고 이들은 주장한다. 말하자면 환자의 미완성(즉 신경증적)부분이 운동, 대화, 호흡 등과 같은 그의 생존활동의 분명한 기능 속에 있음을 알아야 한다는 것이다. 따라서 치료자는 마땅히 환자를 도와서 그가 자기 자신에 관하여 바르게 알지 못하고 있는 분명한 자신의 일부를 이해하게 함으로써 자기성격의 게슈탈트 구성을 완결토록 하여야 한다.

이로써 환자는 자기성격의 융통성 있는 도형/소지 관계를 파악하게 됨으로써 성장과 성숙의 과정을 거쳐나가며 또한 자기 자신의 확실한 부분을 재검토하는 치료적 지시를 받아서 자기의 자아개발을 이룩해나갈 수 있게 된다.

펄스 일파는 특히 독단적 접근을 배척하며 실험적 접근을 강조한다. 환자에게 유형이든 무형이든 간에 무엇을 요구한다는 것은 한낱 헛수고에 그치는 일일 뿐만 아니라 위험한 일이라고 강조한다. 그 대신 게슈탈트 치료자들은 환자로 하여금 자기문제를 자각할 수 있도록 점진적·단계적 실험을 실시한다. 그러는 과정에서 성공의 방해가 되는 것이 무엇인지를 찾아내어 문제의 초점을 파헤치는 시도를 한다. 이런 방식으로 환자의 저항을 유도함으로써 환자의 자기방어를 건드리는 일 없이 문제를 다루어나가도록 한다.

과거의 일에서 무엇을 캐내려는 프로이드 일파의 접근 또는 막후인물들을 통하여 무엇을 얻어내고자 하는 것과는 달리, 펄스 일파는 환자를 유도하여 현재 직면하고 있는 상황에서 창조적 적응의 시도가 가능하다고 보는 것이다. 현재의 상황에서 게슈탈트를 완성하기 위해 환자는 자각부족이 큰 장애임을 깨닫고 이를 없애버려야 한다. 그리하여 치료적 실험은 자기를 괴롭히는 장애가 무엇인지를 똑똑한 언어기술로써 찾아내면서 이것을 극복하는 길을 열어놓는다. 대체로 신경증 환자는 현실접촉에 실패하며 그러한 실패에서 자기를 회복하는 방법에 관해서도 알지 못한다. 그는 현실 소외적 거동을 이어나갈 뿐이다.

이때에 치료자는(실험을 통하여) 그가 어떻게 하여 현실이탈을 하고 있는지를 깨닫도록 하며, 지금 어디에 어떤 실재가 있는가를 추구하면서 그로 하여금 현실접촉을 이루도록 도움을 준다. 일단 환자의 자아가 현실접촉을 이루면서 계속하여 그것을 유지하는 데에서 치료는 종결된다. 이로써 융통성 있는 새로운 도형/소지 관계가 이루어졌다고 보는 것이다.

3. 최면요법

최면술을 심리치료에 받아들이느냐의 여부에 관한 논의는 전문가들 사이에서 늘 대두되고 있는 터이다. 그런데 최면술 기법을 심리치료에 도입하여 그 전문성을 인정받게 한 당대의 인물로 우리는 월버그(Lewis R. Wolberg)를 들게 된다.

월버그 자신도 최면술 자체만으로 영구적인 심리치료의 효과를 거두기 어려움을 인정한다. 그러나 그것이 다른 기법과 함께 이용될 때 효과적임을 지적한다. 최면술의 주된 효용은 환자의 피암시성을 증진하며 성격의 자가상태에 방해가 되는 억압을 제거하는 데 있다. 전자는 단기적 교육목적의 치료에 유용하며, 후자는 심층지향의 재활치료에 크게 도움이 된다.

최면요법(hypnotherapy)이 특히 유용하게 쓰이는 치료상황 중의 하나는 신경증의 증후가 너무도 심하여 심리치료의 진전을 보지 못하는 경우이다. 최면요법에 의하여 이러한 증세가 일시 호전되어 환자가 보다 철저한 치료를 원하게 되는 때가 있다. 암시적 제거에 가장 예민하게 반응하는 증후가 히스테리 증후(경련, 마비, 무성음증, 건망증, 시각장애와 그밖의 감각장애)와 이상습벽(불면증, 손톱뜯기,

과식, 지나친 흡연 등)이다.

　재교육을 위한 심리치료에서는 그 목표가 환자로 하여금 대인관계에서 왜곡된 측면이 무엇인가를 일깨워주면서 주변환경과 원만한 통정을 갖도록 도움을 주는 데 있다. 이런 경우 최면요법을 이용하여 환자의 생물, 사회적 욕구에 부응하는 새로운 순응목표와 태도를 환자에게 굳혀주는 일이 가능하다. 강박증 환자들에게서 많이 볼 수 있는 경우와 같이 어떤 환자들은 정신분석 기법보다도 최면술을 통한 설득에 더 잘 반응하는 것으로 월버그는 보고 있다. 그래서 그는 파괴적 습벽양식에 대한 설득적 철학의 준칙을 바꾸는 것이 도리어 아무런 치료계책을 세우지 않는 것보다 나은 일이라고 말한다.

　최면술의 이용은 특히 재활요법이나 정신분석의 경우 저항의 감소나 제거에 대단히 효과적이라고 한다. 그런데 월버그의 보고에 따르면 단순히 최면적 혼수상태에 도입하는 것만으로도 억압된 것을 지각하게 하는 데 충분하지만 여기에는 약간의 특별기법이 추가될 필요가 있다고 한다. 이러한 특별기법이란 꿈의 도입, 자동필기, 극적활동 방출, 면경응시, 최면상태에서의 자유연상과 그림그리기 실험적 갈등의 도입, 퇴행 그리고 선명화(revivification)와 같다.

　월버그에 따르면, 최면상태에서 전이감정이 풀려나는데 이를 적절하게 다루면 분석의 속도와 효과를 올릴 수 있다는 것이다. 부모와의 관계에 대하여 환자가 갖고 있는 유년기의 기억을 환자의 의식생활과 통합하는 일이나 그의 기억에 관련된 감정을 바르게 이해하는 일은 모두 환자 자신의 현재의 처지나 생활을 스스로 파악하는 데 도움이 되는 일이다. 그뿐만 아니라 심리적 상처에 관한 기억의 재생은 변화의 촉진제 구실을 할 수도 있다고 월버그는 말한다.

　한편 최면분석의 재교육적 효과를 간과할 수 없는데, 이는 환자로 하여금 자기의 문제가 어디서 오는지에 대한 역동적 무의식의 원천에 대한 통찰 능력을 얻을 수 있게 한다. 이때 가장 중요한 기법은 최면혼수상태에서 실험적 갈등을 도입함으로써 억압과 갈등의 측면에서 증후의 뜻을 환자에게 보여주는 일이라고 한다.

월버그는 최면요법의 한계점을 다음 몇 가지로 들고 있다. 즉 ① 모든 환자들이 깊은 최면상태로 도입할 수는 없다, ② 밝혀진 자료가 공상이거나 진정한 기억이 아닐 수 있다, ③ 최면상태에서의 퇴행은 감정의 전이에 크게 영향을 준다, ④ 혼수상태에서 얻은 자료는 정신의 의식층과 더 가까이 연결시킬 필요가 있다, ⑤ 최면요법은 성격이상의 경우보다도 히스테리 그리고 심리적 외상이 두드러진 신경증 상태에서 더욱 유용하다는 것이 또한 월버그의 지론이다.

4. 경험중심의 심리치료

휘티커(Carl A. Whitaker)와 말론(Thomas P. Malone) 일파는 독창적인 심리치료이론을 내세우면서도 새로운 학파 형성과는 무관하다고 천명하였으나, 그들 이론의 독특하고도 독창적인 점에서 하나의 이론 체계로 인정받게 되었다. 특히 휘티커와 말론은 넓은 의미에서 심리치료는 한 사람의 성장을 촉진시키는 데 기여하는 것이라고 보았다. 그러나 그들은 통합이라는 의미에서 심리치료의 초점을 성장에 국한하여 통합의 증진정도를 보는 데 있어 성숙과 적정수준의 향상을 중시하였다. 환자의 성숙 결손과 관련되는 심리치료의 분야는 생물학적 및 의학적 영역인 데 대하여 적정성의 결손에 역점을 두는 분야는 대인관계의 사회적 · 과학적 측면이라고 그들은 보고 있다. 그들은 성숙문제를 특별히 중시하는데 심리치료에서 이 측면이 확대되어야 한다고 주장한다. 이러한 견해는 여러 면에서 초기의 정신분석이론을 재조명하려는 의도로도 보이며 또한 '원자아 심리'의 복귀로도 볼 수 있다.

적절한 성장은 교육적 사회경험을 통하여 발전되는 것이라고 보는 데 비해 성숙은 정서경험에서 오는 것이라고 하였다. 그런즉 활력의 내적 교환을 순조롭게 유지하는 사람에게 자기의 내적 구조에 변화를 가져오게 하는 일이야말로 경험중심 심리치료(experiential therapy)의 목표라고 이들은 말한다. 휘티커 일파에 따르면 심리치료의 근본적 역동성은 현재의 경험내부에서 발전된다는 것이다. 그리하여 심리치료적 경험이 다른 경험과의 상호관계를 수정하면서 지금의 경험을 조직하는 데 미쳐온 이전 경험의 생물학적 효과를 통합해나아가는 데 큰 효용성이 있다. 그런데 그들은 이러한 경험이 본질적으로 분석적, 역사적, 유전적 및 논리적 원인(자아수준)에서 온다기보다는 오히려 정서적(원자아의 과정을 다루는 것)인 것이라고 보고 있다.

이와 같은 원자아 수준의 치료가 효과적인 기능을 보여주는 때 치료자는 환자를 자기의 아동자아로 보는 것인데 이때 치료자의 욕구는 자기 내적인 것이므로 치료자로 하여금 자신의 어린이상(환자)을 통하여 자신의 자아통합을 훌륭하게 한결 더 성취하게 된다. 이렇게 볼 때 심리치료는 그야말로 외면화된 자기내적 관계이다. 한마디로 그것은 치료자와 그 자신의 투사를 말한다. 환자에게 있어서 경험은 현실에서 떨어져 고립된 격이며, 그는 사회가 요구하는 역할 수행을 잠시 외면하고 있는 셈이다. 그는 예전에 할 수 없었던 공상적 역할을 수행하게 되므로 이로써 그는 정서적 갈등 속에 묶여 있었던 활력을 방출할 수 있게 된다.

치료자와 환자가 서로 치료적 경험 속에 정서적으로 깊이 개입 될수록 양자는 서로 상대방의 무의식에 대하여 최대한 반응하는 지점에 이르게 된다. 서로의 의사소통 수준은 원시적이며(프로이드가 말하는 1차 과정), 그 대부분을 신체적 감각홍분이 차지한다. 휘티커와 말론은 심리치료의 이 단계를 가리켜 환자와 치료자의 합동적인 공상경험이라고 하였는데, 이때부터 환자에게는 심리치료적 혜택이 생겨지는 것이라고 보았다. 공상이라고 말한 것은 무의식의 경험 전체(비언어적이며 유기적임)가 확대되고 있음을 말한다. 환자가 자신의 공상과 무의식을 받아들이는 일이 촉진된다 함은 그가 음세적으로 거기에 참가하고 있는 사람과 함께 있기 때문이다. 이렇게 하여 의식과 무의식 간의 계속성이 더 크게 발전되며, 환자의 기본적 · 생물학적 욕구의 실현 능력이 커지게 된다.

휘티커와 말론은 심리치료에서 특별한 기법이 발전되는 것을 꺼리는데, 이는 치료자와 환자 사이에서 발전되는 독특한 형식이 있어야 하기 때문이다. 그러면서도 그들은 심리치료의 정서적 · 상징적 과정을 촉진하는 데 유용한 방법이 있음을 밝히고 있다. 심리치료의 초기 단계에서 이러한 기법은 첫째로 상징적, 공상적 그리고 무의식적 의미를 빨리 낳게 하기 위하여 치료경험을 다른 경험과 분리시키는 데 주력할 필요가 있다. 이와 같은 분리의 유용한 방법으로서 치료자가 자기의 경험세계의 현실(예컨대 자기의 생활 이야기를 거부하며 치료시간에 걸려오는 전화에 응답하지 않으며 환자의 문제를 그 가족이나 의뢰하러 온 의사와 상의하는 일 따위)을 되도록 많이 배제하는 일이다.

그러나 치료자가 환자의 성숙수준이나 건강상태 그리고 질환에 관한 지식을 환자에게 일러주는 일은 대단히 중요하다. 이렇게 하여 환자가 자기의 미숙한 면에 대하여 갖고 있는 지식이나 개념이 위협적인 것이 되지 않도록 해준다.

　치료자는 또한 환자가 치료자의 개인생활 영역을 마음대로 침범하지 못하도록 한다. 환자로서는 치료자가 위엄을 갖춘 사람으로서의 독립적 존재와 그리고 환자와의 공상적 관계 속에서 자신의 희생을 받아들이지 않는다는 점을 깨달아야 한다. 이렇게 함으로써 마침내 공상적 관계에서 떨쳐나오는 환자의 자신감이 더욱 증대하게 되는 것이다.

　환자 역시 치료자가 자신의 한계성과 미숙성을 밝히는 데서 공상에 뛰어드는 데 대한 자신감을 얻게 된다. 그리하여 환자는 치료자를 통하여 현실과 공상 사이의 뚜렷한 구분을 분명하게 알게 되며 장차 자기도 이러한 확신을 얻을 수 있을 것임을 확신하게 된다. 휘티커와 말론은 심리치료의 첫단계에서 치료자의 반응은 주로 환자의 언행에서 나타나는 상징적 의미를 은연중에 이해하는 데 있어야 한다고 보는 것이다. 이렇게 말하는 은연중의 이해란 침묵으로 표현함이 상책이다. 침묵은 특히 별로 정서적 의미를 담지 않은 지적 발언을 피할 때 매우 유용하다. 치료자가 환자에게 표시하는 비언어적 반응은 환자의 언어표출을 가장 명료하게 알아보는 데 유익하며 환자로 하여금 감정전이의 깊은 수준으로 들어가게 한다.

　여러 가지 형태의 공격행동과 신체적 접촉의 방법을 또한 치료자가 행사할 수 있다는 점을 휘티커와 말론은 중시한다. 그런데 이러한 기법은 자칫하면 그릇되게 이용되므로 아주 경험이 풍부한 심리치료 전문가 이외에는 금물이라고 경고한다. 그리고 이들은 치료자와 환자 사이의 심층수준의 의사소통 유지를 위하여 공통적인 환상 경험을 갖는 것 또한 중요시한다. 그들은 진흙이나 고무로 만든 칼과 같은 실물을 이용하며 공상적 참가를 촉진하는 수단으로 치료

시간에 잠을 자거나 꿈을 꾸는 것과 같은 기법을 활용한다.

대체로 이들 경험중심 심리치료의 근본철학과 치료절차를 가장 잘 담은 진술로서 치료자가 환자에게 하는 다음과 같은 말의 심층 효과를 살펴보면 좋겠다: "우리들은 모두 문제의 인물이요, 그런즉 우리 함께 공상의 세계에 가서 서로의 자아를 구현하는 일을 잘 하도록 해보세. 그리고나서 외부세계에 나오면 더 잘 다룰 수 있게 될 것이니 말이요."

5. 조건반사 심리치료

심리치료의 일반적 이론과 실천에서 근본적으로 이탈한 입장으로 솔터(Andrew Salter)의 조건반사 심리치료(conditioned reflex therapy)가 있다. 이는 물론 파블로프의 조건화 과정을 임상치료 절차에 응용한 것이다. 사람의 행동은 동물적 본성에 근거를 두고 있다는 주장을 내세우면서 솔터는 신경증적 행동은 직접적인 반복 조건형성(강력한 적극암시)을 통하여 다룰 수 있다고 본다. 솔터는 아주 세련된 그리고 고도의 지능적 절차도 무용지물이고 실효가 없을 뿐만 아니라 오히려 환자의 정신질환을 고착화시킬 수도 있다고 보았다.

솔터는 생활의 근거를 흥분에 있다고 보기 때문에 정신질환의 원인은 제지(inhibition)에서 온다고 본다. 그러므로 치료자의 역할은 내담자로 하여금 제지를 극복하고 자신의 참된 감정을 표현하도록 돕는 데 있다고 본다. 정서적 질환을 가진 사람은 제지적 조건형성을 겪었던 사람인 만큼 흥분의 반사행동을 경험할 필요가 있다는 것이다. 솔터는 사회생활을 한다 함은 제지를 겪는 일이지만 어느 한도를 넘어서는 제지의 강제성 때문에 사람들은 정서장애를 겪게 되는 것으로 본다. 정서장애의 여러 형태를 간추리면 결국 흥분의 박탈이라는 기본적이고도 공통적인 이유로 집약된다. 솔터는 그의 심리치료법에서 일체의 생각을 중지해야 하며 감정의 바탕 위에서 행동하라고 지시한다. 내키는 대로의 감정에 따라 자발적으로 행동하는 사람이야말로 건강한 사람이므로 건강한 사람은 생각하는 일 없이 행동하며, 정서적 건강이 좋은 사람은 행동없이 생각만 할 따름이라고 솔터는 말한다.

솔터는 유년기의 잘못된 제지적 조건화 행동을 적극적 방향으로 전환하기 위한 여섯 가지 기법을 발전시켰다. 그중 첫째가 '느끼는 대로의 말'이라고 하는 것인데, 인간은 언어사용의 동물인지라 언어를 기본적인 흥분수단으로 이용한다. 느낌을 갖고 있다는 것은 느낄 때(비록 그것이 사회적으로 용납이 되지 않는 때에도) 환자는 제지를 물리치고 자신의 재조건화를 시도하면서 흥분을 맛보려 한다는 뜻이다.

제지상태에 있는 그의 환자를 위하여 솔터가 쓰는 두번째 기법을 솔터는 '얼굴이야기'라고 불렀다. 다시 말하여, 환자는 정적이든 부적이든 간에 그대로의 자기감정을 얼굴에 나타내야 한다는 것이다. 솔터가 환자에게 지시하는 세번째 기법은 모순과 공격이다. 환자에게는 동의하지 않으면서도 마치 동의하는 것처럼 행동하는 일을 하지 말자고 타이른다. 비록 뒷받침이 되는 증거가 없다 해도 내담자는 반대 감정을 그대로 표시하면서 감정의 표출을 할 줄 알아야 한다는 것이다. 솔터는 또한 내담자가 되도록 많이 '나'라는 말을 써야 한다고 강조한다. 이것이 흥분된 감정의 표출방법이 되기 때문이다.

다섯번째 기법에서 솔터는 칭찬을 받을 때 내담자는 동의를 표시할 줄 알아야 한다고 강조한다. 예컨대 어떤 사람이 "지난 금요일 저녁의 당신 연설은 정말 훌륭하였오"라는 칭찬을 받으면 반드시 "아차, 그날 저녁은 나로서 최고의 기분이었습니다. 선배님께서 일년 전에 멋진 연설을 하셨던 그 뒤를 이을 수 있게 되어 무척 기쁩니다"라는 식으로 솔터는 다른 사람에게 칭찬을 들려주는 일의 기쁨을 알려주면서 또한 내담자를 칭찬하는 치료자의 표시가 중요함을 지적하고 있다. 솔터의 여섯번째 기법은 즉흥성이다. 그는 내담자에게 용의주도한 계획의 수립을 권하지 않고 현실중시의 생활관을 강조한다. 계획 수립은 제지에 이르게 된다. 그러나 이미 그와 같은 제지적 조건에 부딪치고 있는 내담자로서는 미리미리 앞질러서 생각하느라 제지적 반사를 겪게 되기보다는 그때그때마다 또는 날마다 임기응변의 행동을 취하는 일이 필요하다고 보는 것이다.

그런데 흥분의 도가 지나칠 수 있다고 보는 비평가들에 대한 솔터의 대답은 "그렇소. 그러나 이들 제지당한 내담자는 예외입니다"라는 것이다. 그의 견해인즉, 어떻든 크게 제지당한 내담자들은 항상 반 정도 취한 상태에 있으나 다름없이 활동하는 것을 배워야 할 필요가 있다고 본다. 그리하여 제지상태를 벗어나 흥분상태로 재조건화된 내담자로서는 어느 정도 열기를 떨어뜨리는 일이 필요하다고 솔터는 말한다.

그러므로 솔터의 주장인즉, 치료자가 당면한 모든 문제의 해결책은 내담자로 하여금 조건화된 제지적 정서반응을 해제함으로써 정서의 흥분상태를 유발하는 일이며, 이로써 내담자는 부정적 생활경험 때문에 박탈당했던 건전한 자발성을 회복할 수 있도록 재교육받아야 한다는 것이다. 이와 같은 개인의 재조건화는 다른 치료 방법이 되기 때문이다. 솔터의 견해에 따르면, 적응의 이상이란 결국 조건화의 이상이며 심리치료는 바로 건전한 재조건화를 뜻한다.

그런데 행동주의 심리학자들 사이에서도 솔터의 심리치료 기법을 따르는 사람이 없다는 것은 놀랍고도 흥미로운 일이다. 대체로 그의 방법은 너무 단순하고 그의 치료주장은 과장되었다고 보는 경향이 짙다. 그러나 솔터는 자기를 비판하는 사람들이 그의 이론이 지니고 있는 진리와 실천성에 대하여 맹목적이라고 말하면서 이는 그들이 정신분석가나 다른 사람들로부터 인간동물에 관하여 필요 이상의 복잡한 이야기를 듣게 되는 어리석음 때문이라고 반박한다.

6. 역제지의 심리치료

조건반사 학습의 이론을 치료적 상황에 응용하는 기법으로 발전시킨 것이 바로 역제지의 심리치료(psychotherapy by reciprocal inhibition)인데 월프(Joseph Wolpe)가 바로 그 창시자이다. 그는 동물실험을 관찰하면서 심리치료의 단서를 처음 얻었다고 한다. 특히 그는 불안유발의 자극을 제시하는 데도 음식을 먹는 유쾌한 경험에 열중하면 동물의 신경증적 행동이 없어지는 경향을 보았다. 그는 이와 같은 실험의 결과를 통하여 같은 자극상황에서도 새로이 반대 습관을 형성할 수 있으므로 어떤 습관을 극복하는 일이 가능하다고 보았다.

이와 같은 방식에 쫓아 사람을 대상으로 하는 임상조사를 실시하였던 결과 월프는 다음과 같은 원리를 얻어낼 수 있었다. 만일 불안을 야기하는 자극이 있을 때 불안과 정반대의 반응을 제시함으로써 불안 반응을 그 일부나 전부를 억압할 수 있다면 이들 자극과 불안 반응의 유대는 약화되기 마련이다.

월프는 인간을 대상으로 하는 실험에서 신경증의 극복을 위하여 급식 반응을 시도하지는 않았다. 그는 다른 반응이 이보다 더 중요함을 알게 되었기 때문이다. 이는 주로 자기주장 반응, 이완 반응, 그리고 성격 반응이다. 그는 또한 호흡 반응, 조건화된 운동 반응, 불안해소(전기충격 중지) 반응 그리고 조건적 기피 반응 등을 성공적으로 이용하였다. 그는 이러한 반응이 치료실 안팎에서 일어나도록 함으로써 신경증적 불안이 선정된 반대 반응에 의하여 최대한 제지될 수 있게 하였다.

예컨대 기분이완을 반대 반응 방법으로 쓰기로 정하고 월프는 우선 환자에게 초보적 훈련을 실시한다. 그는 또한 환자에게 적응 곤란의 불안을 유발할 수 있는 여러 가지 자극을 차례로 시도한다. 그러면서 곤란유발의 정도에 따라 자극의 순위를 정한다. 그리고 나서 환자에게 최면술을 시술하여 최대한의 긴장완화를 가져오도록 하며 가장 약한 자극을 생각해보라고 이르는데, 월프는 이것을 '공포자극의 최소량'이라고 부른다. 용량 때문에 이완상태가 변하는 일이 없다면 다른 치료기회에 용량을 증가한다. 공포자극의 용량을 점차 증가하는 치료 횟수를 거듭하고 난 후에 환자는 마침내 평온한 상태를 전혀 괴롭히는 일 없이 최대한의 강도로 공포자극을 제시하는 단계에 이르게 된다. 그리고 나서 치료상황을 떠나서 환자는 한때 공포자극이었던 가장 심한 강도에 대해서 마저 예전의 불안이 나타나지 않게끔 된다는 것이다. 월프에 의하면 이로써 역제지의 심리치료가 수행된 것이다.

월프의 주장은 정신분석치료의 효과 실적이 50~60퍼센트인 데 비해 역제지 방법은 그 효과가 거의 90퍼센트 이상이라고 한다. 혹시 이보다 낮은 효과 실적이 지적된다면 이는 전적으로 역제지 심리치료 기법의 미숙에서 오는 것이라고 월프는 말하고 있다. 그는 또한 주장하기를 어떤 심리치료 기법에 의한 사적 면담에서든 간에 환자가 치료자를 자기에게 도움을 줄 수 있는 전문가라고 믿고 자기의 문제를 은밀하게 고백하며 털어 놓을 때 환자의 정서적 반응은 벌써 적극적 태세에 들어서 있는 것이라고 보았다. 만일 불안과 반대되는 경향의 이러한 정서반응이 강한 것이라고 하면 이는 면담의 어떤 주제로 말미암아 야기되는 불안반응을 서로 제지하는 데 도움을 주는 것이라고 본다. 때문에 치료적 효과가 생겨난다. 그러나 정서반응이 미미하다면(정신분석적 용어로서는 감정의 전이가 없을 때) 적극적 결과가 생겨나기 어렵다. 또는 면담에 의하여 유발되는 불안의 정도가 심하면 환자의 정서상태는 더 약화될 수 있다고 월프는 말한다.

월프는 또한 신경증의 자연회복(전혀 아무런 치료도 받지 않고 환자의 신경증 증세가 가시는 경우)은 때로 우발적 역제지 치료의 결과일 수 있다고 말한다. 다른 말로 하면 월프의 체계는 다른 심리치료에서 비체계적으로 생기든지 또한 임상상황 밖에서 일어나는 효과적인 치료절차를 아주 신중하고도 효과적으로 이용하고 있다는 것이다. 월프는 다른 사람이 얼마든지 그의 역제지 심리치료 방법을 단계적으로 실험하면서 그 실효를 살펴볼 것을 강력하게 주장하기도 하였다.

요 약

　이 장에서 우리는 여섯 가지 심리치료 체계를 살펴보았다. 즉 심리생물학적 치료법, 게슈탈트 치료법, 최면요법, 경험중심의 치료, 조건반사 치료 및 역제지 치료 등이다. 이들 가운데서 심리생물학적 치료, 게슈탈트 치료 및 경험 치료 세 가지는 여러 가지 견해의 절충적·통합적 체계인 동시에 그 나름의 독창성 또한 지니고 있기도 하다. 최면요법은 주로 다른 심리치료 기법과 연결된다고 볼 수 있으며, 조건반사 치료와 역제지의 치료는 심리치료의 주류에서 크게 이탈한 접근이다.

　마이어의 심리생물학적 치료에서는 환자 자신이 자기의 문제를 어떻게 이해하고 있느냐를 자세한 경과기록을 통하여 입수하도록 노력한다. 치료자는 임상활동이 환자의 문제해결을 위해서 필요한 치료자와 환자의 협동적 탐구여야 함을 강조한다. 어떤 심리생물학적 치료자는 기법에 관한 한 신축성과 절충성에 충실해야 한다고 강조한다. 그의 관심은 주로 유년기부터 환자를 불합리하게 괴롭혀주는 파괴적 습관과 이에 따르는 정서적 태도(특히 자기 증오와 자기 멸시를 나타내는 태도)를 극복하는 데 집중된다.

　펄스, 헤퍼린, 굳맨 등은 게슈탈트 심리학의 개념을 이용하여 인간행동과 그 치료적 처치를 위한 새로운 통합적 개념을 창출하는 데 노력을 경주하였다. 대체로 사람들은 사고, 감정, 행동의 단편화를 이겨내지 못하는지라 그 전체성을 회복하려는 데에 게슈탈트 심리치료의 주안점이 있다. 이들은 정신분석학과 다른 이론을 원용하여 게슈탈트 심리치료의 이론 구성과 실천 절차를 구성하였으나 그것은 환자로 하여금 자기 자신과 환경의 현실적 게슈탈트를 보다 극명하게 파악할 수 있도록 하는 데 도움을 주고자 단계적으로 실시한 실험의 내용으로 구성되고 있다.

　월버그는 재교육 및 재활(정서분석적) 치료의 과정에서 최면술을 이용한다. 전자의 경우 최면술은 환자에게 새로운 적응의 태도와 목표를 제공하며, 그의 생물·사회적 욕구와 일치하도록 하려는 데에 크게 도움이 된다. 최면술에서는 저항을 감소 또는 제거하기 때문에 기법상의 효용성이 크다. 환자의 저항을 다루는 데 있어서 치료자는 꿈의 유치, 혼수상태에서의 자유연상, 실험적 갈등의 유치, 퇴행 그리고 그밖의 여러 가지 최면적 방법을 이용한다. 그는 또한 자기가 겪고 있는 고난의 역동적 무의식의 원천에 대한 통찰의 능력을 얻도록 환자를 돕기 위해서 최면분석을 이용할 필요가 있다고 본다. 물론 그는 최면기법의 제약성을 인정하며 최면요법을 다른 치료기법과 대체할 수 있는 것으로 보지는 않는다.

휘티커와 말론은 새로운 체계 개발을 주장하지 않았지만 경험치료라는 이름을 가지고 이론과 기법의 발전에 크게 기여한 바 있다. 그들은 치료상황에서 치료자와 환자 사이의 정서적 경험이 중요시되어야 함을 역설하였다. 이들이 주장하는 원자아 수준의 심리치료에서는 경험이 현실로부터 유리되어 있으므로 환자로 하여금 이전에는 불가능했던 심도있는 공상의 역할을 해보도록 역설한다. 그러면서 치료자는 인자한 부모로서의 역할(환자를 치료자가 그 자신의 어릴 때의 자기의 투사라고 보는 데서)과 관련지으면서 그 자신의 경험적 관점에 따르는 감정과 동기에서 환자를 다루어야 한다. 휘티커와 말론은 그들의 실제 치료절차에 있어서 그들 나름의 몇 가지 특이한 기법을 이용하는데, 이는 무의식의 공상세계에 들어가기 위해서 치료자와 환자 사이에 맺어지는 합작 투자라고도 말할 수 있다.

솔터의 조건반사 심리치료는 인간을 동물시하는 개념에 바탕을 두는 접근이다. 치료자의 역할은 내담자로 하여금 제지의 심리(솔터는 이를 '질환의 근원'이라고 함)를 극복하며 있는 그대로의 감정을 아주 흥분된 형식으로 표출하도록 도움을 주는 데 있다. 이렇게 내담자로 하여금 재조건화한다는 것은 다른 심리치료보다도 더욱 심도가 있다는 뜻인데, 그 이유인즉 이는 매우 철저한 접근이기 때문이라고 솔터는 말한다. 그는 또한 적응이상이란 다시 말하여 조건반응의 이상인 것이며, 심리치료는 효과적인 조건반응의 재반복이라고 말한다.

월프의 역제지 심리치료 역시 조건반응에 의한 동물학습의 관찰에 근거를 두는 접근이다. 월프는 이것을 인간의 임상상황에 적용할 수 있도록 다른 여러 가지 기법과 용의주도하게 배합하여 고급기법으로 발전시켰다. 월프의 치료원칙은 어떤 자극과 불안반응의 결합은 불안에 반대되는 반응을 동시에 유발함으로써 약화될 수 있다는 데에 주안점을 두고 있다. 그는 심리치료에 있어서 자신이 주장하는 역제지 치료법을 능가할 만한 기법이 없다고 자부할 뿐만 아니라 다른 심리치료나 자발적 치료는 모두 이러한 조건형성이 우연히 생기는 데서 가능하다고 주장한다.

제8장
현대의 다양한 심리치료 체계(Ⅱ)

　이 장에서는 지시적 심리치료, 일반 의미론적 심리치료, 학습이론요법, 자기주장 구조의 심리치료 및 합리적 치료의 다섯 가지 체계를 살펴보기로 한다. 이들 체계는 모두 심리분석의 치료적 형식에서 상당히 이탈되는 입장이다.

1. 지시적 심리치료

　지시적 심리치료(directive psychotherapy)는 정신분석에 대한 반동이라기보다는 그 시초의 주창자인 쏘온(Frederik Thorne)이 로저스가 주창하는 비지시적(내담자중심) 치료법을 건전하지 못한 당파적 인기에서 오는 것이라고 보는 반대입장으로 생겨난 것이다.

그가 말하는 '지시적'이란 결코 허용적, 비지시적 반응이 모두 부당하다고 나무란다는 뜻이 아니다. 그러나 그 용어는 상시 비지시적이며 허용적인 입장만이 결코 적절한 것이 아니며 치료절차의 지시성(direction)은 오직 능숙한 치료자의 솜씨에 속하는 것이지 병든 환자와는 무관하다는 쏘온의 신념을 강조하는 데서 사용되는 말이다.

대체로 지시성에 대한 필요는 개인의 효율적인 자기 규제와 역적 상관관계가 있다고 쏘온은 지적한다. 성격 이상의 문제가 심각할수록 치료자로부터 지시를 받아야 하는 필요가 커지게 마련이다. 왜냐하면 능숙하지 못한 치료자의 손에서만 지시적 절차가 때로 잘못 적용될 수 있으며, 비지시적 입장의 치료자들도 또한 지시성이란 어떤 형태를 막론하고 바람직하지 못하다고 그릇된 판단을 할 수 있다고 쏘온은 말한다.

지시적 심리치료에 있어서는 치료자가 모든 방법에 숙달되어져야 하므로 때로는 최면술, 암시법, 재조건화라든가 직접적인 확약법과 같이 일부에서 무시하는 방법마저도 모두 알고 있어야 한다고 쏘온은 주장한다. 그는 지시적이든 비지시적이든 간에 모든 기법적 자원은 활용을 위한 절충적 방법을 특정한 자의 욕구를 감안할 때 필요하다고 인정되면 마땅히 이를 이용·실시해야 한다고 주장한다.

지시적 심리치료자는 비지시적 치료의 경우와는 달리 어떤 행동계획을 가지고 있어야 하므로 사례사는 물론이요, 임상시험, 심리측정과 투사법 검사의 결과자료를 모두 포함한 진단자료를 충실하게 다루어야 하며, 또한 시험실 절차(예컨대 뇌파 측정기록)에 유의하여야 한다. 그뿐만 아니라 지시적 치료자는 모든 개인사례의 심리역동적 기술을 갖춰야 한다. 즉 문제의 원인, 임상적 상태, 성격 자원 및 예후 등이다. 그의 계획은 어느 때, 어느 단계이든지 간에 실험적 과학의 원리를 마땅히 이용할 수 있어야 한다.

쏘온의 지시적 심리치료가 전제로 하는 조건은 대체로 다음의 몇 가지로 요약될 수 있다. 즉 ① 사회, 가정, 학교 그리고 환자 자신의 실책으로 건전한 행동에 대한 조건형성이 어려울 때 치료자는 일종의 교육 주체자로서 나서야 한다. ② 환자가 새로운 생활양식을 배울 수 있게끔 새롭게 조건을 마련하는 것이 치료자의 첫째 과업이다. 여기에는 라포(rapport)의 성립, 과거의 심리적 상처분석, 정서장애의 해소 그리고 환자로 하여금 독자적인 문제해결과정을 취하도록 후원해주는 일 등이 포함된다. ③ 환자의 생활에 지시적으로 개입하는 데 있어서 과학은 가장 타당하고 믿을 수 있는 권위의 원천이 된다. 이는 초기의 교회, 가정, 정부 등의 권위가 임의적이며 검증 불가능하던 일과는 매우 대조적이다. 넓은 바탕의 과학 교육이 치료자의 능력을 가늠하는 최고의 표준이 되며, 환자에게 주는 가장 큰 도움이 바로 여기서 나오는 것이지 결코 치료자와 환자의 정서적·직관적 인상에서 나오는 것이 아니다.

쏘온은 철저하게 비지시적 지향성을 지니고 있는 치료법에 반대한다. 내담자중심이라는 말을 적용하는 데에도 극력 반대한다. 그는 말하기를 지성적으로 짜여진 지시적 치료법은 내담자의 병든 감정을 유일한 지침으로 삼는 치료법보다는 내담자의 진정한 욕구에 직접 중점을 두는 입장을 취한다. 쏘온에 따르면 지시적 치료법을 지향하는 입장은 마땅히 내담자중심이어야 하며, 내담자로 하여금 건설적인 방향으로 전진케 하기 위하여 치료자는 오직 필요한 경우에 한해서만 중간 간섭을 하게 마련이다.

2. 일반 의미론

　모든 정서장애의 경우 거기에는 의사소통상의 문제가 있기 마련이다. 그러므로 심리치료의 이론과 실천에 대하여 일반 의미론(general semantics)의 연구결과를 적용한다 함은 당연히 수긍이 가는 일이다. 의미론은 신호(상징)와 그것의 의미 사이의 관계와 그리고 신호의 영향을 받는 행동의 심리·사회학적 측면간의 관계를 알아보는 과학적 연구이다.

　코르지브스키(Alfred Korzybski 1979-1950)와 존슨(Wendell Johnson) 두 사람이 모두 의미론 연구의 학자인데, 각기 자기의 연구내용을 심리치료에 적용하기 위해 노력했다. 코르지브스키는 신경증적 행동이 낱말과 그 의미를 분명히 가리지 못하고 사용하는 데서 생긴다고 추정하였다. 무엇보다도 낱말을 쓸 때 애매성과 개념화 과정의 부족은 정신질환의 경우 두드러진 특징으로 나타난다. 상징을 사용할 때 명료성의 부족 때문에 사람은 자기의 가치와 생의 목표를 명확하게 정하며 비판적 사고를 하는 능력을 갖추지 못하게 된다. 치료는 주로 올바른 낱말습관을 환자에게 가르치면서 그가 예전에 얻어서 가졌던 그릇된 정향성(orientation)을 바로잡게 하는 데 있다. 이렇게 함으로써 그는 현실중심의 목적과 수단을 자기패배적인 행동 형태와 자주 대체해나가는 데에 집중할 수 있게 된다. 존슨은 정서장애가 심한 사람은 말과 생각의 갈등에서 벗어나지 못한다고 지적하였는데, 환자의 적응 이상은 흔히 비현실적 이상에서 오는 것이며 이로 인해 좌절을 겪게 마련이다. 좌절의 연속은 마침내 사기저하를 몰고 온다. 따라서 환자가 생의 목적에 대한 바른 개념을 갖지 못하는 데서 문제가 생기는 것이며, 또한 이 때문에 그는 무슨 일을 하든지 간에 실망을 겪게 마련이다.
 환자의 문제는 어찌보면 고질적이며 누적적인데, 이는 명석한 언어조직이 부족한 탓으로 그런 문제가 유발되고 그런 상황에 처하게 된다는 것을 자각하지 못한다. 그래서 존슨에 따르면 심리치료에서 의미론을 이용한다는 것은 환자로 하여금 자기 자신과 환경에 관계되는 낱말의 의미를 바르게 알 수 있도록 재훈련을 실시한다는 뜻이다. 환자가 자신의 문제를 점차 더 잘 파악하며 이해하게 되면서부터 그는 다른 사람과의 의사소통에서 자신감을 얻으며 대인관계를 보다 효율적으로 다룰 수 있게 된다.
 일반 의미론의 주안점이 다른 심리치료 체계와 다르기는 하지만 결국 다른 체계의 기법들을 많이 원용하기 마련이다. 그런데 낱말의 의미와 사용을 철저히 제한하는 식의 접근은 아무래도 정서장애가 심한 환자의 모든 증후를 이겨내게 하는 데 도움이 될 수 없다. 그래서 의미론 치료자들은 환자와의 의사소통과정을 통하여 환자로 하여금 다른 사람과의 의사소통에도 능숙해지도록 인도하는 데 주력한다.
 치료과정에서는 물론 라포, 전이, 저항, 그외에 심리치료과정에서 일반적으로 중시되는 측면에 관심을 기울인다. 그러나 의미론적 심리치료의 역점은 아무래도 환자의 의사소통 솜씨를 다루는 데 있으며, 다른 심리치료 체계의 전문가들이 여기에 주목하는 것도 바로 환자의 의사소통 문제를 다루는 측면이다.

3. 학습이론 심리치료

　심리치료를 학습이론 측면에서 다루는 심리학자들이 많이 있다. 흔히 거론되는 이들을 보면 달라드(John Dollard), 밀러(Neal Miller), 마우어(O. H. Mower), 켈리(George Kelly), 로터(Julian Rotter) 및 쇼벤(E. J. Shoben, Jr)을 들 수 있다.
　학습이란 개인의 변화를 가져오게 하는 모든 수단의 총칭이 되는 것인데, 사람은 학습의 결과로 이전과는 다른 행동과 반응이 가능해진다. 이와 같은 행동의 변화는 유리한 점도 있는 반면에 불리한 면도 있을 수 있다. 우리가 흔히 지적하는 정서장애 신경증과 같은 정신질환의 대부분은 불합리한 학습경험에서 오는 것이다. 그래서 우리가 말하는 모든 심리치료의 대상으로 하여금 유리한 학습경험을 갖도록 한다는 일이 바람직한데 물론 이는 반드시 성공한다는 보장을 전제로 하는 말은 아니다. 그런즉 학습이론적 심리치료자들은 유리하고 불리한 학습의 본질에 관한 심리학적 지식을 심리치료의 문제와 정서장애의 치료에 적용하기 위해서 노력을 기울인다.
　학습이론가들은 적응 이상의 경우 어째서 사람들이 적응행동을 적절히 학습하지 못하느냐를 살피는 데 주력한다. 대개 적응 이상자의 행동은 고통을 겪는 반응이 수반되는 과거의 학습경험의 결과를 기피하려는 데서 오는 것으로 본다. 말하자면, 이런 사람은 적응행동을 배울 수 있는 상황이나 경험을 회피하는 행동을 되풀이하는 것으로 본다. 그러므로 심리치료는 그런 사람으로 하여금 새로운 상황과 경험에 접하도록 하면서 만족의 가능성을 높이는 새로운 경험의 본질을 철저히 통제하는 데 있다. 그리하여 환자가 새로운 학습을 통하여 새 경험을 얻으면서 과거의 행동방식의 경우처럼 큰 고통을 겪지 않으면서 보다 적절한 적응을 배우는 행동양식의 강화가 가능해지는 것이다.

그중에서도 가장 효과적인 강화방식이 불안해소법이다. 대개 심리치료를 받고자 찾아오는 사람은 불안감의 압박에 눌려 있는 만큼 도움을 받지 않고서는 이를 극복하기 어렵다는 심정에 사로잡혀 있다. 이런 상태가 과거의 행동양식을 배제하는 탈학습에 가장 좋다. 이는 심리치료를 받고자 찾아오게 되었으니 그에게 생활의 파탄을 가져오게 한 과거의 행동양식은 강화효과를 이미 상실하였다고 볼 수 있기 때문이다. 그러므로 그는 새로운 행동양식의 수용에 대하여 예민하므로 치료자가 능숙하다면 심리치료 지침에 크게 의존하는 일없이 효율적인 만족의 원천을 환자에게 재빨리 제공할 수도 있을 것이다.

학습이론에서 말하는 일반화 또는 범화(generalization)라는 용어는 정신분석적 용어인 감정의 전이(transference) 개념과 상통하는 말이다. 사람은 일반화 과정을 통하여 습관적 반응양식을 지니게 된다. 이는 어떤 상황에서 얻어진 반응양식은 그와 유사한 상황에서 학습될 수 있다는 뜻이다. 만일 어린이가 애정이 없으며 거칠고 거세적(상징적 의미로) 인물로 지각되는 어머니와의 좌절 경험을 자주 겪게 된다면(그가 어머니와 전혀 다른 여성과의 접촉을 가지지 않는 한), 그는 모든 여성이 자기 어머니와 같이 이런 좋지 못한 성격을 가지고 있다는 통념(범화 개념)을 갖게 된다. 그리하여 이 어린이의 적응 이상 행동은 대개 이런 범화학습의 안목에서 이해될 수 있으며, 심리치료의 실제에 있어서는 여성에 대한 이런 개념의 탈학습으로 인도하면서 보다 적극적인 개념을 배울 수 있도록 해야 한다.

학습이론 심리치료(learning theory therapy)의 용어에 따르면,

심리치료는 주로 강박적 행동과 신경증적 행동(자기고집, 자기패배적 행동양식)을 유발하는 불안의 '탈학습'과 역조건형성(counter-conditioning)으로서 이루어진다. 부적응 행동은 대체로 일시적으로 불안해소를 가져오는 반응양식으로 간주되나 그와 같은 불안을 초래하는 조건의 변화에는 별로 관심이 없다. 자기패배적 행동이 고착화되는 것은 당장에 불안해소의 수단으로 작용하기 때문이다. 불안의 탓으로 정서장애를 겪는 사람은 그의 정서혼란 상태를 넘어서 사물을 바르게 지각하지 못한다. 그는 불안의 연장을 쌓고 있을 뿐이지 이것을 자각하지 못하고 단기적인 불안 해소책에만 급급하게 매달린다. 학습이론 심리치료자는 이를 가리켜 '강화곡선(reinforcement gradient)'이라고 하는데, 이는 행동 직전의 가장 큰 과정이 행동결과를 가져온다는 뜻이다. 그런즉 급성적 불안의 고통을 안고 있는 사람의 일시적 해소책의 즉효가 쌓이고 쌓여 정서장애 환자는 자기패배적 절차를 되풀이하게 마련이라고 보는 것이다. 따라서 학습이론적 심리치료자의 주된 임무는 환자로 하여금 자기패배적 절차의 고착화로부터 탈피하여 완전한 자기실현을 가져오는 새로운 행동양식을 학습하도록 돕는 데 있다. 학습이론적 치료 기법을 변형한 것 중의 하나가 이러한 치료임무의 성취를 위하여 역할수행(role playing)을 학습하는 일이다. 새로운 사회역할의 학습을 통하여 환자는 자기의 문제에 대한 새로운 전망을 얻게 되므로 보다 더 적절하게 자기문제를 다룰 수 있는 입장에 서게 된다.

학습이론적 심리치료자는 실제의 치료활동에 있어서 대단히 활동적이며 또한 지시적이다. 직접적인 해석으로 처리하는 방법에 역점을 두면서 종래의 좋지 못한 행동양식의 강화를 감소하며 그 대신 보다 적절한 적응의 행동양식을 강화하는 가장 효과적 방법이 된다고 강조한다. 또한 치료기간의 중간시기에 얻게 되는 경험의 교정적 및 강화적 가치를 강조하면서 실제 치료시간의 대부분을 환자의 일상생활에서 얻는 새로운 행동양식의 강화에 대한 기대증진을 위해 활동한다.

학습이론 심리치료자는 다른 어떤 체계의 경우보다도 과학적 연구에서 도출되는 인간행동에 관한 추정을 중요시한다. 그러므로 그들은 집단으로서 용의주도한 면이 있으며 지나친 주장이나 일반화에 대해서 삼가하는 태도를 취한다. 그들은 계속적 연구의 필요성, 학습가설의 불완전성을 지적하면서 지금의 가설을 대체로 인간행동의 이해와 특히 심리치료에 적용하는 시도에 있어서 어디까지나 잠정적이어야 한다고 끊임없이 역설한다. 그러면서 그들은 심리치료자에게 가장 큰 관심사가 되는 행동은 바로 학습에서 오는 것이라고 주장한다. 이것은 부정적인 뜻으로는 치료대상이 되는 정서장애의 형식으로 그리고 적극적인 뜻으로는 실천에 옮겨야 할 심리치료의 절차형식으로 나타나는 행동을 의미한다. 그런데 이들 행동은 학습에서 오는 것이니 만큼 신비스런 절차를 통해서가 아니라 알든 모르든 간에 학습의 원리에 따라 반드시 학습하여야 한다는 점을 이들 심리학자들은 지적한다. 그러므로 실험 심리학자와 심리치료 전문가의 행동연구는 항시 요구되는 터이다.

4. 자기주장 구조화 심리치료

필럽스(E. Lakin Phillips)는 심리치료의 이론과 실천을 현대의 학문적 및 실험심리학의 연구결과와 부합되도록 하려고 시도한 심리학자로서 유명하다. 그는 일부러 비심층적 심리학(Non-depth psychology)을 발전시키면서 이를 추리론(inference theory)이라고 명명하였는데, 인간행동을 이렇게 보는 견해를 기초로 하는 심리치료 체계를 그는 자기주장 구조화 심리치료(assertion-structured therapy)라고 불렀다.

필립스의 주장인즉, 행동의 가능성은 심층부, 즉 그의 무의식이라기보다도 그와 대결하는 상황에 대해서 인식하고 행동으로 맞서는 사람에 의하여 선택된다는 것이다. 그러므로 어떤 사람의 행동 양식이든지 그가 행하는 선택을 따져서 우리는 그의 행동을 이해할 수 있다. 사람은 자기가 처하게 되는 상황에 대하여 필립스가 말하는 자기 나름대로의 주장을 갖고 살게 된다. 개인의 주장(그의 생활 활동의 가설이요, 전제가 되는)은 확인과 미확인이 다양하게 엇갈리게 된다. 따라서 생활이란 실제로 생기는 과정의 연속이 아닐 수 없으며 개인은 자기주장에 대하여 내기를 거는 것인데 이기기도 하며(확인), 지기도(확인 실패) 한다. 신경증 환자는 본질적으로 확인 확률이 아주 낮은 자기주장에 내기를 거는 사람이라고 할 수 있다. 사실상 신경증적 행동은 필립스의 말을 빌리자면 무의미하게 발목되는 자기패배적 행동양식인 것이다. 그런즉 자기 주장이 강할수록 무의미성도 커지며 이러한 무의미성의 과잉 때문에 생체는 융통성을 잃게 된다.

환자가 치료를 받고자 온다면 그는 벌써 인생의 실패를 겪어본 사람이다. 필립스의 말에 따르면, 그런 사람은 현실적 보상을 받지 못하는 실패수에다 자기주장을 걸고 있는 격이다. 그런즉 치료자가 마땅히 해야 할 일은 그가 하는 일에 간섭하면서 확인의 확률이 높은 자기주장을 택하여 내기를 걸어야 한다고 가르치는 일이다.

필립스의 말인즉 이런 류의 심리치료는 아주 단순하고 경제적이며 실효성 있는 바탕 위에서 실시가 가능하다는 것이다. 만일 치료의 목표가 확인의 확률이 낮은 것으로부터 높은 확률의 것으로 옮겨가는 것일 때 특별히 정교한 가설이나 복잡한 용어라든가 긴 치료기간은 필요없다는 것이다.

필립스의 견해로는 정신병리학적 행동이란 갈등의 결과에서 오는 불안 탓으로 볼 수 있다. 만일 어떤 사람의 자기주장이 늘 확인 실패를 되풀이한다면 그 자신과 환경의 갈등이 시작되었다고 보아야 한다. 그런 갈등이 지속될 때 생리·심리적 증상과 증후군이 따르게 되는데, 치료자는 이를 분류하여 환자를 신경증, 정신증, 정서장애, 정신질환 등으로 가른다. 만일 갈등이 금세 가시지 않을 때 긴장이 계속 커지면서 일찍이 겪었던 무의미한 행동이 재차 생겨나는데, 이는 긴장이 개인의 문제해결 능력을 악화시켰기 때문이다. 심리치료의 과업은 확인실패의 무의미한 상태와 이어서 생기는 긴장을 완화함으로써 환자가 문제해결 능력을 가질 수 있게 되며, 현실생활의 방향성을 얻을 수 있도록 하는 데 있다. 이와 같은 과업의 성취는 현재의 행동에 대한 간섭을 통하여 환경적 확인의 확률이 높은 행동양식을 배움으로써 가능해진다. 이런 절차에 치중하는 일이야말로 치료자가 수행하는 주된 임무라고 필립스는 지적한다.

5. 합리적 심리치료

엘리스(Albert Ellis 1913-   )는 원래 정신분석 전문가였는데 독자적인 심리치료 체계를 개발하여 합리-정서 심리치료(rational-emotive psychotherapy)라고 명명하였다. 그는 초기의 정신분석 지지의 입장에서 절충적 입장으로 바꾸면서 정신분석이론이 과학에서 이탈하고 있음을 비판하였다. 그의 이론과 기법은 크게 보아서 고전적 정신분석이론에 대한 반박뿐만 아니라 역동적 문화론에 더 적극적으로 접근하는 경향을 보이고 있다. 그런데 엘리스의 접근에 가장 가까운 정신분석 체계는 아들러의 개인심리학이라고 볼 수 있다. 물론 양자간의 유사성에도 불구하고 엘리스는 아주 다른 방법으로 아들러와 유사성을 갖게 된다는 점에서 특이하다.

합리적 심리치료(rational psychotherapy)는 인간의 정서가 사고 여하에 따라 생겨나며 통제된다는 점을 중요시하는 가설에서 시작한다. 엘리스의 주장에 따르면, 정서란 편협적이며 선입관에 좌우되며 또한 대단히 강한 평가형 사고라고 볼 수 있는데 대체로 사고는 언어면에서 두드러지게 나타난다. 그러므로 애정이나 환희와 같은 적극적 정서를 느끼는 사람은 의식이든 무의식이든 간에 '이것은 좋다' 라는 뜻의 어떤 문장을 따르게 된다. 그리고 분노와 우울과 같은 부정적 정서를 느끼게 되는 것은 '이는 엉망이다(this is terrible)' 라는 문장의 형식이나 그 변형에서 오는 것이라고 볼 수 있다. 만일 성인이 의식과 무의식 간에 이런 식의 문장을 쓰지 않는다면 그의 정서는 거의 없는 것으로 본다고 엘리스는 말한다.

만일 엘리스의 주장대로 인간의 정서가 사고에서 오는 것이라면 사람은 사고의 통제로서 정서의 통제가 가능하다고 말할 수 있다. 즉, 사람은 자기의 감정을 낳게 한 자아언어 또는 내면적 문장을 바꾸면서 자기 감정의 본질을 부정적인 것으로부터 긍정적(또는 중립적)인 것으로 바꿀 수 있게 될 것이다. 이것이 바로 합리적 심리치료자들이 내담자에게 가르치면서 자기의 정서반응을 어떻게 일으키는가를 분명히 이야기함으로써 다른 정서적 반응을 일으키는 방법을 배우게 된다는 것이다.

엘리스의 주장인즉, 사람의 정서장애는 근본적으로 그가 부정적, 비현실적, 비논리적, 자기패배적 사고를 되풀이하는 데서 생긴다는 것이다. 또한 그의 주장에 따르면, 대개의 경우 정서장애를 겪고 있는 사람들은 자신에게 비논리적인 이야기를 하고 있다는 것이다. 그들은 그들의 내면적 문장 속에 있는 비합리적인 연결이 무엇인가와 그들이 자신에게 보다 건전하고 현실적인 사고나 문장을 어떻게 타일러주느냐에 관해서 전혀 자각하지 못하고 있다는 것이다. 그렇기 때문에 합리적 치료의 경우 내담자로 하여금 그가 지금 어떤 방식으로 내면화된 문장을 말하고 있으며 그가 말하고 있는 내용을 알고 그 합리성에 관하여 질문하여 그리고나서 이 모든 것보다 더 합리적이고 현실적이며 적극적인 자기문장을 말할 수 있도록 하는 일이 무엇보다도 중요하다.

비록 엘리스는 일부 사람들의 비논리적 생각을 생물학적 결함에서 오는 것일 수도 있다고 보지만 대개의 경우 그것은 본인의 성장과정에서 오는 소산물이다. 말하자면 그런 비논리적 자기 문장을 사람들은 부모, 교사, 동기, 또래집단 그리고 그가 접촉하는 일반문화 특히 대량 매체를 통하여 배우게 되는 것을 부인하지 못한다. 엘리스는 오늘날 미국 사회에서 불합리한 생각이나 철학의 영향을 받지 않고 살아나간다는 것은 거의 불가능하다고 지적한다. 그러면서 어떤 경우에서도 어느 정도의 자기패배적 행동이나 신경증적 행동 경향이 있다고 지적하였다.

엘리스의 말에 따르면 그에게 찾아오는 거의 모든 환자에게서 자기 패배적 문장을 말하는 것을 볼 수 있으며 대체로 자기패배와 신경증에 이르게 하는 비논리적 생각(a)과 합리적 심리치료자가 소개하는 보다 합리적 대안(b)의 몇 가지 실례를 다음과 같이 소개한다.

실례 1

(a) 성인이 모든 이에게서 만사에 이르기까지 칭찬과 애정을 받겠다고 기대하는 것은 거의 가망없는 불필요한 소망이다. 다른 사람들이 자기를 어떻게 보느냐를 생각해보는 일이 무엇보다도 중요하다. 자기만족을 얻은 사람은 이기적인 사람인 만큼 자기일보다도 다른 사람에게 의존한다.

(b) 다른 사람의 칭찬과 애정을 받는 것은 성인에게도 유쾌한 일이기는 하지만 꼭 필요한 것은 아니다. 다른 사람의 칭찬보다도 자존심을 갖는 일이 더 중요하다. 주로 다른 사람에게 의존하느니 자신이 독립하는 일이 더 중요하다.

실례 2

(a) 만사가 뜻대로 되지 않는다는 것은 실로 망칙한 일이요, 파국적 상태라고 하겠다. 이럴 수는 없다. 다른 사람들이 모두 남에게 도움을 줌으로써 고생은 덜하게 해야 한다. 장래의 소득을 위하여 지금의 만족을 버릴 수는 없다.

(b) 만사가 여의치 않다는 것이 썩 좋은 일은 아니다. 조건이 나아지도록 노력을 기울여야 한다. 그러나 이것이 불가능하다면 이를 포기하고 쓸데없는 불평을 되풀이하지 말아야 한다. 남들이 고생하는 자기를 도와준다는 것은 좋은 일이다. 그러나 도와주지 않을 때에는 스스로 분투하여 그 어려움과 대결할 줄 알아야 한다. 장래의 소득을 위하여 지금의 만족을 버릴 줄 모른다면 자기의 행복에 대한 태만이요, 태업이다.

실례 3

(a) 생의 고난과 자기 책임에 대결하기보다는 기대하는 것이 편하다. 타성과 나태가 필요하며 유쾌한 일일 수도 있다. 불쾌한 경우

에는 아무리 필요하다 해도 그런 일을 하지 않는 반항도 할 줄 알아야 한다.

(b) 쉬운 일이라는 것이 궁극적으로는 어려운 일이 될 수도 있다. 어려운 문제를 푸는 유일한 방법은 직접 대결하는 일이다. 타성과 나태는 대개 불필요하며 비교적 불쾌하다. 사람들은 창의적인 일에 몰두할 때 가장 행복할 수 있다. 아무리 불쾌하다 하여도 사람은 불평이나 반항없이 필요한 일을 마땅히 수행하여야 한다.

엘리스의 주장을 살펴보면, 합리적 심리치료는 정신분석보다는 치료절차가 단축되지만 때로는 그 이상으로 심층분석적이며 집중적일 수 있다. 이는 신경증에 깔려 있는 기본적 생각이나 철학 가치의식을 밝혀서 공격하기 위해서이다. 이런 의미에서 심층중심이라고 하지만 합리적 심리치료자는 그의 관심을 과거보다는 현재에 두고 심리적 장애의 원인을 살펴나간다. 특히 엘리스는 부정적 가정(분노, 우울, 불안, 죄의식)과 같은 문제를 결코 과거의 일에서 오는 것이라고만 보지 않았으며 내담자 자신이 지금 갖고 있는 불합리한 태도나 비논리적인 공포에서 오는 것임을 내담자에게 알려주는 데 주력한다. 그리하여 내담자에게 그의 신경증의 원인이 오이디푸스 콤플렉스의 유착에서 오는 것이 아니라 이런 유착에 깔려 있는 비논리적인 생각이 고정화된 데서 오는 것임을 밝혀준다. 대개 그런 감정들은 그가 자기 어머니에 대하여 음욕을 품고 있으며, 그는 어머니나 아버지의 애정 없이는 살아갈 수 없으며, 아버지는 그를 거세할지도 모르며, 그래서 다른 사람들이 그의 근친상간 행동에 의심을 둔다고 함은 생각만해도 몸서리치는 일이라는 것 등이다.

합리적 심리치료자는 치료과정에서 '자기관심'을 강조한다. 사람은 자기 이웃을 사랑해야 하며 적어도 이웃을 해치지는 말아야 하는데, 이는 도덕적 권위주의에서가 아니라 자기관심에서 나오는 말이다. 말하자면 그렇게 하는 것이 자신이 잘 살 수 있는 사회를 구축하는 데 도움이 되기 때문이다. 합리적 심리치료자는 자기관심이 사회관심을 유발하며 자기의 행복을 추구하는 사람이 바로 그 이유 때문에 다른 사람에게도 관심을 가질 수 있게 된다는 것이다. 엘리스는 또한 프롬(Fromm)이나 다른 사람들과 마찬가지로 인간 동물은 대체로 서로 돕는 경향이 있는데, 이는 단지 자기파괴나 자기증오 행동으로 이끄는 비논리적 사고 속에 빠지지 않을 때에만 가능하다고 보는 견해를 가지고 있다.

엘리스는 흔히 정서표시적, 지지적 관계 중시 그리고 통찰·해설적 기법 등을 이용하는데, 특히 치료 초기에 그런 경향이 현저하다. 그러나 그는 이런 방법을 단지 본격적 치료를 위한 준비 단계에 필요한 것으로 볼 뿐이다. 대개의 치료자들은 환자에게 직접 또는 간접적으로 그가 비논리적으로 행동하고 있기 때문에 합리적 치료자가 환자가 가진 일반적 및 특수한 불합리한 생각을 정면으로 공격하는 것이며 보다 더 합리적 행동을 유치하는 데 주력한다.

대체로 두 가지 방법을 이용하여 합리적 치료자는 장애를 가져오는 불합리한 생각에 집중공격을 가하게 된다고 엘리스는 말한다.

첫째 방법은 역선전자로서 환자가 원래 배웠던 것으로서 지금까지 지니고 있는 자기패배적 선전과 미신을 반대하며 부인한다는 것이다.

둘째 방법은 치료자는 최면이나 설득 그리고 때로는 명령으로 환자가 자신의 어처구니없는 생각들에 강력하게 반발하는 역선전 행동의 힘이 되게 한다.

이들 두 가지 치료활동을 의식적으로 수행하는 데서 합리적 생활 철학을 받아들이는 최종목표를 얻게 되는데, 이는 환자가 부모,

동기간, 또래집단이나 일반문화와의 접촉을 통하여 배워서 내면화했던 불합리한 생각들을 떨쳐버림으로써 가능하다.

    합리적 심리치료도 다른 심리치료 체계와 마찬가지로 중증의 정신증을 제외한 비교적 지성적이며 처음으로 치료를 받으러오는 젊은 나이의 환자들에게 가장 효과적이라고 엘리스는 말한다. 그의 지적에 따르면 가장 성공적인 결과와 관계되는 특성은 치료에 참가하는 의욕, 지적 호기심과 치료 초기에 치료자의 지시를 받아들이는 의욕과 열의라고 엘리스는 열거하고 있다. 합리적 치료자가 전혀 효과를 주지 못하는 경우는 치료자가 주는 고된 과업의 수행을 거부하며 독자적 사고를 하지 못하며 정통적 프로이드 사상과 같은 적대적 신조에 맹종하는 독단적 고집을 버리지 못하는 내담자들이라고 한다.

요 약

　지시적 심리치료, 일반의미론, 학습이론적 심리치료, 자기주장 구조화 심리치료 그리고 합리적 심리치료 등 모두 다섯 가지 체계를 이 장에서 살펴보았다. 이들은 모두가 정신분석 체계에서 크게 이탈된 형태라고 볼 수 있다.
　쏘온의 지시적 심리치료는 그가 말하는 극단파와 내담자중심의 비지시적 경향에 대한 반동으로 나온 것이다. 그의 강조점은 치료과정의 방향지시는 능숙한 치료자에게 속하는 문제이지 결코 병든 환자에게 속할 수 없다는 데 있다. 그러므로 환자에게 새로운 생활양식을 가르치기 위해서는 치료자가 이용할 수 있는 자원을 정당하게 활용하여야 한다고 쏘온은 주장한다. 여기에는 일반적으로 인간행동을 관찰하는 경우와 특별히 환자를 다루는 때에 이용되는 모든 치료계획의 진찰도구를 이용한다는 뜻이 포함되어 있다.
　일반의미론의 심리치료 접근은 '상징의 지식과 이것이 인간행동에 주는 의미와 영향'을 치료상황에 적용하는 데 있다. 코르지브스키는 신경증 행동은 낱말과 그 의미를 바르게 이해하지 못하는 데서 오는 것이므로 그의 치료방책은 환자로 하여금 그릇된 언어사용을 버리고 바른 낱말습관을 얻도록 가르치는 데 주안점을 두어야 한다고 말한다. 같은 방법으로 존슨 역시 정서장애의 환자는 그 말과 사고가 갈등을 유발시키므로 치료는 주로 그가 자기 자신과 환경에 적용하는 낱말의 의미를 바르게 이해하도록 재훈련을 실시하는 데 있다고 본다. 의미론자를 자처하는 심리치료자의 숫자는 많지 않으나 코르지브스키, 존슨 등과 다른 의미론자들은 의사소통의 문제를 중요시하는 다른 심리치료자들에게 큰 영향을 준 것이 사실이다.
　학습이론의 심리학자들은 신경증에서 볼 수 있는 자기패배적 고착행동을 가져오는 불안에 대한 '탈학습'이나 역조건 형성이 심리치료의 주된 과제라고 보는 견해를 갖고 있다. 그래서 심리치료자의 주된 과업은 이와 같은 자기패배적 양식의 강화를 가져오는 태도를 깨뜨리는 일이라고 본다. 그리하여 직접적인 해석을 바르게 투입하는 기법은 낡은 양식의 강화를 제거하고 새롭게 보다 적절한 강화를 증진하는 데 크게 효과적이라고 지적한다. 또한 치료기간의 중간에 얻는 경험이 교정적 강화가치가 있다는 점에도 역점을 두고 있다.

필립스의 자기주장 구조화 치료가 강조하는 역점은 어떤 사람의 행동양식이라도 그의 선택이 무엇이냐에 따라 이해할 수 있다는 데 있다. 사람은 필립스가 말하는 자기주장에 기대어 주어진 상황 속에서 살아 나간다. 그의 대인관계에서 자기주장이 확인실패를 겪게 되는 데서 그는 무의미한 자기패배적 신경증적 행동을 하게 된다고 본다. 따라서 심리치료로서 이러한 자기패배적 행동양식에 직접 간섭하면서 실생활에서 잘 받아들여 확률이 높은 자기주장에 근거한 행동을 실천하여 나가도록 도움을 주는 데 있다.

합리적 심리치료를 주장하는 엘리스는 성인의 정서는 주로 사고에 따라 생기며 통제된다는 대전제를 내세운다. 정서장애를 겪는 사람은 불합리하고 비논리적인 생각을 많이 수용하는 데서 신경증적 또는 정신병적 행동을 하게 된다고 엘리스는 주장한다. 그러므로 심리치료자는 환자로 하여금 자신에게 하는 말이 긴장을 초래하는 과정을 지각할 수 있게 하며, 그와 같은 독백의 어리석음 또한 깨닫도록 지적함으로써 보다 더 합리적인 견해를 받아들이도록 하는 데 있다. 이 과업이 성취되면 사람은 정서장애에서 탈퇴한다는 것이 엘리스의 주장이다.

제9장
현대의 다양한 심리치료 체계(Ⅲ)

 이 장에서는 비교적 근래에 우리 주변에서 많이 논의되고 있는 대표적 심리치료 체계로서 여섯 가지를 살펴보기로 한다. 즉 행동요법, 의미요법, 현실요법, 교류분석 기법 및 인지요법, 목회상담의 순으로 개관하기로 한다.

1. 행동요법

 고전적 조건형성 및 도구적 조건형성의 두 가지 학습이론을 생체의 행동수정에 적용하는 기법을 가리켜 행동요법(behavioral therapy)이라고 부른다. 대체로 태도, 정서와 같은 부수의적 반응의 경우에는 고전적 조건형성을 응용하고, 행동습관과 같은 수의적 반응에는 도구적 조건형성의 기법을 응용한다. 따라서 신경증에서 볼 수 있는 불안심리의 치료에는 고전적 조건형성 그리고 정신병질적 이상행동 수정에는 도구적 조건형성을 응용하게 된다. 또한 근래에는 이들 두 가지 조건형성을 병용하는 형식으로 생체의 송환체제(biofeedback) 기법을 실용화하고 있다.

1) 고전적 조건형성에 의한 방법

여기서는 반두라(Bandura 1961)의 이른바 역조건형성(counter-conditioning)을 기반으로 하는 체계적 탈감법, 주장반응법, 개념통제법 등을 간략하게 소개한다.

(1) 체계적 탈감법

월프(Wolpe 1951)는 신경증적 행동은 불안발생 장면에서 조건화되며 학습되는 지속적 습관이므로 이러한 자극과 불안의 결합을 약화시키는 역제지(reciprocal inhibition)를 원리로 하여 이 체계적 탈감법(systematic desensitization)을 개발하였다.

실제로 이 방법에서는 불안장면에서의 자극가를 순서대로 배열하는 일람표(anxiety hierachy)를 만들어서 자각적 장애단위(SUD: subjective unit of disturbance)에 따라 불안측정을 할 수 있게 된다. 이것을 이용하여 자각적 장애단위가 낮은 것으로부터 점차 자각적 장애단위가 높은 것으로 역제지의 효과에 따라 올라가면서 마침내 불안 감소를 가져오는 것이다.

(2) 정서심상법

불안이나 공포와 대립되는 반응을 유발함으로써 그러한 불안 공포의 역제지 효과를 얻는 기법이다. 정서침수법(emotional flooding), 격동기법(implosive therapy), 반응제거(abreaction) 등은 모두가 정서심상법(emotive imagery)에 속하는 대동소이한 기법들이다.

2) 도구적 조건형성에 의한 방법

이 방법에 따르는 대표적 기법으로 보수학습, 처벌학습, 제외학습, 회피학습, 모델링(modeling) 등을 들 수 있다.

(1) 보수학습

여기서는 계시접근법(successive approximation)과 토큰경제법(token economy)이 대표적으로 알려지고 있다. 새로운 반응을 형성하기 위해서 몇 가지 비슷한 반응을 설정하여 이것을 순차적으로 학습하도록 하는 것이 계시접근법이다. 토큰을 보수로 이용하여 행동의 강화를 꾀하는 것이 토큰경제법(보수효과법)이다.

이들 두 가지 방법은 모두 정신지체아, 자폐아, 정신병 환자의 행동을 수정·강화하는 수단으로 학교나 병원에서 많이 이용되며 그 성과도 크다는 사례보고가 많다.

예컨대 이들 방법은 적극적인 강화물로서 상, 돈, 칭찬, 격려, 인정을 이용하여 일정 반응의 강화를 통해 바른 태도나 행동을 형성케 하는 데 있다. 보수학습(reward learning)에는 내적 자극과 외적 자극이 있는데, 전자는 내담자의 지각이나 심상에 대한 강화에 중점을 두며, 후자는 토큰경제법의 경우와 같이 물질적 보수나 칭찬으로 강화의 효과를 얻는 경우이다.

(2) 처벌학습

부적 강화요인(negative reinforcer) 때문에 반응형성이 제지되는 학습을 처벌학습(punishment learning)이라고 부른다. 제거대상의 반응을 소멸하기 위해서 이 기법을 쓴다. 이에는 외적 처벌과 내적 처벌의 두 가지가 있는데, 전자는 타자 연습에서 틀리기 쉬운 부분을 반복연습하도록 하는 경우이며, 후자는 어린이의 거칠은 행동을 어머니가 나무라거나 교사가 규율위반 학생을 책망하는 경우와 같다.

이 원리를 적용하여 만성 말더듬이의 언어교정에 성공한 보고도 있다(Flanagan et al. 1958). 외적 처벌과 말더듬을 결합하면 그 발생횟수가 감소됨을 확인하면서 말을 더듬는데 높은 소리(150 Db)의 벌을 주는 데서 치료효과를 거뒀다고 한다.

(3) 제외학습

약속위반 또는 준행해야 할 일을 하지 않았을 때에는 기대하는 보수를 주지 않는 것이 제외학습(omission learning)의 특징이다. 만족의 강화요인을 제거함으로써 좋지 않은 행동을 스스로 삼가하도록 하는 것이 이 방법의 목표이다.

(4) 회피학습

조건반응이 형성될 때 부적 강화요인의 발생을 방해하는 학습이 회피학습(avoidance learning)이다. 어떤 약물을 줌으로써 음주할 때마다 구토감, 불쾌감이 생기게 되며 마침내 음주행동의 회피를 가져오는 것은 이 학습의 효과이다. 그래서 회피학습은 음주벽, 야뇨증, 담배를 습관적으로 피우는 행동의 교정에 적용된다.

(5) 모델링

관찰, 모방, 전념, 대리학습 등과 같이 타인의 행동을 관찰 또는 모방하는 데서 새로운 행동양식을 배우며 반응양식을 바꾸게 하는 방법이 모델링(modelling)이다. 대체로 모델링은 ① 관찰학습, ② 제지 또는 탈제지, ③ 반응촉진의 세 가지 방법을 통하여 그 효과를 거둘 수 있다.

그리하여 ① 다른 사람의 행동모방을 통하여 나쁜 습성과 같은 반응을 제거하며, ② 우세반응 양식의 변용, ③ 역할연기의 효과, ④ 정서의 대리적 반응을 형성하는 등의 치료효과를 얻을 수 있다.

3) 송환체제 기법

생체는 여러 가지 정보를 수용하여 자기의 행동을 수정·변용한다. 거울에 비치는 자기 모습을 보면서 자세를 고치는 것과 같다. 그러나 생체는 자신의 내적 상태, 즉 심장박동, 혈류량, 뇌파와 같은 것에 대해서는 가지고 있는 정보가 없으므로 자기의 뜻대로 뇌파를 변용하는 일은 불가능하다.

그러나 전자기기의 발달이 고급 정밀화되는 데서 이러한 내적 상태를 쉽고도 뚜렷한 정보로서 파악할 수 있게 되었다. 그리하여 뇌파계의 경우 생체에서 발생하는 여러 가지 주파수의 뇌파 가운데 a형(초당 8-13사이클로서 심적 안정에 따르는 파형)만을 따서 이를 생체에 신호로서 다시 보내는(feedback) 장치를 이용하여 a형을 마음대로 얻을 수 있게 된다.

  이것은 생체가 자기의 뇌파를 스스로 통제할 수 있는 데서 오는 것이므로 자기제어의 새로운 형식이라 할 수 있다. 이와 같이 전자기기의 활용을 통하여 생체의 내적 상태를 시각적(오쎌로스코프) 및 청각적(똑딱소리)으로 파악하여 생체에 환원하고 생체가 이를 근거로 하여 자기의 내적 상태를 수정해나가는 과정이 바로 송환체제(biofeedback)이다.

  근래에 이르러 이 방법은 고혈압을 비롯하여 심신증, 불안증상과 같은 심리적 불안의 제거 또는 창조성의 개발 등 여러 방면에서 응용효과를 거두고 있는데, 이것은 고전적 및 도구적 조건형성과 연결되는 행동요법이라고 볼 수 있다.

2. 의미요법

  프로이드가 '쾌락에 대한 의지'를 아들러가 '권력에 대한 의지'를 강조하고 있는 데 비해 프랭클(Victor E. Frankl)은 '의미를 향한 의지(will to meaning)'를 기초로 하여 그의 심리치료 체계를 수립하였다. 이런 틀에서 우리는 프로이드를 제1, 아들러를 제2, 그리고 프랭클을 제3 비엔나 학파라고 부르게 된다.

  프랭클의 유명한 저서 『인간의 의미탐구:의미요법 입문(Man's Search for Meaning: An Introduction to Logotherapy)』(1962)이 바로 그의 심리치료 체계의 입문서가 된다. 이 책에서 그는 나치 독일의 유대인 학살 수용소에서 겪은 처절한 경험을 소개하면서 삶의 의미를 추구하는 일의 중요성을 강조한다.

만일 사람이 삶의 진정한 뜻을 깨닫지 못하면 실존적 공허에서 오는 좌절감 때문에 정신건강에 위협을 받게 되는데, 이것이 바로 신경증의 현대적 의미가 된다. 그런데 이는 결코 질병이 아니며 영적 고통에서 오는 것이다. 그러므로 종래의 정신병리적 이상행동을 다루는 정신분석학이나 정신의학적 접근과는 달리 의미요법에서는 심령적 차원에서 인간의 삶의 의미를 다루게 된다. 이것은 실존의 본질로서 자기초월이 중요하다고 보는 입장이다.

의미요법은 의미(logos)만이 아니라 심령적(nöetic) 측면을 뜻하는 데 주목할 필요가 있다. 심령정신적 분리(noö-psychic detachment)의 위험을 다루기 위한 기법으로서 의미요법(logotherapy)에는 역설적 의도(paradoxical intention)란 것이 있다. 그런데 이 요법은 급성 불안, 공포증과 같은 증상을 다루는 데 효과적이며 이와 같은 정신장애의 제거를 위하여 '예상불안'이라고 프랭클이 이름지은 수준까지 도달하도록 상상력을 자극한다.

예컨대, 광장공포증(agoraphobia)의 환자가 있다고 하자. 역설적 의도요법을 활용하기 위하여 이 환자를 자기집 문 밖으로 나오게 한다. 그때 벌써 이 환자는 예상불안 때문에 떨게 된다. 그러나 이런 불안을 어떻게 산산조각을 내어 떨쳐버릴 수 있을까를 생각하게 함으로써 또한 그가 마침내 이런 어리석은 생각을 비웃게 됨으로써 공포심을 억제할 수 있도록 인도하는 것이다.

다른 또 한 가지 기법으로서 탈반성(dereflection)이 있다. 이것은 내담자로 하여금 신경증적 증상에 개의치 않고 자기 성격의 가능성과 의미를 찾는 데다 관심을 돌림으로써 생의 가치를 깨닫게 하는 기법이다. 이것은 어떤 학파를 가릴 것 없이 신경증의 증상이 심한 내담자를 다루는 모든 카운슬러가 활용할 수 있는 기법이기도 하다. 그런데 이 기법은 도피와 방어의 역동적 심리기제를 철저히 다루는 심리치료과정을 거친 후에 적용하여야 한다.

　실제로 이 기법의 적용에는 먼저 내담자로 하여금 생의 의미와 목적에 관한 문제를 다루게 하고 나서 카운슬러는 그러한 문제를 다시 신중하게 평가·해석하는 과정을 통하여 자기의 정체의식을 바로 가지면서 새로운 의미를 찾게 하여 실존의 공허를 메워나갈 수 있게 된다.

　이 기법의 의도는 단순하다. 그러나 그 효과적 적용과 실천에는 카운슬러의 독자적 능력이 불가결한 조건이 된다. 그것은 내담자로 하여금 이제까지 그가 깨닫지 못하였던 전혀 새로운 자각을 갖게 함으로써 그의 경험의 총체가 지니고 있는 참된 뜻을 바르게 파악할 수 있게 한다는 뜻이다. 말하자면 전체는 단순히 부분의 총합에 그치는 것이 아니라 그 이상의 큰 의미가 있으므로 카운슬러는 내담자가 자기에게 가장 중대한 의미가 무엇인지를 찾도록 그를 창의적으로 인도할 수 있어야 한다.

　그런데 생의 의미를 찾으며 그 목적을 추구한다는 것은 정신적 가치를 존중하는 종교와 일맥상통하는 이야기가 된다. 어떤 역경에서 고통을 겪는 상황이든지 카운슬러는 내담자로 하여금 생의 참된 뜻을 찾으면서 그의 생활태도를 바꿔서 생의 목적을 실현하는 데 적극적으로 헌신하게 함으로써 실패적 공허감에서 뛰쳐나오게 하는 것이 바로 의미요법의 진수이다. 물론 이 요법은 내담자로 하여금 적극적으로 생의 의미와 목표를 추구하면서 자기의 정체의식을 갖게 하도록 자극을 주는 특수한 기법을 요하는 방법이다. 오직 자기만이 자신의 생의 의미와 목적을 찾는 것이므로 단기간의 의미요법을 거치고 나서 내담자는 이러한 자기 탐구의 과정을 적극적으로 시도함으로써 마침내 그것이 습성화되는 지경에까지 이르러야 한다.

프랭클은 철학자 쉘러(Max Scheler)에게서 가장 큰 영향력을 받았다고 한다. 쉘러는 인간은 가능성을 추구할 줄 아는 데서 하등동물과 구별된다고 명언하였다. 오직 인간만이 자기의 생명과 주변세계와의 관계가 갖는 의미가 무엇이냐를 파악할 수 있는 존재이다.

의미요법에서는 세 가지 차원의 가치가 존중되는데, 이는 자기의 생의 의미를 추구하는 데 있어서 불가결한 것으로 본다. 즉 창의적(creative), 경험적(experiential) 그리고 태도적(attitudinal) 가치이다. 어떤 가치차원임을 가릴 것 없이 자기의 생의 의미를 추구하는 과정에는 두 가지 중요한 것이 있다. 첫째는 지각적 자각(perceptual awareness)을 확대하는 일이고, 둘째는 창의적 상상력(creative imagination)을 자극하는 일이다.

첫째 과정에서는 새로운 게슈탈트 지각(perceptual gestalt)을 갖는 훈련이 필요하다. 현재경험의 모든 요소들을 통합하는 데서 얻게 되는 새로운 게슈탈트는 낡은 문제를 새롭게 볼 수 있는 의미를 얻게 함으로써 의미에 대한 의지에 장애가 되었던 문제를 해결할 수 있게 된다.

한편 지각적 자각을 확대하는 훈련은 상담의 내적·외적 과정을 통하여 성취될 수 있는데, 내적 과정의 연습(intrasession exercise)이라 함은 예컨대 계속적으로 제시되는 로샤 검사판과 같은 시각적 자극에 대하여 자아강화에서 오는 반응을 하게 함과 같다. 외적 과정의 연습(intersession exercise)이라 함은 예컨대 어떤 바닷가의 경치를 자주 가서 보고 그때마다 낱낱이 기록을 하게 하는 일과 같다. 당사자(내담자/환자)는 두번째, 세번째로 가볼 적에 전에는 느껴보지 못했던 새로운 지각을 갖게 되는 데서 전체 경치에 대한 새로운 의미를 찾는 결과를 얻게 된다.

이들 두 가지 경우에 있어서 내담자는 자극상황의 새로운 측면을 지각하면서 이러한 요소들을 모두 묶어서 새로운 의미를 엮어 나가게 된다. 이런 과정을 능히 독자적으로 할 수 있게 되면서부터 그는 과거의 경험을 재검토하여 과거에 다루었던 문제를 새로운 게슈탈트로 형성하여 그것의 새 의미를 알 수 있게 된다.

두번째 훈련과정에서는 과거 또는 현재의 경험요소 속에서 새로운 게슈탈트를 보는 상상력을 자기 나름대로 발휘하면서 자기강화에 도움되게 한다. 이는 바로 과거의 지각경험을 확대하여 현재의 경험이 주는 의미에다 합침으로써 마침내 미래의 진로과정에다 현재를 접목시키는 일이 가능해진다는 뜻이 된다.

이와 같이 과거 경험을 검토하는 능력을 현재의 경험이 갖는 의미와 결부시켜 새로운 게슈탈트를 알게 된다고 하고 그러한 의미가 장차 어떻게 성취될 수 있느냐에 대한 책략수립의 방향과 목적 자각에도 통용되는 것이다. 그런즉 두번째의 과정과 연습을 통하여 현재의 가시적 자극의 실체에 국한되지 않고 이를 넘어서 과거경험에서 오는 상상, 공상의 영역을 더욱 확대하여 나갈 수 있게 된다.

이 모든 과정을 통하여 카운슬러는 내담자와의 사이에 두 사람을 늘 연결짓는 관계를 유지하여야 한다. 실존주의 용어로서 프랭클은 이를 가리켜 대인관계 속의 만남(interpersonal encounter)이라고 불렀다. 여기서 얻어지는 생의 의미와 목적에 대한 참된 자각은 타인과의 관계를 넘어서는 아주 중요한 것임을 프랭클은 지적하였다. 그것은 단순히 대화와 이해를 증진케 하는 대면에 그치는 것이 아니며 얼마든지 의견의 대립도 개재하는 감정과 정서의 상호교류라고 보아야 한다.

실존적 만남이라 함은 결국 부버(Martin Buber 1884-1939)의 '나와 너'의 관계이며, 여기서는 대개 두 사람 사이의 공감적 이해가 늘 있게 마련이다.

사람은 동물에 대해서 또는 자연에 대해서도 친밀감을 가진다. 그러나 이것은 인간을 대신하는 의인화에 불과하다. 또한 사람은 안전과 수용을 희구하면서 하나님과의 관계를 가지려고 한다. 하나님이란 존재를 확정짓기는 어려우나 인간관계만으로 만족스런 안전감을 얻지 못하는 데서 사람들은 하나님과의 관계를 추구한다.

한마디로 생의 의미는 생명 그 자체에서 오는 것이다. 그것은 단편적인 생의 경험이 아니라 생의 총체적 경험 속의 게슈탈트에 대한 신념을 근거로 한다. 그런데 이러한 신념은 동물인간의 따뜻한 수용을 통하여 인간으로서의 정체의식을 찾게 되는 데서만 나타날 수 있다.

그리하여 의미요법 전문가는 내담자로 하여금 그가 만나는 사람과의 관계 속에서 새로운 의미를 찾아내는 경험을 얻도록 하여야 하는데 생의 의미를 자각하는 일이야말로 이와 같은 만남을 통하여 얻을 수 있는 최대의 소득이라 하겠다.

의미요법에서는 크럼보(James C. Crumbaugh)가 작성한 생의 목적검사(purpose-in-life test)를 도구로 하여 상담의 효과를 측정한 보고를 통하여 내담자에게서 나타나는 적극적 변화가 의미요법의 목표로서 추구하는 생의 목적을 얻는 데 성공하였다는 해석을 내린다. 그러나 무분별한 이용 때문에 생기는 학습효과 제지에 대해서도 경고하면서 행동의 변화를 조작적으로 정의한 상담과정에서 얻을 수 있는 효과의 예측이 가능한 내담자·환자의 대상인구는 많다고 본다. 이런 과정을 통하여 프랭클의 기본개념이 실제로 상담과정에서 실효를 거둔다는 주장을 내세운다.

3. 현실요법

이 기법의 주창자인 글레이저(William Glasser)는 심리치료의 초점을 현재의 행동에 두어야 하며, 사람은 자신의 행동에 대하여 책임을 져야 함을 강조한다. 비록 행동주의적 접근을 취하고 있으나 조작적 조건형성의 기법을 중요시하지 않는다. 그래서 행동주의적 입장에서 자극-반응의 도식을 받아들이거나 또는 내담자중심의 입장에서처럼 사람의 행동을 현상학적으로 보는 것이 아니라 '현실'이라는 객관적 기준에서 보는 데에 역점을 둔다. 현실이라 함은 실제적 현실이며, 사회적 현실이요 또는 도의적 현실을 의미한다. 현실요법 전문가는 사람이 현실과 일치 또는 불일치 상황에서 행동하는 과정을 중시한다.

글레이저 자신은 모든 인간행동을 기본적 욕구의 발로라고 보는데, 이러한 생리적 및 심리적 욕구는 모든 사람에게 공통되는 것으로 본다. 사람들은 때때로 이러한 욕구에 대하여 서로 다른 호칭을 붙일 수 있으되 근본적으로는 차이가 없다고 본다. 이러한 기본적 욕구를 넘어 또한 두 가지 기본적인 심리적 욕구가 있는데, 글레이저는 이를 사랑과 인정에 대한 욕구라고 부르며 이 두 가지가 하나로 통합되어 자기정체의식을 형성한다고 본다. 현실치료에서는 특히 '성공', '실패'의 측면에서 자기정체를 살피는 일이 무엇보다도 중요하다고 본다. 사랑과 인정에 대한 욕구에 바탕을 두고 있는 자기정체의식의 형성이라는 '성장의 힘'은 우리로 하여금 성공지향의 정체의식을 갖게 한다. 그러므로 정서장애를 겪는 사람은 오로지 정체의식의 변화를 통해서만 이를 극복할 수 있다.

욕구충족의 좌절을 겪는 사람은 객관적 현실과의 접촉에서 이탈되면서 있는 그대로의 사물을 지각하지 못하며 주변의 현실세계를 부인하게 된다. 사람은 기본적인 욕구를 추구하는 과정에서 그 자신의 행동의 틀을 형성하여 나간다고 글레이저는 말한다. 그래서 자신에 대하여 갖게 되는 책임감을 통하여 사람은 자신의 행동을 변화·수정하면서 마침내 만족스럽고 성공적인 욕구충족의 문제를 풀어나간다.

현실요법(reality therapy)에서는 정신질환이라는 개념을 배척한다. 행동이상은 무책임의 결과라고 본다. 그리고 현실행동을 무엇보다도 중시한다. 과거는 단지 내담자의 현실행동과의 관련 속에서 다루는 때에만 뜻이 있다. 또한 내담자 자신의 가치판단으로 행동평가를 내려야 한다. 내담자가 스스로 행동의 파괴적 측면을 자각할 때 비로소 거기에서 적극적 변화가 생겨난다고 보는 것이다.

따라서 현실요법 과정에서는 무의식보다도 의식을 더욱 중요시한다. 현실요법을 따르는 카운슬러는 현실행동을 자세하게 파헤침으로써 내담자로 하여금 그의 욕구저지를 가려내는 의식적 행동을 깨닫게 한다. 무의식의 중시는 단지 현실도피의 구실이 될 뿐이라고 본다. 거듭 말할 필요도 없이 현실요법에서는 책임의 개념을 중시한다. 책임은 바로 자기의 욕구를 구현하는 능력이며, 우리는 이러한 능력 때문에 기본적 욕구의 현실적인 충족이 가능하다. 그러므로 현실요법에서는 책임을 강조함과 동시에 보다 효과적인 문제해결을 위하여 지시적 언명과 시사를 내담자에게 주는 일종의 교육형태가 되어지기도 한다.

실제의 상담과정에서 카운슬러는 내담자의 문제에 개입하는 현실적 직면을 통하여 책임감 있는 행동 통로의 취사선택을 강요한다. 물론 가치판단이나 의사결정을 내담자 자신이 하도록 적극 지도함으로써 자신의 행동에 대한 현실적 평가를 스스로 하도록 한다.
 그리하여 책임성을 받아들일 줄 아는 행동을 할 때 카운슬러는 내담자를 칭찬하며 그렇지 못할 때 그런 행동을 거부한다. 내담자 자신이 원래 이러한 결정을 스스로 내리기를 바라고 있기 때문에 카운슬러는 교사로서 그가 행복을 추구하는 것이 아니라 책임을 감당할 줄 알아야 하는 것임을 일깨워 주어야 한다. 카운슬러는 내담자 스스로가 행복을 창출하는 능력을 갖추고 있으며, 행복의 발견은 책임을 감당하는 데서 가능하다고 본다. 그런즉 카운슬러는 내담자 스스로가 행복을 창출하는 능력을 갖추고 있으며, 행복의 발견은 책임을 감당하는 데서 가능하다고 본다. 그런즉 카운슬러는 구실이나 변명을 받아들이지 않으며 자기의 불행을 남의 탓으로 또는 외부조건 때문이라는 구실을 일체 배격한다. 카운슬러가 갖추어야 하는 가장 중요한 능력은 내담자로 하여금 현실에 개입하며 카운슬링 과정에 적극 개입하게 하는 데 있다.
 현실요법의 기본 목표는 내담자로 하여금 자율성을 지니면서 성숙 단계에 이르며 환경적 지원보다도 자기의 내적 지원을 얻도록 하는 데 있다. 특히 성숙성이라 함은 자기의 존재와 생의 목표에 대하여 책임을 지며 그 목표의 현실적 구현을 위해 계획을 실천하는 능력을 말한다. 현실요법에서는 사람들이 생의 목표를 설정하며 자기가 결정한 목표의 구현을 위하여 나아갈 길을 명료하게 찾아가도록 인도한다. 카운슬러는 내담자에게 선택의 대안을 제시한다. 그러나 선택의 의사결정은 전적으로 내담자 자신에게 맡겨진다. 이미 앞에서도 제기한 바와 같이 선택의 대상이 되는 목표는 어떤 특정 행동보다도 개인의 책임성으로서 표시된다. 그리고 카운슬링의 종결은 내담자가 독자적으로 자기계획을 세워서 실천할 수 있는 때에 비로소 결정하는 것이 통례이기도 하다.

현실요법은 적극적인 대화방식으로 진행된다. 그 절차는 내담자의 현재행동에서 볼 수 있는 능력과 잠재력에 초점을 두게 된다. 그래서 기본적 기법으로 가르치는 일이 존중된다. 내담자를 가르친다는 말은 현실의 의미가 무엇이며, 그 현실의 맥락 속에서 책임을 진다는 것이 무엇인지를 보여준다는 뜻이다. 특히 글레이저는 이보다 앞서 카운슬러가 내담자가 안고 있는 문제에 직접 개입하는 일이 중요하다고 보는데, 이 과정을 통하여 비로소 카운슬러는 무책임한 행동의 비현실적 측면에 관하여 내담자에게 지적할 수 있게 되기 때문이다.

내담자에게 책임을 감당할 수 있게 하는 일이 무엇보다도 긴요하다. 일단 내담자와의 직접개입이 이루어지면 카운슬러는 그에게 자신에 대한 불만이 없으면서도 카운슬링을 계속받는 이유가 무엇인가를 묻는다. 또한 카운슬링이 진행되는 과정을 통하여 그는 내담자의 현실직면과 언행일치의 중요성을 자각하게 한다. 이 모든 노력은 내담자가 자기를 성공과 결부되는 정체로 받아들이는 데에 중요하다. 특히 다음의 기법이 중요시된다고 코리(Corey 1977)는 열거하고 있다.

① 역할수행 놀이의 실시
② 재치있는 농담의 이용
③ 직접 대결과 구실 배척
④ 특별활동의 실천계획 제시
⑤ 역할의 모범이 되며 교사가 됨
⑥ 치료상황의 한계와 구조설정
⑦ 비현실적 행동을 나무라는 언어적 '충격요법'이나 적절한 해학
⑧ 내담자의 생활에 직접개입

현실요법의 특이한 점은 진단과정이 없다는 데 있다. 진단을 무익한 수단이라고 보기 때문이다. 그것은 시간낭비뿐만 아니라 내담자에게 낙인을 찍음으로써 그로 하여금 무책임하고 실패에 이르는 행동에 빠지게 한다는 것이다. 이밖에도 현실요법에서는 해석(interpretation), 통찰(insight), 비지시적 면담(nondirective interview), 오랜 침묵(prolonged silences), 자유연상(free association) 및 꿈의 분석(dream analysis)과 같은 기법을 전혀 이용하지 않는다. 즉 현실요법에서는 카운슬러가 단지 내담자로 하여금 현실세계를 받아들이며 그가 거기서 자기의 욕구를 충족하게 함으로써 앞으로 자기의 존재를 부인하는 심정을 갖지 않도록 도움을 주는 데 있다.

현실요법은 미국에서 특히 교정기관이나 재활기관에서 상담을 받는 내담자들에게 효과적인 것으로 인정되고 있다. 변명이나 구실을 인정하지 않으므로 현실요법에서는 내담자가 자기행동에 대하여 책임을 마땅히 지게 마련이다. 자기행동을 평가하여 가치판단을 갖게 함으로써 내담자는 지금의 자기행동이 과연 목표에 도달하느냐의 여부를 따지게 된다. 이런 점에서 볼 때 현실요법은 직업상담이나 위기상담의 경우에도 적절하게 활용될 수 있다고 인정되고 있다. 대체로 이런 경우의 상담상황에서는 비교적 단기치료가 요구되며 의식적 행동의 문제를 다루며 또한 무의식의 역동성이나 과거를 따지는 일에는 거의 시간을 허용하지 않는다.

그러나 현실요법은 그 카운슬링 이론의 틀이 너무 단순하다는 지적을 면치 못한다. 무의식의 심리적 역동성이나 과거의 경험 그리고 현재 행동의 영향을 무시하는 데서 현실요법은 공백중지의 해결책은 되지만 개인을 전이적 인격체로서 다루는 입장으로는 미흡하다. 그뿐만 아니라 때로 현실요법 카운슬러는 지나치게 도덕주의를 내세우면서 내담자의 독자적 성찰을 밀어제치고 자기의 해결책을 강요하는 폐단을 저지를 수도 있다. 이와 같은 카운슬러의 행동은 내담자가 자기 행동에 대하여 스스로 책임을 감당하려는 길을 배우는 데 방해가 됨은 물론이다.

요약하건대, 현실요법은 현재의 행동에 초점을 두면서 자기책임의 수용을 강조한다. 내담자로 하여금 자기 행동에 대하여 책임지도록 함으로써 현실요법 카운슬러는 욕구성취의 목표를 달성하는 행동실천의 계획을 스스로 꾸며나가도록 도움을 주는 데 있다.

4. 교류분석

교류분석(transactional analysis)이라 함은 인간관계의 분석을 의미한다. 이 치료 체계를 개발한 버언(Eric Berne 1920-1970)은 정신과 의사였으며 정신분석 기법을 지양하고 1950년대 말에 이 교류분석(TA) 기법을 본격적으로 심리치료에 활용하였다. 개인상담에도 효과적이지만 교류분석 기법은 집단상담에서 더 큰 효과를 거두고 있는데, 그것은 집단상황에서 카운슬러가 다른 집단성원과의 상호작용을 관찰하면서 내담자 개인의 성격구조와 상호관계를 분석할 수 있기 때문이다.

버언이 주창하는 교류분석 기법의 이론적 기초는 결정론적 철학을 반대하는 데 있으며 인간은 초기의 조건화 산물이 아니며 그것을 초월하는 존재임을 주장하는 데 있다. 따라서 이 이론은 사람이 자기가 내린 과거의 결정을 재조정할 수 있는 능력을 인정한다. 교류분석 기법은 사람이 습관적 행동의 테두리를 넘어서 새로운 목표를 설정할 수 있다는 점을 중시하지만 그렇다고 하여 사회적 영향을 무시하고 전적으로 자기 혼자서 모든 결정을 내릴 수 있다고는 보지 않는다. 그보다는 오히려 초기에 받은 중요한 타인들의 영향이 크지만 그것을 재평가하며 거기에 따르는 새로운 결정을 내릴 수 있다고 보는 것이다.

　인간의 본성을 이렇게 보는 견해에 따라 교류분석 카운슬러는 심리치료의 필요성이 다른 사람들과의 교류작용 속에서 생긴다고 보지만 치료과정에서 그런 작용을 그대로 허용하지는 않는다. 따라서 "나도 그렇게 해보았습니다", "제가 못난 탓이지요"라는 식의 핑계 같은 것을 일체 허용하지 않는다. 교류분석 기법의 기본전제는 사람은 스스로 선택하는 능력에 따라 의사결정을 하며 실천적 행동을 취할 수 있다는 것이다. 그러므로 실제의 치료상황에서 핑계는 일체 배격한다. 그리고 치료적 관계는 내담자로 하여금 자기의 내적인 힘과 역량을 알게 함으로써 새롭고도 효율적인 생활설계를 스스로 재구성하도록 권유하는 데 초점을 두게 된다.

　실제로 교류분석의 초점은 대인관계에서 친근한 교류를 회피하려는 데 있으며 교류분석은 세 가지 행동유형을 이용하는 성격이론에 기초한다. 그것은 자아상태로서의 부모, 성인, 어린이인데 Parent, Adult, Child의 대문자를 따서 자아상태(ego states)를 나타내는 뜻으로 쓰며 소문자를 따서 실제의 인물들을 표시한다.

　그래서 부모자아상태(Parent ego state)라 함은 부모와 대리부모의 내면화를 지시하는 성격부분이다. 이런 자아상태에서 사람은 부모의 감정을 경험해보며 또한 다른 사람에게 그러한 감정을 표출하면서 자기를 대하던 부모의 감정을 느끼게 된다. 따라서 이런 자아상태에서는 많은 당위성(should 및 ought)의 문제가 따르게 마련이다. 그뿐만 아니라 또한 학교나 교회에서 주는 부모의 전갈

(Parenting messages)을 받아서 내면화해야 하는데 여기에는 의무, 책임의 강조는 물론이요, 어떻게 인정을 받느냐 하는 것과 편견, 태도, 가치의식에 관한 것도 포함된다.

　이러한 부모의 전갈은 크게 두 가지로 나누어 볼 수 있다. 하나는 비판적·통제적이며, 또 하나는 양육적인 측면의 것이다. 그래서 비판적 측면의 부모전갈은 따갑게 타이르거나, 벌을 주거나, 인정을 거부하는 데서 어린이에게 불안과 불쾌감을 주는 데 비해 양육적 측면의 부모전갈은 쾌감과 칭찬을 주기 때문에 어린이 자아로 하여금 자발적·창의적 그리고 사려깊고 친절한 모습을 갖게 한다. 그리하여 부모적 자아상태는 가치체계와 행동표준을 제공하며, 자신의 에너지를 보존하며 불안을 감소하는 데 크게 유익하다.

　한편 성인자아상태는 자료와 정보의 처리장치라고 할 수 있으며 그것은 성격의 객관적 부분으로서 현재의 성격을 이해하는 부분이기도 하다. 그것은 결코 감정적이거나 판단적이 아니며 오직 사실과 외부적 현실에 작용할 뿐이다. 성인자아상태는 가장 믿을 만한 정보에 근거하여 문제의 현명한 해결책을 제공한다. 성인자아의 최종적 기능은 현실검증이 될 수 있는 조직적·순응적 그리고 지성적 방법을 제시하는 데 있다. 성인자아는 사회경제적 배경과 같은 지능 능력 또는 문화적 특징과 같은 개인의 제약과 하등의 관계없이 모든 개인에게 존재하는 것이다. 어린이자아상태는 감정, 충동, 자발적 행동 등으로 이루어지는데, 이는 유치하다는 뜻이 아니라 어린이와 같이 재미있는 것을 좋아하는 모든 사람에게서 볼 수 있는 자아부분이다. 대개 어린이자아는 부모자아상태에서 오는 전갈의 반응으로 나타난다고 볼 수 있다. 부모자아의 경우와 마찬가지로 어린이자아도 '자연스런 어린이'와 '맞춰진 어린이' 두 가지 형태로 나타난다. 전자는 무엇이든 간에 마음대로 하고 싶은 전적인 자유를 바라는 경우인데 여기에는 생리적 충동, 애정, 창의성, 교제성, 자발성 등이 포함된다. '맞춰진 어린이'의 경우는 부모자아의 영향에서 오는 것이며 부모를 거역하는 일 없이 자신의 일을 처리해 나가는 것으로 유년기에 부모를 대하던 태도를 되풀이하는 경우이다. 예컨대 공포감, 죄악감, 분노, 좌절감이 있다. 어린이자아에서 생기는 성인자아를 '어린 교수'라고 칭하는데 직관력, 창의력, 조작 능력의 원천이 되며 두 개의 어린이자아의 조정역할을 맡기도 한다.

교류분석에서는 생활대본(lifescript)이라는 말을 쓰는데, 이는 우리가 어렸을 때 배운 것으로서 성인이 된 후에도 쓰는 것으로 되어 있다. 이 대본에 따라 우리는 자신의 행동을 결정한다. 여기에는 우리가 마땅히 해야 하는 일, 해서는 안 되는 일이 들어 있는데 부모의 훈계와도 같은 것이다. 그런즉 우리의 행동은 어릴 때부터 우리에게 주어진 대본에 따르며 또한 우리가 내린 결정의 결과에서 오는 것이다.

생활대본, 부모의 전갈, 훈계 등의 개념이 교류분석에서는 다음과 같은 생활의 네 가지 입장, 즉 ① "I'm OK, You are OK", ② "I'm OK, You are not OK", ③ "I'm not OK, You are OK", ④ "I'm not OK, You are not OK"로 부각된다. 여기서 ①이 가장 건전한 입장이다. 쌍방 모두가 승리감을 가질 수 있는 입장이다. ②의 입장은 자기 문제를 상대방에게 투사하는 오만한 경우라고 할 수 있다. ③은 우울과 무기력이 표시된 입장이며 퇴각하여 남을 위해 봉사하는 경우와도 같은 입장이다. ④는 인생의 희망을 상실하고 모든 것을 포기한 상태라고 하겠다.

교류분석에서는 또한 인생의 충격을 중시한다. 어려서 받은 정서적 또는 신체적 충격이 후일의 행동에 가부간의 영향을 준다는 사실에 비추어 교류분석 카운슬러는 충격조작을 시도하는 데 대개 이러한 조작이 'NOT OK, OK' 감정을 유발하는 일을 경계한다. 교류분석에서는 두 가지 기본적 분석기법이 있다. 하나는 구조적 분석이요, 또 하나는 교류분석이다. 전자는 개인의 자아상태가 그의 사고 및 행동에 미치는 영향을 분석·인정하는 일이며, 후자는 두 사람의 자아간의 교류적 자극과 교류적 반응 형태를 대상으로 하는 분석이다.

교류분석에서는 카운슬링 과정의 기본으로서 계약을 중시하는데 이는 내담자의 행동 변화의 목표를 정하며 그 시기와 방법을 명시하여 계약완수를 내담자에게 분명히 알리는 입장이다. 이러한 계약 방식으로서 내담자가 카운슬러에게 책임을 전가하려는 시도를 피하면서 상담에 임할 수 있다.

교류분석 카운슬러는 특히 교사, 훈련책임자, 자원인사와 다름없이 상담에 철저히 개입하며 내담자가 가지고 있는 인생설계에 영향을 주고 있는 요인들이 누구로부터 또한 어디서 오는 것인가를 자각케 함으로써 더욱 자율적으로 자기 문제를 자신이 처리해나갈 수 있는 대안을 찾아낼 수 있도록 도움을 준다. 물론 이러한 훈계기능을 고압적인 방법으로 시행한다는 뜻은 아니다.

교류분석은 형태면에서 부모(Parent), 성인(Adult) 및 어린이(Child) 자아간에 상호 보완적으로 평행형태, 교차형태, 내면각도형 그리고 복선내면형으로 도식화하는 방식으로 시행되는데 교류분석의 목표는 거듭 말할 필요도 없이 내담자로 하여금 현재의 행동과 장래행동의 방향을 자신이 바르게 파악하는 데서 지나치게 조작적인 수작이나 자기패배적 생활대본을 지양할 수 있도록 도움을 주는 데 있다. 그리하여 교류분석 과정을 통하여 내담자는 자기이해와 자신의 진취성이 한결같이 증진되는 데서 자기행동을 통제하며 카운슬링 계약의 완수를 이루게 되는 것이다.

교류분석 카운슬링은 증후와 정서장애의 원인으로서 인간교류, 즉 상호작용을 보기 때문에 그 초점을 개인이 수행하는 행동동태에 두며 그런 과정을 통하여 자각 자발성 요소를 더해 가면서 자신의 생활양식을 자율적으로 발전시켜 나가는 힘을 얻게 한다. 1970년대 말에 이르기까지 교류분석 기법은 비단 미국 전역뿐만 아니라 45개 나라에도 보급되고 있으며 현실요법, 게슈탈트 기법, 합리적 요법 등의 심리치료 기법 등을 또한 병합·원용하고 있다.

5. 인지요법

인지요법(cognitive therapy)의 기본전제는 사람의 사고 내용이 그의 기분에 영향을 준다는 것이며 그래서 베크(Bech 1976)는 불합리한 행동이란 현실왜곡에서 오는 것이라고 보았다. 그러므로 심리적 문제는 그릇된 개념의 시정과 보다 적절한 태도의 학습을 통하여 분별력을 첨예화하는 데서 가능하게 된다. 베크는 대체로 내적 성찰과 통찰의 능력이나 현실검증 및 학습은 인지적 과정인지라 이러한 과정을 통하여 신경증을 다루는 접근을 인지요법이라고 명명하였다. 그것은 아주 단순하여 내담자가 자신의 왜곡된 사고를 알아차림으로써 보다 현실적인 방법으로 자신의 경험을 조직하는 기법을 말한다고 요약할 수 있다.

베크는 인지요법이 정신분석 기법과 중첩되는 부분이 많다고 지적하면서 양자에게 있어서 공통적으로 내담자는 자신의 사고, 감정, 소망을 내적으로 성찰하면서 이를 카운슬러에게 보고하여야 한다는 점을 들고 있다. 이러한 자료가 바로 정신내적 문제를 다루는 치료자의 기본 견해를 이루게 된다. 이들 두 가지 치료법은 사람들이 자신의 환경, 내적 경험 그리고 타인에게 부착하는 의미를 해명하는 데 관심을 밝히면서 그것을 이해하려는 일이야말로 인지적 과정에서 가장 중요한 과업이라고 할 수 있다.

　베크는 인지요법이 정신분석 기법과 중첩되는 부분이 많다고 지적하면서 양자에게 있어서 공통적으로 내담자는 자신의 사고, 감정, 소망을 내적으로 성찰하면서 이를 카운슬러에게 보고해야 한다는 점을 들고 있다. 이러한 자료가 바로 정신내적 문제를 다루는 치료자의 기본 견해를 이루게 된다. 이들 두 가지 치료법은 사람들이 자신의 환경, 내적 경험 그리고 타인에게 부착하는 의미를 해명하는 데 관심을 밝히면서 그것을 이해하려는 일이야말로 인지적 과정에서 가장 중요한 과업이라고 할 수 있다.

　특히 인지요법에서는 정신분석 기법의 경우와는 달리 내담자의 사고 속에 숨겨진 의미를 탐색하는 시도를 하지 않으며 오직 의식적 경험에서 즉각적으로 도출할 수 있는 내용을 다루며 심층의 의미를 탐색하는 시도와는 무관하다. 또한 인지요법은 여러 가지 자료의 수집과 해석을 위하여 많은 시간을 소비하지 않으므로 경제적이기도 하다. 대체로 많은 경우에 단기적 인지요법은 스물 차례 정도의 상담기회를 갖는다.

　인지요법은 행동요법과 마찬가지로 심리적 장애를 주로 현실지각의 오류나 편견에서 오는 것이라고 본다. 그리고 이러한 그릇된 개념은 개인의 인지발달 과정에서 경험하는 잘못된 학습의 결과라고 본다. 그래서 이와 같은 오류와 편견의 시정을 전제로 하는 심리치료인지라 인지요법에서는 시작부터 철저하게 구조화된 절차를 따르게 마련이다.

첫단계의 치료영역의 설정작업이 끝나면 카운슬러는 치료절차에 관한 세부적 지시를 내담자에게 제시한다. 두드러진 행동장애나 증상을 제거하기 위하여 카운슬러는 그와 같은 증상에 담겨져 있는 불합리한 추리나 가정을 수정하는 기법을 활용하는데 그는 태도, 신념 그리고 사고방식과 같은 개념 체계의 수정과 향상 체계를 수립한다. 정신분석의 기본적 접근인 과거에 겪었던 무의식적 갈등을 심리적 장애증상의 원인이라고 보는 입장과는 아주 대조적이라고 하겠다.

　인지요법에서는 내담자가 오로지 자신의 신념 체계를 부단히 관찰 검토하며 문제삼으면서 불합리하다고 인정되는 신념을 언어, 행동면에서 이겨나가는 활동을 통하여 지금의 심리장애를 극복할 수 있다는 것을 인정하는 데 주력한다. 그래서 때로는 과제계획을 세워서 내담자가 자기 행동을 스스로 고정하여 나가는 숙제를 이행하게 한다. 난이도 순으로 엮어서 수행하는 이러한 계획은 효과적인 피드백 방식이 되기도 한다.

　심리치료를 학습과정이라고 보는 견해가 있다. 그 대표적인 경우가 행동요법이나 행동수정 기법으로서 학습이론을 치료절차에 적용한다. 그러나 오늘날의 학습이론이 동물실험에 근거를 두고 있다는 사실을 지적하면서 이러한 절차는 복잡한 행동을 다루는 데 부적당하다는 반대의 소리도 높다. 대체로 인지요법은 행동요법과 유사하면서도 결정론적·기계론적 인간관을 받아들이지 않는다. 예컨대, 통찰력을 치료변량으로 인정하는 경우에도 그것을 행동변화의 결과라고 보기는 하지만 결코 원인이라고 인정하지는 않는다. 그리하여 카운슬러는 내담자의 행동변화를 가능케 하는 능동자이며 극기력을 심어주는 교육자로 보게 된다.

　특히 인지요법은 자기 성찰의 능력과 자기의 사고와 공상을 반성할 줄 아는 사람들에게 적절하다. 이는 이제까지의 지적 능력의 발달을 전제로 하며 그 발달수준이 어느 정도인지를 따지게 되는 기법이기 때문이다. 사람은 모두가 자신의 꿈과 공상을 쫓아 일상생활을 살아나가는 경향이 있다. 그래서 화려한 성공만을 꿈꾸는 나머지 작은 실패를 파탄이라고까지 보면서 과잉반응을 하는 모습을 볼 수 있다.

이렇게 볼 때 대체로 정신질환의 비극은 급성적인 신경증적 반응에서 잘 나타난다. 이런 상태에서는 대상을 바르게 보지 못하며 현실왜곡이 지나쳐 엉뚱한 의미를 부여하면서 현실을 보려고 하기 때문에 사고가 흐트러지며 자신의 방향감각을 잃고 만다. 그리하여 관심, 자각, 추상개념 등을 제멋대로 묶어버리는 데서 혼란이 생기며 건전한 정서상태가 무너지기 때문에 불안신경증뿐만 아니라 우울증, 망상의 상태에도 빠지게 된다. 공포증과 강박신경증의 경우에도 사고장애가 핵심부위에 도사리고 있다.

기관병리를 수반하지 않는 사고장애는 대체로 정신분열증의 특징이기도 하다. 이와는 대조적으로 정서적 표출이 두드러진 우울증, 열광적 행동, 불안증은 모두가 정서장애가 그 본질이다. 베크(1963)는 그의 조사에서 경미한 신경증에서 볼 수 있는 단순한 현실오인에서부터 심한 정신증 환자에게서 볼 수 있는 엄청난 현실오인과 망상상태를 볼 수 있다고 한다. 이와 같은 사고장애는 현실과 논리를 교묘하게 왜곡하는 데서 오는데 이는 일방적인 추정, 선택적 추상화, 지나친 일반화의 경향으로 나타난다.

또한 왜곡된 생각은 이른바 '자동적 사고'의 특징을 나타내는데 이것은 아무런 선행적 반성이나 추리가 없는 마치 조건반사와도 같다. 그런데 증세가 악화되면 현실인지의 왜곡 정도가 심해지며 왜곡된 사고의 반복이 증가하며 고착화 경향이 심해진다. 그 극단적인 경우가 자기수용과 거부의 양극화를 이루면서 현실을 파탄시하는 것과 같다.

그런데 내담자가 호소하는 모든 문제를 카운슬러가 치료하는 것이 아니므로 양자간의 관계에서는 내담자가 자신의 경험을 통하여 문제해결을 배우게도 되는데, 이것을 '배우기 위한 학습'이라고 베이트슨(Bateson 1948)은 명명하였다. 이것은 단순히 심리치료 과정을 통하여 내담자가 몇 가지 자기문제 해결의 기법을 배운다는 데 그치지 아니하고 이제까지 적응실패를 가져온 태도나 행동유형의 장애를 극복하는 심리사회적 발달의 성취를 통하여 자신의 내적·외적인 문제를 능동적으로 다룰 수 있게 된다는 뜻이다. 그리하여 이러한 심적 변화가 마침내 새로운 도전에 응하는 준비 태세를 갖추게도 한다.

내담자로 하여금 자신의 문제를 바르게 지각하게 하기 위해서는 카운슬러가 직접 또는 간접적으로 몇 가지 인식의 원리를 가르쳐 줄 필요가 있다. 그것은 같은 것이 아니며 최선의 현실 근사치이다. 둘째로 그의 감각내용에 대한 해석은 그의 인지과정의 제한을 받게 마련이다. 말하자면 생리·심리과정이 현실지각과 이해를 크게 좌우한다는 점이다. 그리고 내담자는 가설이 타당하다고 수용하기에 앞서서 가설검증의 능력을 가져야 한다.

대체로 사람은 그의 자동적 사고가 행동, 감정, 경험의 인식을 얼마나 크게 좌우하는지를 자각하지 못한다. 이른바 '부적응 사고'라 함은 생활경험을 이겨내지 못하며 심적인 안정을 유지하지 못하는 데서 극단적 감정반응으로 나타나는 고통을 의미한다.

인지요법에서는 불필요한 불편, 고통 또는 자기패배적 행동의 원인이 되는 사고와 심상에 초점을 두게 된다. '부적응'이라는 말을 사용할 때 카운슬러는 그의 가치이념을 내담자에게 강조하며 주입시켜야 한다. 그러나 이때 이와 같은 자동적 사고가 내담자의 정신건강에 장애가 되며 중요한 목표성취에도 방해가 된다는 데 대한 양자간의 합의 전제가 있어야 한다.

심리치료의 '기법'이라는 말은 심리치료의 '과정'과 중첩되는 용어이므로 카운슬러가 하는 일과 내담자의 반응에는 분명한 경계가 있어야 한다. 카운슬러는 동시에 몇 가지 절차를 활용하며 내담자는 여기에 대하여 일련의 반응을 하게 된다. 인지요법에서는 정신분석 개념을 많이 쓰고 있다. 그러나 의식적 사고만을 대상으로 하기 때문에 단기적 치료기간을 중시한다(Rush, Beck, et al. 1975). 뿐만 아니라 인지모형을 설정하여 실험적 조작의 대상으로 삼으며 체계적 치료절차를 비교적 단일화하여 활용하며 카운슬러의 교육이 또한 비교적 용이하다. 그것은 사용하는 용어가 모두 의식·무의식의 양극화가 아니라 오로지 자각을 연속체로 보는 입장이기 때문이다.

요약해보면 인지요법은 정신분석의 경우처럼 추상적, 상징적 사변과 의미에 의존하는 것이 아니라 내담자를 종합적으로 다루며 시간과 비용면에서 경제적이며 효과검증이 가능하며 카운슬러 교육이 용이함과 같은 여러 가지 이점이 있다.

6. 목회상담

목회자가 교인들이 안고 있는 신앙문제말고도 중대하고 심각한 생의 위기의식을 다루는 일반상담을 하게 되지만 보다 더 심도 있는 상담의 필요성이 커가고 있는 터이므로 근래에 이르러 목회상담

(pastoral counseling)에 대한 관심이 점차 높아지고 있다. 이는 기독교 교역자들의 경우만 아니라 타종교에서도 역시 종교상담의 관심은 높아지고 있음을 볼 수 있다. 그런데 목회상담을 단순히 신앙상담에다 세속상담의 이론과 기법을 접목시키는 정도의 일로 보는 견해는 마땅히 경계하여야 할 단견이라고 하겠다.

목회상담자는 심리학의 풍부한 지식과 영성을 갖춘 전통적으로 요청되는 자질을 지닌 전문가로서 내담자의 고통과 문제를 다룰 줄 알아야 한다. 그리하여 그는 자신이 초월적인 이해심을 지닌 원만한 종교인으로서 내담자와 더불어 치료적 동맹을 형성하는 교제의 능력을 가지고 내담자로 하여금 화해와 종교적 통정을 얻는 목표를 성취하도록 밀어준다(Estadt 1991).

미국에서 1963년 발족한 목회상담협회(American Association of Pastoral Counselors)는 종교와 정신건강의 문제를 다루는 전문성을 표방하고 있다. 여기서는 목회상담자가 다른 정신건강 전문직과 다른 점을 다음의 세 가지로 요약하고 있다.

첫째로 목회상담자는 심리학과 신학의 두 가지 분야에서 학문적 훈련을 받는다.

둘째로 목회상담자는 때로 더 높은 학력의 소유자이기도 하다. 예컨대 미국목회상담협회의 상급회원 자격규정에 따르면 3년의 신학 석사과정을 이수하고 나서 4년 과정의 공부를 하여야 되므로 대학 4년을 마치고 사회사업의 석사과정을 이수하는 경우와 비교하면 아주 고학력이다.

셋째로 목회상담자는 의학공부의 기초가 없으므로 의약처방을 할 수 없다. 의료적 처치가 필요한 경우 그는 내담자를 정신질환, 정신이상, 행동이상를 다루는 정신과 의사나 해당 전문의에게 의뢰하게 된다. 이런 경우 대개 정신과 의사의 감독하에 목회상담자의 치료가 계속된다.

　물론 목회자는 그의 사역에 있어서 상담과 심리적 지지를 그 중요한 일부로 보지만 때로 정신질환이나 신체질환 때문에 장기적인 상담과 심리치료가 요청되는 교인이 있을 경우 그는 마땅히 의사나 정신건강 전문가에게 의뢰하여야 한다. 그리고 내담자의 교파를 가리지 않고 목회상담자는 상담을 실시한다. 상담 초기부터 원만한 관계를 갖기 위하여 자기의 실제 신앙생활과 크게 상치되지 않는 목회상담자와 맞나는 것이 바람직하다.

　상담의 실제에 있어서 세계관의 문제는 중요하다. 따라서 목회상담에 있어서는 모든 사람을 하나님께서 심판하신다는 성서적 세계관 또는 기독교적 세계관을 배제할 수 없다. 비록 세속상담의 이론과 기법을 받아 드린다고는 하나 그로 말미암아 목회상담의 이와 같은 기준이 흔들리는 일이 없어야 한다. 이런 의미에서 우리는 목회상담과 성서상담 또는 기독교상담과 신앙상담의 용어가 모두 같은 뜻으로 사용되는 경우를 흔히 볼 수 있다.

　한편 영성을 지나치게 강조하기 때문에 상담의 실제에 있어서 내담자의 인지적, 임상적 측면을 경시하는 일도 엄연히 경계하여야 할 일이다. 목회상담자는 내담자가 안고 있는 인간의 고통과 갈등의 신체적, 정신적, 정의적 그리고 영적 측면을 바르게 이해하여야 하며 이를 위한 진단 기법, 분류, 평가에 이르는 기능적이면서도 지식의 보유를 위하여 부단히 힘쓰는 전문가이어야 한다. 한마디로 말하여 그는 상담에 관한 고전적 이론과 함께 현대의 문헌에도 밝아야 하며 유효적절한 상담의 기법과 처치를 행사할 수 있는 전문가인 것이다.

　구약성경에서 카운슬러는 우리말로 모사라고 옮겨져 있는데, 이는 오늘날 우리가 쓰고 있는 말의 뜻에 비추어 볼 때 어색하다. 그러나 골로새 1:28에서 보는 '…각 사람을 권하고'의 영어낱말 'admonish'는 기독교신앙에 바탕을 두는 목회상담과 세속상담을 구별하는 말로서 적절하다. 종교상담에서는 그 입장에 따라 카리스마적 성격의 용납이 크게 문제되지 않을 수도 있음을 우리는 볼 수 있다.

요 약

　이 장에서 살펴본 여섯 가지 심리치료 체계는 근래에 이르러 비교적 많이 논의되는 것들이다. 즉 행동요법, 의미요법, 현실요법, 교류분석법 및 인지요법 그리고 목회상담이다.
　행동요법은 고전적 조건형성 및 도구적 조건형성의 두 가지 학습이론을 생체의 행동수정에 적용하는 기법을 말한다. 대체로 신경증에서 볼 수 있는 불안심리의 치료에는 고전적 조건형성 그리고 정신병질적 이상행동 수정에는 도구적 조건형성을 응용하게 된다. 그리고 이들 두 가지 조건형성을 병용하는 형식으로 생체의 송환체제(biofeedback) 기법을 실용화하고 있다.
　의미요법의 주창자인 프랭클에 의하면 사람이 삶의 진정한 의미를 깨닫지 못하면 실존적 공허에서 오는 좌절감 때문에 정신건강에 위협을 받게 되는데, 이것이 바로 신경증의 현대적 의미가 된다. 의미요법은 의미(logos)만이 아니라 심령적(nöetic) 측면을 또한 강조한다. 의미요법에서는 두 가지 특이한 기법으로서 역설적 의도와 탈반성 의도를 활용하고 있다. 그리고 대인관계 속에서의 만남을 특별히 중요시함도 그 특징이다.
　현실요법에서는 정신질환이라는 용어를 쓰지 않는다. 행동 이상은 무책임의 결과라고 보기 때문에 그리고 현실행동을 가장 중요하게 다룬다. 따라서 현실요법 과정에서는 무의식보다도 의식을 더욱 중요시한다. 무의식의 중시는 단지 현실도피의 구실이라고 보기 때문이다. 그런데 현실요법에서는 책임을 강조하는지라 효과적인 문제 해결을 위하여 지시적 언명과 시사를 내담자에게 주는 일종의 교육형태가 필요하다는 것을 볼 수 있다.
　교류분석(TA)은 인간관계의 분석을 의미한다. 이것은 개인상담보다도 집단상담에서 더욱 효과적이라는 정평이 나있다. 교류분석 기법의 기본전제는 사람은 스스로 선택하는 능력에 따라 의사결정을 하며 실천적 행동을 수행할 수 있다는 데 있다. 그러므로 실제의 치료상황에서 핑계는 일체 허용되지 않는다. 따라서 치료관계에 있어서는 내담자로 하여금 자기의 내적인 힘과 역량을 알게 함으로써 새롭고도 효율적인 생활설계를 재구성하도록 권유하는 데 초점을 두게 된다. 1970년대 말까지 교류분석 기법은 비단 미국 전역뿐만 아니라 45개 국가에도 보급되었다. 교류분석에서는 현실요법, 게슈탈트 기법, 합리적 요법 등의 심리치료 기법을 병합·원용하고 있다.

인지요법에서는 내담자의 사고 속에 감춰진 의미를 탐색하는 시도를 하지 않으며 오직 의식적 경험에서 즉각적으로 도출되는 내용을 다루는 것이며 심층의 의미를 탐색하는 시도와는 무관하다. 대체로 인지요법은 단기치료의 특징이 있으며 스물 차례 정도로 상담기회를 갖는다. 인지요법에서는 추상적·상징적 사변과 의미에 의존하는 것이 아니라 내담자를 종합적으로 다루며 현실지각에 있어 최선의 현실 근사치를 얻는 데 역점을 둔다. 그러므로 방해가 되는 자동적 사고를 배척하고, 의식적 사고만을 다루며 단기적 치료를 의도하는 것이 인지치료의 두드러진 특징이다.

목회상담은 교인들이 안고 있는 신앙문제말고도 중대하고 심각한 생의 위기위식을 다루는 일반상담도 할 수 있지만, 목회상담자는 심리학의 풍부한 지식과 명성을 갖춘 전통적으로 요청되는 자질을 지닌 전문가로서 내담자의 고통과 문제를 다룰 줄 알아야 한다. 또한 자신이 초월적인 이해심을 지닌 원만한 종교인으로서 내담자와 더불어 치료적 동맹을 형성하는 교제의 능력을 가지고 내담자로 하여금 화해와 통정을 얻는 목표를 성취하도록 도와주어야 한다.

제10장

집단심리치료

집단심리치료의 역사를 이야기할 때 하퍼(Harper 1974)는 1905년 미국 보스톤에서 인턴 의사 죠셉 프래트(Joseph H. Pratt)가 결핵환자들을 다루었던 사례를 그 효시로 들고 있다. 정신신경증 환자들을 대상으로 하는 사례로서는 1909년 그 당시 목사였으며 후일 정신과 의사가 된 코디 마쉬(L. Cody Marsh)의 집단 기법 활용을 거론하는 것이 통례이다. 모레노(J. L. Moreno)가 집단치료의 형식으로 심리극을 처음으로 소개한 것은 1911년의 일이다.

제1차 세계대전이 끝나면서 레이절(E. W. Lazell)은 워싱톤 D.C.의 성 엘리자베스 병원에서 정신분열증 환자들을 상대로 집단 기법을 활용하는 실험적 시도를 한 바 있다. 그러자 1930년대에 접어들면서 정신분석의 이론 배경을 가지고 집단치료의 시도가 활발해졌다. 그리하여 다른 이론적 접근도 시작되면서 제2차 세계대전을 전후하여 집단심리치료의 시도는 활기를 띠어갔다.

오늘날 거의 모든 심리치료 체계가 개인과 동시에 집단을 대상으로 심리치료 활동을 실시하고 있는 터이다. 우리로서 주목할 만한 몇 가지 집단심리치료의 체계를 살펴보기로 한다.

1. 심리극 관련 기법

모레노는 비엔나에서 처음에 어린이를 대상으로 심리극(psychodrama)을 통한 집단심리치료를 실험하였으며, 그후 미국에 와서 여러 가지 집단 기법을 실시했던 선구자이다. 그가 생각한 심리치료의 목적은 환자 자신이 자기 주변의 통제하기 어려운 일들과 통합하도록 하는 데 있었다. 이를 위하여 모레노가 말하는 사회측정적 분석으로서 자기 주변환경을 탐색하게 하면서 환자로 하여금 환경적 힘의 작용을 깨닫게 하는 것이었다. 이 과정에는 환자들 상호간의 관계, 환자와 치료자와의 관계, 그리고 치료자들 사이의 관계 등이 포함된다.

모레노의 정의에 다르면 치료집단에서 치료책임자와 부책임자 및 환자는 모두 동등하다는 것이다. 그의 견해인즉 집단형성은 되도록이면 연령, 성별, 종족 등의 특징이 지역 사회의 단면도를 보여주는 것과 같아야 한다는 것이다. 치료자의 주된 관심은 마땅히 치료의 생산성과 집단의 안정성에 있어야 하는데, 치료자는 반드시 자기와 환자가 동등하다는 점을 인식해야만 한다고 모레노는 강조한다.

집단심리치료의 상호작용 유형은 치료자의 도움을 받는 집단성원간의 자발적 교류에 근거를 두는 것이며, 심리치료(1939년 이래로 모레노에 의하여 집단심리치료와 연결됨)는 여기에다 적극표출의 원리를 첨가하였다. 모레노와 그 일파는 심리극을 심층적 집단치료라고 보며 통제된 환경상황에서 행하는 '치료적 자기표출'은 일상생활에서 불합리한 자기표출에 대한 예방책으로 고정책이 된다고 주장하였다.

상호교류하는 집단 모임을 통하여 집단의 회원은 평소에 말의 강도만으로는 부족했던 정서적 문제를 경험할 수 있게 된다. 그는 자기 처지를 표출하고 싶은 충동을 느끼는데 심리극 집단치료에서는 무대 또는 특별한 공간을 마련하여 이런 표출을 할 수 있도록 되어 있는 것이다. 그때에 그 집단의 참여자 한두 사람이(치료중의 한 사람일 수도 있다) 반대역할을 담당하면서 무대에 나와서 환자와 동시 역할을 수행할 수 있다. 다른 사람들은 적극 참가하기도 하며 소극적이기도 하다.

많은 심리극의 기법들이 해를 거듭하는 사이에 발전되었는데 상황에 따라 엄격하게 주어지는 규칙도 만들어졌다. 때로 그 주도나 초점이 집단을 대상으로 하기도 하며 때로는 개인이 되기도 한다. 그런데 새로운 안목을 갖게 되는 데도 유일한 방법으로서 흔히 인정되는 것이 역할전환(role reversal)이다. 그리하여 자기표출 장면에서 A가 B로 되며 B가 A로 되기도 한다. 또 다른 기법이 이중 기법이다. 이는 예컨대 보조치료자가 무대에 있는 Mr. X에게 가담하여 Mr. X의 역할 또한 수행하는 경우이다. 이중 기법의 변형이 반사 방법인데, 여기서는 다른 사람이 Mr. X의 역할을 수행하고 Mr. X는 그것을 지켜볼 뿐이다.

앞에서 소개한 것은 모레노 일파가 발전시킨 기법의 일부에 불과하다. 심리극을 주창하는 사람들의 의견에 따르면 심리극의 주요 가치는 실생활의 문제장면을 방불케 하는 상황을 재연하는 데 있다. 문제가 제기되면 그 현장에서 이를 처리하게 되므로 그 해결책이 중요한 인물들과 외부세계의 상황에까지도 연장되는 것이다. 심리극을 주창하는 사람들은 불합리하고 강박적인 행동을 단지 말로만 다루는 것이 아니라 실제의 활동상황에서 다루고 있음을 중요시한다. 환자가 현실을 왜곡하는 것은 금방 나타나게 되며 그런 상황이 생겨나는 실제의 대인관계 속에서 다루어지는 점을 특별히 중시한다. 그리하여 심리극은 다른 치료형식에서 보는 이론적 통찰의 특징을 넘어서 교정적인 정서경험을 제공하게 되는 것이다.

2. 분석적 집단심리치료

성 엘리자베스 병원의 레이절 박사는 집단치료를 시도하던 초기에 주로 정신분석적 견해를 받아들였으나 점차 영감적 권면에 따르는 입장으로 옮겨갔다. 특히 1930년대 중반에 정신분석 이론의 변형을 가져온 사람들은 웬더(Wender)와 쉴더(Shilder)를 꼽을 수 있다. 전자는 통찰의 능력, 환자 대 환자의 감정전이, 정화법(catharsis) 그리고 집단교류를 집단치료과정의 주된 측면으로 들었다. 한편 쉴더는 4~6명의 환자들을 대상으로 자유연상법을 크게 활용하였다. 그런데 정신분석적 접근을 집단심리치료에 전적으로 도입한 사람은 미국 심리치료학회의 창설자이며 그 기관지 「International Journal of Group Psychotherapy」의 편집인이었던 슬라브손(S. R. Slavson)이다.

그는 임상적 증상, 치료동기와 지능에 근거하여 환자를 선정해야 한다고 강조하였다. 그도 모레노와 마찬가지로 자발성을 강조하며 집단의 큰 이점을 집단상황에 힘입어 본능적 욕동을 표출할 수 있게 하는 데 있다고 본다. 그러나 슬라브손은 모레노와는 달리 치료자의 관심사는 집단이 아니라 바로 개인에게 있다고 본다. 그래서 슬라브손에게 있어서는 집단 그 자체가 중요한 것이 아니라 집단은 단지 개인치료를 촉진하는 데 도움될 뿐이라고 보았다. 정화법, 통찰력, 감정의 전이, 현실검증 등은 모두가 분석적 집단치료 상황의 역동적 특징인데, 이는 개인치료의 경우에서와 유사하지만 결코 동일한 것은 아니다. 특히 전이의 경우 슬라브손이 말하는 '목표다양성(target multiplicity)'이 있는데, 이는 바로 환자가 자기 감정을 치료자에게 환치할 뿐만 아니라 흔히 형제의 대역을 맡게 되는 다른 환자들에게도 환치한다는 뜻이다.

　분석적 집단심리치료(analytic group therapy)의 궁극적 목표는 개인 정신분석의 경우와 마찬가지로 무의식의 재료를 가능하면 완전히 소통하게 하는 데 있다. 환자로 하여금 자기 자신의 무의식을 더욱더 자각할 수 있게 하는 이 과정에서 집단치료자는 분석과 해석을 위하여 복잡한 전이망 조직을 갖게 된다는 의미에서 한층 더 곤란을 겪는다고 볼 수도 있다. 그러나 한편으로 환자가 자기와 다른 환자들의 전이반응을 관찰할 수 있는 집단상황에서 자기 자신이 지니고 있는 비현실성을 치료자가 실제로 시범으로 보여주며 풀이해준다는 점에서 치료자가 수행하는 과업의 부담을 한결 덜게 되는 이점도 인정하게 된다. 뿐만 아니라 환자 개개인의 전이반응이 집단성원 사이에서 나누어지는 만큼 분석자는 개인 정신분석 경우와는 달리 자기에게 오는 전이의 힘을 모두 도맡아 다루어야 할 필요가 없다.

　집단심리치료의 경험이 없는 일부 정신분석 전문가들은 집단상황에서 과연 환자가 무의식의 깊은 갈등을 밝혀주는 정도의 자기

노출과 자유연상이 가능할까 하는 의문을 제기한다. 그러나 슬라브손과 같은 경험이 풍부한 집단분석 전문가들은 집단의 경우 자기노출의 정도가 높아지는데, 이는 자기를 밝히는 동료환자들의 지지를 받으며 그들의 실례에 접근할 수 있게 되기 때문이다. 정신분석 중심의 집단에서 여러 가지 형태의 저항에 직면하게 되지만 경험이 많은 정신분석 전문가들은 이런 문제를 능히 극복할 수 있는 터이다. 특히 효율적으로 운영되는 집단에서는 동료 환자들의 태도가 저항하는 환자로 하여금 그의 억압된 감정을 모두 받아들여줄 뿐만 아니라 그러한 감정의 표출이 그 자신은 물론이요, 그들에게도 크게 도움이 된다는 것을 깨닫게 해준다.

그런데 정신분석이론의 배경을 가진 집단분석 전문가들은 그 접근방법에 있어서 서로 견해를 달리하는 경우가 흔히 있다. 그러나 일반적으로 그들은 치료자 없이 집단모임을 갖는 일(분석 전문가를 제외한 일부 집단에서 하는 것처럼)에는 반대한다. 일부 분석치료자들은 집단에서 다루는 환자들을 대상으로 하여 개인치료를 실시하기도 하며 또한 다른 분석치료자에게 개인치료를 의뢰하기도 한다. 물론 개인치료를 통한 치료보완의 필요성을 인정하지 않는 분석치료자들도 많다. 집단치료가 시작된 후 새 회원이 들어오는 경우도 있는데, 특히 집단치료를 실시한 지 오래된 경우에는 그와 같은 개인치료 보완책은 순조로운 진행에 방해가 되는 것으로 본다.

3. 집단중심치료

이 체계는 내담자중심의 기법을 집단치료에 적용하는 것을 의미한다(제6장 참조). 집단성원 각자는 개인치료의 경우 치료자에게서 받는 것과 똑같은 수용감정을 얻도록 해야 한다. 집단치료자에게서 받는 이와 같은 순수한 수용감정의 표시가 집단을 통하여 확산되는 일이 중요한데 물론 이는 당장에 실현될 수는 없다. 그러나 이러한 감정의 표시가 일단 확산되면 그 효과는 단순히 치료자가 받아들인다는 전문적 이해의 수준을 넘어서 여러 사람이 서로 공감하며 감정을 서로 나누는 데 크게 유익한 경험이 된다고 로저스는 말한다.

일반적 절차로서 집단치료를 시작하기 전에 그 대상이 되는 집단성원은 치료자와의 면담을 갖는다. 이때 치료자는 집단 성원이 안고 있는 문제를 알아보며 집단상담의 절차를 설명하면서 참가여부를 타진한다. 이로써 치료자와 상담을 받을 내담자 사이에 어떤 상호안정감이 형성된다.

대개 집단성원의 수는 6명과 치료자 한 사람인데, 여기서는 다른 참관자의 동석을 허용하지 않으며 첫모임을 가진 후로는 새 회원을 받아들이지 않는다. 때로 특별집단(예컨대 약혼자들만의)을 구성하기도 하나 대개 집단은 연령(성인, 아동, 청년 등)과 신경증의 정도(정신증은 별도의 집단)에 따라 비슷한 사람끼리 묶어서 집단을 구성한다. 만나는 횟수와 시간에는 집단에 따라 차이가 있으며 횟수와 시간은 집단이 결정하는데 일단 결정되면 그 양식을 지켜나간다. 대체로 일주일에 두 번, 한 시간 정도 만나며 모두 합쳐서 20회 정도의 횟수가 통례이기도 하다.

개인을 대상으로 하는 내담자중심의 심리치료 때와 마찬가지로 집단중심치료(group-centered therapy)에서도 집단의 토론재료를 미리 준비하는 일은 없다. 회원들은 아무 문제든 필요하다고 인정되면 토의하고 싶은 문제를 자유롭게 토의할 수 있다. 개인치료의 경우와 마찬가지로 치료자의 주된 임무는 능동적 해석보다도 집단에 제시된 태도와 감정을 수용하며 반영하고 명료화하는 일이다. 그렇다고 해서 치료자는 피동적이어야 한다는 뜻이 아니며 한두 사람의 회원이 다른 사람들의 자유로운 의사표시와 토의 진행에 장애가 될 때에는 여기에 적극적으로 간섭하여야 한다.

집단중심의 치료자 역할을 담당하는 사람이 치료자가 아니라 흔히 다른 집단성원일 수가 있다. 내담자중심 일파의 연구에 따르면 집단모임을 거듭하고 나면 나중에는 집단성원들이 동료들을 위하여 치료자 역할을 능숙하게 감당할 수 있게 된다고 한다. 말하자면 그들이 해석위주의 평가적, 비판적 입장보다는 아주 허용적, 수용적 입장을 취할 줄 알게 된다는 것이다. 그리하여 이들은 다른 집단성원들로 하여금 자기들의 감정을 계속 탐색해 나갈 수 있도록 도움을 주는 기능을 적절하게 수행해나간다.

집단중심의 심리치료 주창자들에 따르면 내담자중심의 개인치료에 비하여 그 장점의 하나는 내담자로 하여금 다른 사람과의 관계 속에서 자기 능력을 시험해보며 또한 대인관계의 기능을 향상하는 기회를 당장에 가져볼 수 있다는 데 있다. 두말할 나위 없이 집단중심의 심리치료는 치료자 개인만을 상대하는 것이 아니라 환자로 하여금 많은 관계를 가질 수 있게 하는 데 특징이 있다(이 점에서는 로저스 일파의 사람들도 설리반 일파에 동조함). 그리고 가장 중요한 성격변화는 깊은 뜻을 지닌 대인관계를 경험하는 데서만 가능하며 집단이야말로 개인치료에 비한다면 더 많은 인간접촉의 기회를 제공한다.

일반적으로 집단중심의 치료자는 개인치료자와 같은 자격조건을 갖출 필요가 있다. 그는 물론 집단성원에 대하여 무조건적·적극적 관심을 가져야 하며, 집단성원의 감정에 대한 공감적 이해를 가져야 하고 집단성원에 대하여 책임을 져야 한다. 그러면서 그는 상황을 보는 자기 견해가 늘 월등하다는 데 대한 간섭에 대하여 능히 대처할 수 있는 능력을 갖추고 있어야 한다. 그러므로 내담자중심의 개인치료 경험이 집단중심의 치료자가 되는 데에는 최선의 준비가 된다.

4. 가족치료

가족치료(family therapy)는 심리치료의 단위로서 개인뿐만 아니라 가족을 고려하는 입장이다. 대체로 가족치료는 미국을 위시한 영어권 나라에서 결혼/가족치료의 형태로서 치료자는 정신건강 전문가로 활동하고 있다. 1996년에 그 학회의 54차 연례모임이 캐나다에서 열렸다.

가족치료에 관한 독자적 견해를 지니고 있는 미들포트(C. F. Middlefort)에 따르면 가족간에는 서로 균형적이면서도 반대되는 정신병리적 경향이 있다는 것이다. 예컨대, 강박증적 신경증 환자는 가족 안에 그와 비슷한 행동양식의 식구가 있는가 하면 또 다른 식구는 충동적이며 활성적 행동이 두드러질 수 있다. 후자에 속하는 식구들은 강박증적인 식구들이 감추려 하며 경직하게 통제하려는 것을 직접 표출하려고 한다. 남편과 아내는 흔히 이렇게 상반되는 특성을 나타내며 아이들 또한 이런 경향을 보여준다고 미들포트는 지적한다. 그래서 만일 첫째아이가 강박적이라면, 둘째아이는 다른 부모와 같이 충동적일 수 있다는 것이다. 그리고 셋째아이는 둘째보다 더 첫째와 비슷하며 이런 식으로 균형, 반대의 양식을 따르게 되리라고 한다. 앞에서 소개한 가족 내의 이와 같은 역동관계가 다른 식구에게 위협이 될 때 치료자가 수행하는 역할의 하나는 이런 위협을 제거하면서 서로가 닮아가도록 돕는 데 있다. 그래서 앞에서와 같이 강박적 신경증의 식구들은 자발적으로 충동표출을 하도록 권장하는 데 비해 충동적 식구들에게는 자제력을 강조한다. 그리하여 바른 균형을 얻으면서 여러 가지 증후를 제거하여 나갈 수 있게 된다. 치료자의 도움을 받아야만 가족으로서 이런 일을 수행할 수 있게 되는 이유는 식구 각자가 다른 식구같이 되는 데 대한 방어로서 그때 그때의 반응을 과정하기 때문이라고 한다.

 대체로 지나간 5년 사이에 미국의 결혼/가족치료 전문가들이 내담자를 대상으로 다루어 온 주요문제를 살펴보면 우울증으로 대표되는 정서장애, 유년기 정신건강과 문제행동, 청소년 비행, 스트레스, 부부간의 갈등과 이혼, 그리고 알코올/마약중독과 같은 문제들이다. 이와 같은 문제를 다루기 위한 가족상담의 일반원리를 다음과 같이 요약하여 볼 수 있다.

기본원리 - ① '문제'를 안고 있는 식구가 모두에게 영향을 주는 것이므로 가족 전체가 상담과정에 참여하여야 한다.
② 카운슬러는 단순한 방관자가 아니라 가족치료의 참여자가 되어야 한다.
③ 환자에 대한 지지체제로서 카운슬러와의 관계가 유지되어야 한다.
상담목표 - ① 건강문제로 가족의 기능이 파탄지경에 이르는 일이 없도록 적절한 교육을 실시한다.
② 가족관계의 파탄 예방을 위한 교육상담을 실시한다.

③ 스트레스를 받고 있는 식구를 위한 심리, 사회적 지지와 상담을 실시한다.
④ 문제악화의 요인으로 되는 가족관계의 파탄을 인정, 직시하며, 이 도전을 받아 드리도록 인도한다.

그리하여 상담의 실제에 있어서는, ① 치료적 관계를 확립하며, ② 문제의 평가, ③ 문제 해결을 위한 접근, ④ 치료계획의 수립, 그리고 ⑤ 상담 내용의 요약으로 이어지는 상담의 틀을 짜 나가야 한다. 이 과정에서 중요한 상담 기법을 살펴보면, ① 성인 식구를 시작으로 하여 차례로 식구 모두가 상담과정에 참여하며, 평소에 식구 사이에서 오가는 말로 화목한 분위기를 늘 유지하는 점에 유의해야 하며, ② 당사자가 아닌 식구에게 이야기 차례가 먼저 가도록 하며, 가족관계의 원만한 변화를 위한 토의가 부드러운 분위기 속에서 진행되도록 힘쓴다. 이에 따라서 ③ 상담의 진행을 다루는 규칙을 세우고 이를 준수하도록 한다. 이는 예컨대 한 사람의 발언을 다른 사람이 가로채는 일이나 자주 계획을 변경, 중단하는 일을 삼가함과 같다. 그리고 일단 배치된 좌석을 지키도록 하며 충실하게 출석하며 서둘러 해결책을 모색하여 결정하는 일을 삼가야 할 것이다. 가족성원의 합의에 의한 문제해결 단계에 이르기까지 잦은 결석이나 언짢은 논쟁이 없어야 하며 치료자는 중재자, 촉진자(facilitator)로서 그의 기능을 원만하게 수행하는 일이 요망되는 터이다.

5. 기타의 접근견해 고찰

심리학자 바하(George R. Bach)는 그의 집단치료 체계를 펼쳐나가기 위하여 레빈(Kurt Lewin 1890-1947)의 장이론(The field theory)을 정신분석이론과 결부시키고자 시도하였다(레빈의 장이론은 근본적으로 게슈탈트 심리학에서 유래되는데, 이를 집단연구에 적용하여 '집단역학'이라고 불렀다). 그가 보기에 집단심리치료에 관한 이론은 단지 개인치료 기법을 적용하는 데 그칠 뿐이며 집단 그 자체의 구조와 기능에 대한 철저한 지식이 부족하다는 것이다. 비록 바하가 실천하는 기법과 정신분석이론 및 집단역학이론을 결부시키는 복잡한 논리를 요약하기는 어렵지만 여기서 그가 주장하는 몇 가지 중요한 견해를 살펴보기로 한다.

바하는 집단심리치료에 적합하지 않는 다섯 가지 유형의 환자가 있다고 본다. 즉 현실 접촉과 이해의 부족(정신증); 문화적 이탈자(동성연애자, 범법자 그러나 이들은 같은 증후의 집단에서는 가장 잘 어울린다); 극단적으로 지배적이며 독점적인 성격의 환자; 정신병리적으로 방어적이며 충동적인 자; 그리고 급박한 환경에 처한 자(최근의 이혼, 자녀 사망 등)을 말한다. 그런데 어떤 유형의 사람은 어떤 집단에 그리고 다른 사람은 또 다른 집단에서 받아들일 수 있다는 것이다. 예컨대, 어떤 집단에서는 공격적 남자를 받아들일 것이지만 다른 집단에 가면 아주 포악하다고 취급될 수 있다는 것이다. 한편 너무 동질성(종교, 연령 등)을 강조하는 데 대해서도 바하는 경고하면서 광범위한 사회 경험을 망라하는 데 치중할 것을 권고한다. 그리고 순조로운 의사소통을 위해서 지능차가 너무 심하지 않은 편이 물론 좋다.

바하는 집단의 인도자가 다음의 절차적 역할을 수행하는 일이 마땅하다고 지적한다: ① 필요하다면 이해성을 높이기 위해서 집단에서 발생하는 의사소통과정을 재검토하면서 단순화하여 촉진한다, ② 수시로 요약형식으로 집단정서의 해석을 정리한다, ③ 집단기법(꿈의 연상, 심리극, 투사그림과 같음)의 이용에 관한 전문가로서 집단에게 풀이해준다. 치료자는 집단 내의 발언에는 비밀이 없다는 원칙에 따라 회원들이 발언하도록 권하며 또한 그 비밀을 반드시 지킨다. 실제에 있어 이것은 다른 회원을 상대로 하여 누구나가 말하며 생각하며 행동하는 내용은 모두가 공개적이지만 자기의 문제가 집단토의 화제의 중심이 되어 있다는 느낌을 갖는 사람이 없도록 해야 한다는 뜻이다.

바하가 지적하는 바와 같이 집단의 목표는 개방적, 개인적, 정서적 바탕 위에서 자유로이 진행되는 성원간의 의사교류에 있어야 한다. 집단의 인도자는 진도 때문에 강제로 밀고나가는 일이 없어야 하며 단지 연계촉구 또는 촉매의 역할을 수행할 뿐이어야 한다고 바하는 말한다. 그리하여 집단성원 각자는 자기의 노력 정도에 알맞는 도움을 얻게 된다. 그런즉 집단 성원과의 의사소통에서 자기의 감정, 교분, 지각을 개방적이며 일관성있게 한다면 그는 마침내 집단을 치료면에서 효율적인 매체로 받아들이게 된다.

코피(Herbert S. Coffey)와 그 일파는 집단치료를 다루는 설리반적 접근의 입장을 취하였다. 그들이 택한 가정인즉, 정서장애자가 안고 있는 문제는 환자가 자기 자신을 보는 개념 그리고 다른 사람과 소통하는 사이의 갈등과 유관한다는 것이다. 대개 이것은 환자의 의식·무의식적 사회역할간의 차이로 집약되는데 코피의 견해인즉 집단치료상황(적절히 운영되기만 한다면)이 두 가지 틀의 사회역할의 상호관계를 똑바로 볼 수 있는 최선의 기회를 제공한다는 것이다.

　코피와 그의 일파는 집단상담이 발전하여 나가는 세 가지 단계를 구분하였다: ① 환자들이 이전의 대인관계에서 겪었던 의식과 무의식 간의 갈등을 토로하는 방어 및 저항의 단계이다. 이 첫단계에서 치료자의 역할은 환자들로 하여금 자신의 생각을 그리고 집단성원들이 그들의 문제를 자유롭게 발언하도록 하는 데 있다. ② 두 번째 단계는 이른바 신뢰의 단계이다. 여기서는 꿈, 공상, 유년기의 경험을 다루는 데 치중한다. 의식적 사회역할의 유지에 관해서는 불안의 표시가 별로 없는 때이다. 치료자는 주로 무의식적 역할과 그 가능한 원천을 밝히는 데 대한 이야기를 귀담아 들어주면서 집단상담의 초기 단계에 얻어지는 자료를 밝히는 데 주력한다. 이 두 번째 단계에서 긴밀한 대인관계 유대가 발전된다. ③ 마지막 단계를 통합적 가능성의 단계라고 부른다. 치료자와 집단성원들이 밝히는 해석들이 보다 통합적이고 포괄적인 것으로 나타난다. 그리고 이 마지막 상담시기(24회 중 마지막 7회)에 성원 각자로 하여금 종합적인 요약을 제시하도록 한다. 치료가 성공적이라면 환자들은 자기의 의식적, 무의식적 역할간의 갈등을 알 수 있게 되며 그의 경직된 사회생활의 기법을 깨닫게 되며 그리고 집단의 도움으로 그 자신과 다른 사람들과의 관계에 대한 새로운 인식을 얻게 된다.

　크랩맨(J.W. Klapman)과 그의 일파는 교훈적 및 교육적 집단의 심리치료 체계를 발전시켰는데 주로 강의자료를 준비하여 치료를 진행한다. 그래서 정신질환에 대한 일반적 태도의 본질, 신경증적 갈등의 유형, 정신병 환자가 사회를 대하거나 사회가 정신병 환자를 대하는 양자간의 관계, 심리적 방어기제 치료에 대한 저항형식, 정신건강의 자발적 회복 등이 강의의 주된 주제가 된다. 강의 진행과 함께 독서과제와 토의과제를 받아서 발표하며 논쟁거리가 되는 문제를 토의하며 그리고 집안에서 구두로 발표하게 될 특별 독서과제를 받기도 한다. 간추려 말하면 교육치료라는 말 그대로 이 모든 것은 정신질환을 가진 사람들을 위한 정신건강 교실이나 다름없다.

마지막으로 소개하는 것이 미국의 국립병원에서 발전된 집단심리치료의 유형인데, 그 목표는 환자로 하여금 자기문제의 현실적 인식을 갖게 함으로써 자기문제를 다루어 나가는 데 대한 자신감을 얻으며 다른 사람들을 도울 줄 아는 태도를 함양하도록 하는 데 있다. 원탁심리치료라고 알려진 이 방법은 환자가 다른 환자를 이해하고 도우려는 데서 자기 이해의 증진을 가져온다는 전제에 근거를 두고 있다.

원탁치료는 7명의 환자가 그중 한 사람의 문제를 7, 8명 환자들 앞에서 토의하는 토의집단 형식으로 짜여진다. 치료자는 8번째 회원이 되는데 별로 활동적은 아니다. 치료자는 원탁회의에 앞서 이들 7명의 환자와 개별토의를 갖는다. 그 절차는 6명의 환자로 하여금 7번째 환자가 자기문제를 스스럼없이 말하며 자기 문제를 해결할 수 있도록 돕는 데 있다. 그리고 이 토의집단에서는 자기 문제를 토의한 환자의 치료에 관하여 제안할 수 있는 권한이 주어진다. 이와 같은 절차를 여러 가지로 병행하여 병원에서 실시하는데 이 방법은 입원환자의 사기와 집단정신을 고양하기 위한 집단치료의 효용성 증진 노력이 활발하게 펼쳐져 나갈 수 있다는 데서 호의적으로 받아들여지고 있다.

요 약

　대체로 제2차 세계대전 이후로 여러 가지 유형의 집단심리치료가 급속하게 발전하였다. 여기서는 심리적·분석적 심리치료, 집단중심 치료, 가족치료, 바하/코피의 방법, 교육적 방법, 그리고 원탁회의 심리치료를 살펴보았다.
　모레노가 지적한 바와 같이 집단치료의 목적은 환자로 하여금 자기 주변의 통제를 할 수 없는 힘과 자아를 통합하는 힘을 얻게 하는 데 있다. 이런 목표의 성취를 위해서는 집단성원간의 자발적이고도 스스럼없는 교류가 무엇보다도 중요하다. 이와 같은 교류형 집단치료의 심층유형은 심리극과 같이 치료적 표출을 하는 데 있다고 모레노는 지적하였다.
　정신분석치료를 집단치료에 이용한 많은 사람 가운데서 가장 공적이 큰 사람으로는 슬라브손을 꼽는다. 그리고 집단치료에서 다루게 되는 정화, 통찰, 전이관계, 현실검증 또는 이와 유사한 심리기제는 모두 개인분석의 경우에서 볼 수 있는 것과 마찬가지로 분석적 집단치료 상황의 역동적 특징들이라고 할 수 있다. 분석적 집단치료에서 직면하는 특별한 난관이나 특별한 도움은 모두 개인치료의 경우에 볼 수 있는 것이지만 이들 두 가지 방법은 그 궁극적 목표에 있어서 똑같다. 즉 무의식의 재료를 가능한 한 완전하게 소통과정에서 밝히려는 데 있다.
　집단중심의 정신치료는 로저스의 방법을 집단치료에 적용하여 응용하는 것인데, 특히 수용의 감정을 개인치료의 경우와 마찬가지로 집단치료의 경우에서도 강조한다. 집단성원 서로가 서로를 수용하도록 권장하는 일이 때로 곤란하기도 하나 일단 성공하면 그 효과는 개인치료의 경우보다도 엄청나게 크다. 집단중심의 치료가 개인치료에 비하여 우월한 장점은 성원 각자가 금방 다른 사람과의 대인관계 솜씨를 향상시키는 기회를 가지는 데 있다고 로저스 일파의 사람들은 주장한다.
　한편 미들포트의 주장에 따르면 가족도 심리치료의 대상이 되는 데, 가족성원간에는 심리적 균형과 갈등의 양극이 존재한다는 것이다. 그러므로 가족 중의 한 사람을 치료의 대상으로 삼는 것이 아니라 가족 전체를 다룸으로써 각자가 보다 더 현실적이며 억압에서 해방되는 정신건강과 가족교류의 균형을 회복할 수 있다는 것이 미들포트의 주장이다.

바하는 레빈(Kurt Lewin)의 장 이론을 정신분석적 견지에서 집단심리치료의 형태와 결부시켰다. 그의 견해에 따르면 집단치료의 목표는 비방어적이며 개인 본위의 정서를 근거로 자유로운 의사소통을 활성화하는 데 있다고 본다. 그리하여 여러 가지 기법의 응용으로 집단치료 전문가는 이 목표의 달성을 촉진하는 능력을 갖추어야 한다는 것이다.

코피와 그의 일파는 설리반의 견해를 많이 원용하는 집단치료 체계를 발전시켰는데 정신장애는 결국 환자 자신의 자아개념과 다른 사람의 의사소통에서 생기는 갈등에 그 원인이 있다고 주장한다. 그래서 집단치료의 주된 기능은 환자로 하여금 무의식의 심층부에 억압되어 있는 자기의 사회적 역할을 바르게 자각할 수 있도록 하는 데 있다.

교육적 또는 교훈적 집단심리치료는 강의, 독서활동, 집단토의, 특별보고활동 및 그외의 교육수단을 통하여 정신건강의 개념을 환자에게 전달하며 인식하게 하는 데 있다. 특히 입원 환자들을 묶어서 실시하는 원탁회의식 심리치료는 치료자의 참석하에 동료환자들이 참가하여 자신의 문제를 집단토의하는 형식이다.

제11장

종합개관

　이제까지 살펴온 서른 가지 심리치료 체계를 총체적으로 정리하는 입장에서 우리는 이들 모든 체계를 편의상 두 가지 부류로 나누어 볼 수 있다. 그 첫째가 정서중심의 심리치료요, 그 둘째가 지력/지능중심의 인지적 심리치료이다. 그래서 모든 유형의 정신분석 체계가 대체로 전자에 속한다고 본다. 그러나 아들러의 개인심리학, 내담자중심치료, 게슈탈트 심리치료, 최면요법, 경험중심의 심리치료, 조건반사치료, 역제지의 치료, 그리고 모든 집단치료(교훈적 집단치료는 제외)는 여기서 제외된다. 때로 설리반, 프롬과 같은 역동적 문화주의 일파가 인지적 방향으로 기우는 경향을 볼 수 있으나 이들은 모두 정서적 조건화라고 불리우는 치료적 입장을 취하였다.
　후자, 즉 인지적 심리치료는 말하자면 치료적 비동조자들이다. 심리생물학적 치료자들은 대부분이 여기에 속하는데 그들의 일부는 정신분석이론과 기법에 동조하기도 한다. 그런데 심리치료 체계를 정서 및 인지적인 부류로 양분한다는 것은 결코 단순한 일이 아니다. 정신분석 일파에서는 원자아의 끈질긴 욕구를 추적하기보다도 자아방어 분석에 큰 관심을 두고 있으며, 역동적 문화론자들은 원자아보다도 자아를 다루는 데 역점을 두는 경향이 짙음을 볼 수 있다. 말하자면 성격의 무의식 측면 보다도 인지적·의식적 측면을 중시하는 경향을 볼 수 있다.

내담자중심의 치료에서는 정서면을 크게 강조한다. 로저스 일파의 사람들은 온화하고도 수용적인 치료의 분위기를 통하여 내담자가 스스로 합리적이고 논리적이며 현실적인 자아체제를 회복하는 데에 큰 기대를 두고 있다. 그들은 일단 치료 분위기를 수용하면서 정서장애를 제거하고 난 후에야만 성격의 인지 측면이 그 기능을 회복할 수 있다고 본다. 비록 그들이 합리적인 연구를 강조하고 있으나 과학적인 방향보다도 오히려 신비주의와 예술의 전통에 젖어 있다고 보는 견해도 있다(Harper 1974).

두말할 나위 없이 흔히 제기되는 의문은 심리치료의 효과에 대한 과학적 실증이 과연 있느냐의 문제이다. 우리는 모든 확실한 지식이 과학적 실험의 시대 이전에 발견되었음을 잘 알고 있다. 대체로 인간의 기술은 18세기 무렵까지는 모두가 경험 위주의 것이었다. 반도체, 물리학과는 관계없이 옹기와 도자기가 제작되었다. 그래서 과학시대에 들어서기 이전까지의 여러 가지 기법은 많은 세대를 거쳐오는 동안의 시행착오에서 온 결과였다고 우리는 말한다.

단순한 이야기로 부모가 아기의 양육 방법을 알기 위하여 실험실에서 부모노릇을 했던 것은 아니다. 사람은 사람과 어울리는 인간관계 속에서 자기 행동의 통제법을 배우면서 살아가는 데 지능의 유무가 작용한다. 이런 과정에서 소수의 연구자들이 정신질환을 과학적으로 다루면서 치료법의 효율성을 따졌다고 하나 그 결과 풀이는 애매한 것이었다. 오히려 과학적 연구의 결과가 위험스런 것이어서 임상자료에 의존하기 때문에 부실한 치료나 처치를 하게 된 사례도 많았다(Wender & Klein 1982).

그런데 과학적 연구의 결과는 애매하면서도 어찌하여 정신분석과 심리치료에 관한 초기의 연구는 설득력이 있었느냐 하는 점이다. 그런데 여기에 관해서는 어떤 환자들을 다루었는가를 첫째로 문제삼을 필요가 있다. 예컨대, 프로이드와 그의 일파는 성욕 억제 때문에 생기는 증후를 가진 비엔나의 잘 사는 계층의 환자들을 치료하면서 그들 나름의 병인론을 정리하여 나갔으며, 아들러는 대개 야심적인 중산층 환자들을 다루는 데서 그 나름의 기법을 추출하였다. 한편 융은 성욕문제가 아니라 종교, 인생의 철학적 의미와 같은 문제에 시달리는 사회적으로 성공한 중년기의 환자들을 다루면서 그의 이론을 발전시켜 나갔다. 또한 로저스는 처음에 비교적 건전한 대학생들을 내담자로 상대하였다. 이러한 환자들을 대상으로 하였을 때 심리치료는 비교적 효율적이며 잘 받아들여질 수 있었지만 이들 기법을 다른 부류의 환자들에게 적용하였을 때는 혼란과 비능률이 비쳐지기도 하였다.

실제로 칼 로저스는 심리치료의 효과가 특별한 기법에서 오는 것이 아니라 순수성, 심리적 공감, 환자에 대한 적극적이며 무조건적인 관심에서 온다고 주장하였으며 그 일파도 이런 주장에 동조하였다. 이런 것은 모두가 과학적 정의로서 규정짓기 어려운 인간성의 특징이다. 과연 이런 특징만 갖추면 훌륭한 심리치료자가 되어 치료의 명수가 된다고 장담할 수 있느냐고 반문한다면 그 대답은 결코 단순치 않다.

그렇다면 심리치료의 효과를 뒷받침하는 과학적 실증이 부족한

데도 그토록 수많은 학파들이 심리치료계에 대두하며 존속하고 있
느냐 하는 의문이 저절로 생기게 된다. 대체로 사람은 건강의 위협
을 받기까지는 건강을 등한시한다. 그러나 일단 건강을 잃게 되면
치료법을 찾는 환자의 심정은 절박하기 마련이다. 치료법이 없다면
절망적일 수밖에 없다. 의사나 치료자도 마찬가지로 내담자의 치료
에 속수무책임을 스스로 폭로할 수는 없다. 그리고 불확실하고 건
전하지 못한 치료법이 어디서 오느냐 하는 것은 알지 못하지만 내
재적인 힘으로 질병을 극복하며 저절로 건강을 회복하는 일과 유관
하다고 하는 것은 틀림없는 사실이라고 볼 수 있다. 때로 우리는 엉
성한 치료를 받았는데도 질병을 이겨내는 환자의 경우를 볼 수 있
었다.

그런데 우리는 심리치료의 대상이 되는 심란한 상태가 생기는
불행의 원인을 무엇으로 보아야 하느냐의 문제에 부딪친다. 웬더와
클랭(Wender & Klein 1982)은 이를 세 가지로 나누어 ① 정신질
환, ② 적응 이상, 그리고 ③ 현실 생활에서 오는 불행을 들고 있
다. 이들은 정신질환의 근원을 대뇌의 규율기제 장애와 같은 생물
학적 장애에서 오는 것이라고 본다. 그래서 심리치료는 어디까지나
의학적 치료와 병행하는 데서만 그 실효를 얻을 수 있다고 주장한
다. 이들은 심리치료가 생물학적 장애를 지닌 채 생활하든가 새로
이 적응방식을 얻든가 또는 보완방식을 얻는 데는 환자에게 도움이
될 수 있지만 과연 그토록 효과적이냐에 대한 체계적 실증이 부족
하다고 지적한다.

적응 이상에서 오는 불행이란, 예컨대 유년기의 학습이 잘못된
데서 오는 언어, 성적 무지, 자아개념, 권위적 인물에 대한 태도,
가치의식 등의 영향을 의미한다. 사실상 유년기 학습의 영향은 강
한 것이어서 성장 후에 이를 대폭 시정하는 일은 여간 어려운 일이

아니다. 더구나 이러한 유년기 학습경험의 바탕을 가지고 이질문화를 수용·동화하면서 산다는 것은 아주 어려운 일이다. 우리는 아직도 유년기의 심리적 영향과 경험을 이런 상황에서 어떻게 조절하며 극복할 수 있느냐에 관해서 알지 못하고 있는 실정이다. 이런 사정을 살펴볼 때 심리치료의 효과는 개인차에 크게 좌우된다는 것을 쉽게 짐작할 수 있다.

현실생활 속에서 불행이란 이별, 이혼의 충격, 경제적 곤궁 등을 그 실례로서 들 수 있다. 이런 상황을 놓고 심리치료자는 과연 마음을 굳게 가지고 세상사는 일을 낙관하라는 식으로 설득할 수 있을까? 또 아무리 객관적인 사실을 직시하는 데서 오는 통찰의 힘으로 행동의 변화를 가져오게 한다는 심리치료가 이런 상황에 처하여 있는 생활의욕 상실자에게 얼마나 활기를 줄 것인지에는 큰 의문이 따르기 마련이다. 물론 심리치료자는 개인 또는 집단으로 이러한 내담자/환자에게 심리적 지원을 제공하면서 투철한 자기주장, 자존심 그리고 성취의욕을 고취시키면서 자립정신을 심어주고 새로운 적응방식을 얻는 데는 성공적인 도움을 줄 수 있다.

우리는 여기서 생체적 원인, 심리적 원인, 사회적 원인에서 오는 장애나 이상의 문제가 모두 심리치료의 소관영역이 아님을 인식하게 된다. 현실적으로 볼 때 이러한 문제가 서로 얽혀서 생기기 때문에 환자는 신체적 질환의 치료를 의사에게서, 사회적 적응이나 직업재활의 문제를 심리치료 전문가에게서, 또 다른 문제와 얽힌 슬픔의 위로를 목회자에게서 받을 수 있는 것이다.

따라서 우리는 심리치료란 다른 치료 전문가들과의 협동을 통해서만이 좋은 성과를 기대할 수 있다는 것을 알 수 있다. 실제로 치료와 치유의 용어를 엄격하게 규정하기는 대단히 어려운 일이다. 의학적 용어로써 사용할 때, 치료는 예방의 뜻이 있다. 천연두나 홍역, 장티푸스 등이 지금은 모두 예방접종으로 병 발생을 사전에 막는 데 성공한 경우들이다. 1960년대만 하더라고 이런 병 모두가 치료 대상이었다는 것을 우리의 아득한 기억에서만 찾을 수 있는 일이 되었다. 맹장염 때문에 그 부위를 도려내는 수술이나 폐렴에 항생제를 복용하거나 우울증 때문에 심리치료를 받는다 함은 모두 치료이다. 여기서 볼 때 맹장수술이나 항생제 복용은 모두 단기치료이다. 그러나 당뇨환자에게 인슐린 치료를 하는 것은 단기치료가 아니다. 만성병의 경우 이를 견제하기 위해서는 장기치료가 불가피하다. 간질 예방제를 쓴다고 할 때 단기치료가 가능하다는 뜻이 아니다.

심리치료는 장·단기 과정의 치료이다. 그러나 맹장수술과 비교할 수 있는 단기 심리치료가 있느냐 하는 질문에 대한 답변은 얻기 어렵다. 프랭크(Frank 1974)는 정신신경증 환자들에게 실시한 심리치료의 성공사례를 보고한 바 있다. 5년간을 두고 추적한 끝에 심리치료를 받은 환자들의 경우 다른 환자들과 비교하여 자신의 문제해결 능력이 현저히 나아졌음을 보고하였다. 신체기능이 자동 회복되는 데서 일시적 질환상태가 의학적 처치로서 단기치료가 가능한 경우와 마찬가지로 심리치료에 있어서도 성장·발달 과정에서 오는 일시적 문제나 심리적 장애 및 고통은 단기치료의 대상이 될 수 있다.

그런데 치료에는 어느 정도의 위험성이 따르기 마련이므로 치료의 성공률이 완전하기를 기대하기는 어렵다. 비록 드물기는 하지만 항생제에 민감한 탓으로 치명적인 결과를 가져오는 사례도 있으며, 수술이나 예방면역 때문에 생명을 잃는 경우도 있다. 극단의 경우이기는 하지만 안수기도에만 의존하다가 희생된 환자의 사례도 볼 수 있다. 어떤 기법만을 맹목적으로 적용한다는 것은 항상 위험한 일이다. 그래서 내담자/환자에게 무슨 치료 방법이 적합한지를 가려내어 적용하는 전문가의 양식이 절실하게 요청되기도 한다. 그러나 우리가 살펴온 바와 같이 심리치료의 학파가 많으며 거기에 따라 여러 가지 접근 방법이 있는 만큼 거듭 말할 필요도 없이 이러한 치료법에 상대적 가치를 가려내는 과업은 결코 쉬운 일이 아니다.

한편 심리치료의 초점을 어디에 두느냐에 따라 이를 크게 세 가지로 나누는 입장도 있는데(Wender & Klein 1982), 즉 자기내적, 대인관계 및 집단심리치료가 그것이다. 비록 중복되는 점은 있지만 여기서 자기내적 및 대인관계의 치료를 살피면서 정리하기로 한다.

1. 자기내적치료

바로 정신분석이론이 자기내적 치료(intrapersonal therapies)에 속하는 심리치료 체계이며 개인의 내적 경험에 치료의 초점을 두고 있다. 정신분석이론의 두드러진 기여를 우리는 심리적 갈등에서 오는 증후를 밝히는 데서 찾아 볼 수 있다. 그 대표적인 개념으로는 정신적 결정론, 역동적, 무의식, 심리적 방어기제, 유아기 성욕론, 심리적 전이를 들 수 있다.

정신적 결정론(psychic determinism)은 우연히 발생한 정신현상은 있을 수 없다는 가설을 말하는데, 보기에 무의미한 사고, 정서, 행동이라 할지라도 모두가 의미있는 정신작용의 결과라고 보는 것이다.

역동적 무의식(dynamic unconscious)은 개인의 행동과 감정이 의식적 자각이 아닌 욕동, 욕망, 기억, 정서 등이 개인 안에서 얽혀서 생기는 힘의 결과라고 보는 입장이다. 그리고 이와 같은 욕동이나 욕망이 개인의 초자아에게 받아들여질 수 없는 갈등적 사고를 낳으면 방어기제(defence mechanism)가 이를 역동적 무의식층으로 억압하는데, 그러한 상태에서도 증후형태로서 감정과 행동에 영향을 미친다고 본다. 프로이드는 무의식의 작용 중 가장 강력한 것이 유년기의 성적 충동(infantile sexuality)이 겪는 장애이며, 이는 전이(transference)의 형태로 정신분석과정에서 나타난다고 보았다.

프로이드는 유년기의 성적 쾌락추구가 아주 일찍부터 생긴다고 주장하였으며, 생식기의 발달 단계에 이르면 오이디푸스 콤플렉스와 관련된다. 그런데 이런 성적 욕구의 갈등이 원만하게 해소되지 않으면 나중에 성격형성에 장애가 된다고 보았다. 또한 이런 욕구가 발달의 어느 단계에서 고착되면 성인으로서의 성숙한 성적 발달에 크게 지장이 있다고 한다.

정신분석적 치료과정에서는 자유연상과 꿈의 해석을 통하여 무의식을 의식으로 만드는 데에 초점을 둔다. 치료과정이 진전되면서 환자와 분석자 사이의 관계, 즉 심리적 전이가 가장 크게 중요시된다. 특히 프로이드는 적극적 전이를 통하여 환자는 유년기의 경험을 재생하면서 현재의 장애를 깨닫게 되며 마침내 신경증을 이겨내는 치료의 효과가 생긴다고 보았다.

원래 정신분석적 입장은 정신질환을 다루면서 개인 내적인 문제에 초점을 두었지만 지금에 와서는 개인의 대인관계 문제에 초점을 돌리는 전환을 보게 되었다. 억압된 욕망이 심리적 문제의 원천이라고 보았던 입장을 바꾸어 지금은 유년기에 형성되어 줄곧 이어오는 대인관계의 잘못된 행동유형에 문제가 있다고 본다. 이것은 정신분석이론이 보여준 아주 중요한 전환이며 대인관계치료와 연결 짓는 교량역할을 하게 된다.

정신분석 전문가와 정신분석적 심리치료자들이 발표한 심도있는 연구의 결과가 별로 없기는 하지만 정신분석적 치료가 자기의 감정, 욕망, 태도 및 가치의식을 가려내고자 하는 사람이나 그 이론에 동조하는 사람 그리고 치료기간이나 비용의 조건을 받아들이는 사람에게는 적절한 방법임을 인정받게 된다.

프로이드는 직계의 사람들이 그에게서 이탈하여 나가고 정신분석 대상의 환자들이 직접적인 질환의 호소보다는 가치태도, 자아의식, 대인관계의 불만 등에 대한 호소를 많이 함으로써 새로운 심리치료의 학파들이 등장하였다는 사실에 직면하였다. 사실상 이는 프로이드의 이론에 대한 거부라고 풀이된다.

그리하여 개인문제중심의 심리치료적 관심과 입장이 공통적인 문제를 다루는 데로 쏠리게 되는 경향이 생기면서 정신분석 영역의 사람들이 인간관계를 강조하면서 유년기 이후에 겪게 되는 문화적 영향과 생활경험의 중요성을 인정하게 되었다.

2. 대인관계중심의 치료

원래 정신분석 영역의 사람이면서도 새로이 대인관계중심의 심리치료(interpersonal therapies)를 주창한 인물로는 설리반(H. S. Suillivan), 호르나이(karen Horney), 프롬(Erich Fromm), 버언(E. Berne) 같은 경우를 들 수 있다.

의학, 심리학, 철학을 결합하면서 게슈탈트 치료법을 개발한 펄스(Frederich Perls)는 정신분석적 개념과 그 반동적 입장인 게슈탈트 심리학, 심신통합론, 상상력의 이용 그리고 병리학과 성장이론을 모두 합쳐서 통합적 접근을 시도하였다.

심리학 영역에서 온 인물로 칼 로저스를 들 수 있으며 그의 비지시적 치료와 심리적 공감의 강조는 특기할 만하다. 매슬로우(Abraham Maslow) 역시 인본주의적 자아실현 치료법의 개발에 기여한 인물이다. 엘리스(Abert Ellis)의 합리적 정서치료에 따르는 치료기법은 비현실적 태도를 배제하는 데 주력하는 입장이다. 이들의 입장은 모두가 대화중심이며 또한 정신질환을 다룬다기보다는 현실적으로 직면하고 있는 불행한 사태와 적응이상 유발의 학습을 다루는 데 주력하고 있다. 설리반이 정신분열증 환자를 다루었으며, 로저스 또한 정신분열증 환자를 다루었으므로 대인관계중심의 치료에서는 대체로 우울증과 불안심리를 다루는 데 주력하는 셈이다. 이들에게서 알아볼 수 있는 공통적인 강조점은 굳건한 세계관을 갖게 하는 데 있다. 그리하여 심리치료의 주안점을 내담자/환자의 개인지도에서 왜곡된 부분을 시정·보완하는 데 두고 있다.

대인관계중심의 심리치료 역시 정신분석이론의 경우와 마찬가지로 유년기의 대인관계 경험을 중요시하며, 특히 어머니의 역할을 중시한다. 무의식의 갈등도 중요시되나 개인치료처럼 중요하게 다루는 것은 아니다. 특히 정신분석이론과 비교하여 볼 때 대인관계중심의 치료에서는 과거가 아니라 현시/공간(here and now)의 중요성이 철저히 강조된다. 이것은 나타나는 증후가 환경적 영향에서 오는 것이지 결코 성격의 기본적 특징과 관계되는 것이 아니라고 보는 견해에서 온다. 그래서 대인관계에 있어서의 문화·사회적 요인이 중시된다. 특히 프롬과 같은 사람은 개인의 불행을 규정하는 데는 사회적·정치적 기능에 대한 주관적 감정을 중시하였다.

대인관계에 역점을 중시하며, 풍부한 생활감정을 중요시하는 데 있다. 만남의 운동이 활발해진 배경도 이러한 취지의 연관 속에서 이해되며 대화중심의 강조 대신에 명상중심의 의식변화 운동 그리고 자율적 신체조작의 동양적 기법을 도입하면서 활발해지기도 했다.

또한 이 입장은 정신분석의 경우처럼 고정된 발달 단계의 관념을 인정하지 않는다. 어찌보면 정신분석에 대한 반동으로서 상대적인 감수성이나 공격성과 같은 성격특성을 인정하지 않으며, 이러한 특질을 오히려 유년기의 발달과정이나 치료과정에서의 반동 때문에 오는 것일 수 있다고 본다.

이렇게 살펴볼 때 대인관계에 역점을 두는 심리치료는 상대적인 정신건강 장애보다도 가족 및 문화적 배경에서 오는 적응이상 행동에서 다루는 것이 효과적이라고 할 수 있다. 예컨대 불가근 불가원의 대인관계에서 필요하고 적절한 행동이라든가 원만하고 풍부한 정서교류와 같은 경우이다. 이 방법은 집단치료에도 적절히 활용되는데 이때에 환자는 실생활에서 겪는 것과 근사한 여러 가지 행동을 시도하여 볼 수 있기 때문이다.

대화를 강조하는 치료법이면서도 정신분석이론에서 현저하게 달라진 경우로서 게슈탈트치료, 교류분석(transactional analysis) 등을 들 수 있다. 또한 인지중심의 심리치료로서 베크(Aaron Beck)의 인지치료, 엘리스의 합리적 정서치료, 글레이저(William Glasser)의 현실치료 등을 들 수 있다. 이들에게서 공통적으로 볼 수 있는 점은 정서장애는 대부분 불합리한 신념과 태도에 좌우된다는 것이다. 그래서 우울증 환자가 항상 우울함을 면치 못하는 이유가 일상생활에서는 도저히 견뎌낼 수 없는 비현실적 수준을 지키려는 데 있다는 것이다. 그러므로 그 수준을 고쳐서 적절하게 수정한다면 우울증도 사라진다고 이들은 주장한다. 베크는 인지치료의 기법이 우울증 극복에 가장 적절하다고 주장한다.

한편 펄스, 로저스, 매슬로우 등이 주장하는 인본주의 심리치료에서는 정체 불명의 불안, 우울, 불만 때문에 생기는 모든 불평과 정신병리가 인간이 지니고 있는 최고의 가능성을 깨닫지 못하기 때문에 생겨난다고 주장한다. 매슬로우의 주장처럼 인간의 욕구는 단계적인 계층을 이루고 있는데, 하위욕구의 충족이 가능하다는 것이다. 오늘날 고도로 발전된 과학기술이 비인간화 과정으로 치닫고 있는 데 대해서도 인본주의 심리치료자들은 경고한다.

비록 자아실현에 이르는 길이 무엇이냐는 질문에 명쾌하게 답하지는 못했지만 이들 인본주의자들은 자기와 타인의 감정을 예민하게 받아들여야 한다는 것과 지력위주의 이해보다도 순수한 정서적 경험을 존중하며 본능적 욕구의 인정과 충족 그리고 생활내용을 풍부하게 하는 데 있어서 감각적 경험이 크게 기여한다는 점 등을 강조하고 있다.

일부 심리치료에 있어서는 대화의 중요성이 크게 감소된 나머지 아예 대화과정을 버리고 의식적 변화상태를 유도하여 신체 조절을 자의대로 하는 상태를 추구하는 기법을 찾는 경향을 볼 수 있는데 이것은 이미 앞에서 언급한 바와 같다.

3. 심리치료의 목표와 기법 및 절차

이제 마지막 마무리를 위하여 심리치료의 기본문제 몇 가지를 다시 한 번 살펴보기로 한다. 상담/심리치료의 다양한 이론적 접근에도 불구하고 이들을 통합하는 일관된 철학이 아직 없다. 따라서 심리치료의 목표도 여러 가지로 나눠진다. 그래서 성격의 개조요,

생의 목적 탐구요, 정서장애의 극복이요 또는 자아실현의 달성, 사회적 적응의 완성, 행복과 만족의 획득 그리고 스트레스와 불안의 해소요, 부적응 행동의 탈학습과 같이 다양한 목표를 거론하게 된다.

이렇듯 다양한 심리치료의 목표를 아주 크게 다시 한 번 양분한다면, 이 장의 서두에서 살핀 것과는 달리 예컨대 생의 목적과 같은 광범위하고도 장기적인 것과 골초의 흡연량을 절감함과 같은 특수하고도 단기적인 것으로 나눌 수 있다. 어느 한 가지 이론이 그만의 목표를 고집하는 것이 아니라 각기 주장하는 입장에 따라 심리치료 목표의 임의적 통합이 가능함은 물론이다.

중요한 문제는 누가 심리치료의 목표를 정하느냐이다. 대체로 그것을 내담자의 책임으로 보며 치료자 또한 그 일반적인 책임을 진다는 입장이 대개의 이론에서 공통적으로 제시되고 있다. 비록 상담/심리치료의 초기 단계에서 내담자의 목표가 분명치 못하지만 점진적으로 명확하게 굳혀나가게 된다.

"내담자가 조언을 바라는 데 그치거나 치료자가 내담자에게 이래라 저래라 하는 데 그친다면 그것은 결코 심리치료가 아니다"라고 한 말(Corlis & Rabe 1969)은 정곡을 찌른 명언이다. 목표의 확정이 어려운 탓으로 심리치료의 효과를 규명하는 일도 난제가 되게 마련이다. 그래서 어떤 심리치료가 효과적이냐 함은 처음부터 거론될 수 없다고 한 말에도 그 나름의 주장이 담겨져 있다(Garfield 1980).

따라서 심리치료가 실제로 얼마나 효과적이냐를 가려내기 위해서는 "누가 누구에게 어떤 문제로 어떤 상황에서 어떤 처치를 행하느냐?"로 좁혀 들어가면서 특정문제를 꼬집어 내고 그 기법의 형식을 또한 가려내게 마련이다. 그렇다고 하여 이는 내담자의 행동변화를 미세화하여 치료의 효과를 측정함이 상책이 된다는 뜻이 결코 아니다. 치료자의 감화와 영향이 대단히 크기 때문이다.

이렇게 살필 적에 어떤 기법에만 충실하게 매달리는 치료자의 태도는 결코 옳은 것이 아니며 치료자는 내담자와의 관계에 있어서 자기를 여지없이 밝혀야 하는 성의를 보이라고 강조한 입장은 지당하다(Corey 1982). 그래야만 이 과정을 통하여 내담자가 올바른 자신의 결정을 내릴 수 있게 된다 함은 두말할 나위 없다.

그런데 여기서 다시 한 번 치료자가 내담자에 대하여 행사하는 통제의 정도가 어떤 것이 적절하냐를 살펴볼 만도 하다. 예컨대 엘리스(A. Ellis)가 주장하는 치료자의 입장인즉 항상 지시적, 설득적, 교훈적이며 심지어 강요적이기도 하다. 그는 과제를 주어 상담시간 외에도 내담자의 행동에 간섭한다. 이것은 심리치료를 철저히 구조화하는 거기에는 아무런 틀이 없다는 뜻이 결코 아니다. 내담자는 치료자와의 대화를 통하여 다음에 무엇을 이야기할까를 결정하며 치료자는 내담자가 주도하는 이러한 틀 속에서 상담을 진행한다.

이와 같이 대조적인 양극단의 입장은 물론이요, 다른 여러 가지 입장마저도 골고루 통합하는 절충적 상담/심리치료의 입장이 근래의 경향이기도 하다. 그러므로 상담/심리치료의 전문가적 자질을 이야기 할 적에 우리는 다양한 이론에 대한 광범위한 온축과 식견을 배경으로 하는 그의 인간미 넘치는 교양을 강조하게 되는 터이다.

때로 그는 내담자의 현실도피나 비논리적 사고를 지적하는 맞대결을 해야 할 적에 어느 한 가지 이론적 입장에만 치우치는 전술을 고집한다면 이는 옹색한 접근책에 그치는 이야기가 되고만다. 따라서 폭넓은 교양에 바탕을 둔 순수하고도 참된 인간적 대화의 교류가 늘 강조되는 터이다. 치료자의 배경과 입장이 이러한 때에 비로소 내담자의 자아회복을 위한 지침을 제공할 수 있는 자질을 갖춘 전문성의 인정이 또한 따르게 된다.

단순히 스트레스 해소의 기법에만 매달리고 있다고 하면 생의 무의미, 무가치와 생의 권태에 시달리고 있음을 말하는 내담자의 실전문제 호소를 다룰 수 있는 길이 막연할 뿐이다. 오늘날 생의 과정이 복잡하고 다양한 데서 문제의 해결을 쉽게 찾고자 하여 상담/심리치료의 기능과 역할에 관한 허황된 해석이 많이 퍼지고 있음을 볼 때 경계하며 자숙하는 일이 따라야 할 줄로 안다.

4. 기법과 관련되는 몇 가지 중요한 문제

여기서는 상담/심리치료의 기법과 관련되는 문제들로서 심리진단, 심리검사, 심리지원, 질의 과정, 맞대결 등을 묶어서 살펴보기로 한다.

현재의 행동을 알아보기 위하여 심리진단을 상담과 치료과정에서 불가결의 요소라고 보는 입장이 있는 반면 그런 것은 오히려 방해물이라고 보는 정반대의 입장이 있다.

행동주의 이론의 지지파들은 치료목표의 확정을 위하여 심리진단을 통한 문제행동과 뚜렷한 증후의 객관적 평가를 하고나서 처치계획이 가능하며 따라서 처치결과의 평가도 또한 가능하다고 보는 것이다. 한편 인본주의이론의 지지파들을 내적, 주관적 경험을 중시하므로 외적, 객관적 평가의 시도는 내담자로 하여금 자신을 외적, 객관적, 주지주의적(intellectual)으로 개념화하는 폐단을 받아

드리게 한다고 그 결점을 지적한다.

그러나 치료과정을 통하여 치료자와 내담자의 사이에는 그 교류과정에서 특이한 그리고 의미있는 진단과정이 따르게 마련이며 이와 유리된 진단과정이 있을 수 없다고 보는 견해를 양진영에서 공통적으로 찾아볼 수 있다. 따지고 보면 치료자와 내담자는 상담의 시작에서부터 종결에 이르기까지 탐색과 발견(search and discover)의 과정을 꾸준히 추구하여 나가는 입장에 정신병리에 관한 심각한 실수 없이 예후나 예측을 시도하기 위해서도 치료계획을 수립, 실시하는 과정에서 심리진단의 기여를 무시할 수 없다.

마찬가지로 심리검사의 활용 역시 찬반 양론을 불러 일으키는 문제이다. 오늘날 우리는 지능, 학력, 적성, 태도, 흥미, 가치의식, 개인의 성격특성 등에 관하여 다종다양한 심리검사를 활용하고 있다. 특히 어느 입장을 막론하고 상담/심리치료 과정에서는 내담자로 하여금 검사의 선정에 직접 개입토록 하며 내담자가 검사의 기능과 효용 및 그 한계에 대하여 올바른 인식을 갖도록 하는 데에 유의하여야 함이 대체로 강조되고 있는 터이다.

한편 치료과정은 따지고 보면 대부분 질의/응답의 시간으로 보이기도 한다. 현시/공간(here and now)이 강조되는 게슈탈트 요법의 경우에는 이유를 캐는 질문을 일체 하지 않는다. 현실요법의 경우에도 이는 역시 불필요한 것으로 간주된다. 내담자로 하여금 자신을 비판적으로 반조하는 데 도움되는 질문이나 사고를 유도하는 질문은 유익하지만 지나치게 많은 질문의 효용성은 모두 이론적 입장에서 받아들이지 않는다.

이런 의사소통과 교류의 과정은 또한 심리적 지원과 확약이 강조되는 바람직한 치료분위기로서 풀이된다. 내담자는 이런 때에 잃었던 자신감을 회복하는 귀중한 체험을 얻게 된다. 그러나 반면에

너무 허용적인 확약의 탓으로 내담자는 자기문제를 너무 안이하게 보는 단견에 빠지게도 된다. 모름지기 치료자의 성숙한 긍정적 지원의 약속이 필요하다고 하겠다.

그런데 심리지원은 맞대결과 크게 관련된다. 순수한 지원에서 오는 신뢰의 분위기는 내담자로 하여금 어떠한 도전에도 대응하면 견디어내는 관계를 가지게 한다. 그래서 "지원이 없는 맞대결이야말로 재난이요, 맞대결이 없는 지원은 무기력하다"라고 하는 것은 적절한 지적이다(Egan 1973, p.132). 때로 맞대결을 허약한 내담자를 상대로 하는 적대감의 표시라고 보는 오해가 있으나 이는 잘못된 견해이다.

맞대결은 내담자로 하여금 자신의 행동변화를 가로막고 있는 측면을 알아내게 하는 길잡이이다. 치료자는 내담자가 보여주는 언행의 괴리와 자기기만을 냉엄하게 지적하며 또한 반항과 도피를 지적하면서 자기의 잠재력이나 지원을 기피하려는 자기비하의 경향과 맞대결을 시도한다. 게슈탈트 기법은 이런 시도를 늘 감행한다. 합리적 정서요법, 현실요법과 교류분석 기법에 있어서도 맞대결은 강조되는 치료의 기법이다. 한편 내담자중심의 인본주의적 이론의 입장에서는 맞대결보다도 심리지원이 더 많이 강조되고 있다. 내담자를 위한 맞대결은 보다 알찬 그의 행동 변화에 필요한 새로운 경험을 얻는 데 필요하고도 적절한 도구가 되는 것이라고 하겠다.

마지막으로 정신분석이론에서 강조되는 해석과 비지시적 요법에서 강조되는 반성적 기법을 잠시 살펴보기로 한다. 특히 감정의 반영을 비지시적 요법에서는 기본적 기법으로 다루는데, 특히 내담자의 주관적 감정의 반영에 나타나는 표면적 의미보다도 그 내용 속에서 찾아볼 수 있는 은밀한 뜻을 중시한다. 그러나 이때에 그 해석을 치료자가 전담한다면 그것은 내담자에게서 치료적 책임을 박탈하는 것이 되고 만다.

   한편 정신분석이론에서는 잘 알려져 있는 바와 같이 해석 기법이 가장 중요한 위치를 차지한다. 그래서 전이, 저항, 꿈, 자유연상 모든 것이 정신분석 전문가의 해석대상이다. 그는 환자에게 여기에 담겨져 있는 정신역동성에 관하여 가르치는 교사기능을 담당하게 된다. 이때에 환자로 하여금 그의 해석에 맹종하는 것이 아니라 스스로 해석을 통하여 자신의 약점을 깨닫게 하는 일이 중요하다. 요컨대 이들 두 가지 기법은 내담자로 하여금 적절한 자기탐색과 자기이해를 추구하는 데 도움을 주는 데서 그 주된 기능을 찾아야 한다. 또한 이들 두 가지 기법을 적절하게 활용하는 솜씨는 전적으로 치료자의 성숙한 이론적 입장과 내담자의 수용태세에 달려 있다고 말할 수 있다.

주요 용어

가족치료(family therapy) : 가족과 함께 진행되는 집단치료의 형태를 말한다.
감정대화(feeling-talk) : 솔터(Andrew Salter)가 조건반사치료 체계에서 이용하는 방법인데, 환자로 하여금 무슨 느낌이 있을 때 그 느낌을 있는 그대로 말하게 함으로써 제지감정을 극복할 수 있도록 돕는다.
강박관념(obesession) : 대개 불안과 관련되는 관념으로서 억제하기 곤란한 정도로 끈질기게 되풀이 된다.
강박반응(obsessive-compulsive reaction) : 강박관념 및 강박행동이 위주인 정신신경증의 형태이다.
강박행동(compulsiveness) : 부적절한 행동을 억제하지 못하여 되풀이 되는 행동이다(강박관념/강박반응 참조).
강 화(reinforcement) : 원래의 강화조건이 생겼던 것과 같은 상황을 되풀이 할 적에 반응의 반복 가능성을 높여주는 상황이나 사건을 말하며, 대개 일반적으로 학습효과를 강하게 해주는 조건을 의미한다.
개인심리학(individual psychology) : 아들러(Alfred Adler)가 주창한 심리학의 이론 체계이다.
객관적 심리치료(objective psychotherapy) : 카프만(Benjamin Karpman)이 발전시킨 심리치료의 체계이다.
경험분석(experiential analysis) : 휘티커(Carl Whitaker)와 말론(Thomas Malone)이 발전시킨 심리치료의 체계이다.
게슈탈트(Gestalt) : 독일어로서 분질적, 합성적 전체의 형태를 의미함. 의미있는 구성체 구조관계 주제라는 뜻의 낱말이다.
게슈탈트 치료(Gestalt therapy) : 펄스(Frederick Perls), 헤퍼린(Ralph F. Hefferline) 및 굳맨(Paul Goodman)이 발전시킨 심리치료의 체계이다.
고 립(isolation) : 정신분석 용어로서 ① 사고해리, ② 과거의 고통스런 사건과 결부된 정서를 억압하는 방어기제를 나타낸다.
고전적 정신분석(classical analysis) : 두 가지 의미로 쓰여진다 : ① 초기 프로이드의 이론으로(리비도의 무의식 장애를 밝히는 데에 치중함) 후기의 프로이드 이론과 구분해서 사용한다. ② 프로이드 일파의 기법과 가설을 지칭하는 것으로 후기 신프로이드 학파들과 구분한다(2장/3장 참조).

공격충동(aggressive drives) : 프로이드가 가정하는 본능의 두 가지 욕동주의의 하나로 정신생활의 기본 소재라고 본다. 인간행동의 파괴적 속성을 지닌 죽음의 본능과 관련되며 성적 본능(eros)과 반대된다.

공격행동(aggression) : 대담하고 정력적으로 자기목적을 추구하는 일을 뜻한다. 적대 감정, 파괴적 행동의 뜻을 담고 부정적으로 쓰여지기도 하며, 정신분석 문헌에서는 공세적 욕동의 뜻으로도 쓴다.

공 감(empathy) : 다른 사람의 감정을 이해하고 수용하되 그런 감정을 직접 몰입하지 않도록 분리상태를 유지함.

공 상(fantasy) : 복잡한 대상이나 사건(실재이든 비실재이든)을 구체적 상징이나 심상으로 상상하는데 흔히 욕구충족의 유쾌한 기분으로 조작한다.

공포증(phobia) : 어떤 대상이나 상황에 대하여 갖게 되는 병적이고, 고질적이고, 과도한 공포심을 말하며, 공포의 원천은 대체로 불합리하며 무의식적이다. 이 용어의 사용은 근래에 줄어들고 있다.

과 실(parapraxis) : 말과 글의 실수와 기억장애, 경미한 사고와 같은 일시적 과실을 말하며, 정신분석에서는 이를 결코 우연한 것으로 보지 않으며, 항상 무의식적 갈등의 소치라고 본다.

구조가설(structural hypothesis) : 프로이드가 주창하는 정신구조의 세번째 가정이며 최종이론인데, 그는 원자아(id), 자아(ego)와 초자아(superego)의 기능적 관련을 가지는 세 가지 구조를 구분하였다. 이는 위상이론(topographic theory)과 구분된다.

내담자중심치료(client-centered therapy) : 로저스(Carl Rogers)가 발전시킨 정신치료 체계를 말한다(6장 참조).

단 절(disowning) : 로저스가 쓰는 용어로서 상징화 이전의 경험과 욕구가 자아와의 불일치의 자각을 기피하는 과정이다. 대체로 프로이드의 억압(repression)과 설리반의 해리(dissociation)에 해당한다.

대인관계(interpersonal relations) : 두 사람 또는 그 이상의 사이의 교호작용이나 그러한 상호개입 형태의 특징을 말하는데 설리반이 많이 다루었다.

도취감(euphoria) : ① 행동면에서 다른 사람이나 다른 존재와 같이 되려는 과정을 말한다. ② 정신분석 용어로서 방어기제를 말하는데, 때로 동일시는 투입(introjection)과 같은 뜻으로 사용된다.

동일시(identification) : '너무도 좋다'는 건강과 힘의 감정상태와 정서적 태도를 말한다.

라포(rapport) : 두 사람 사이 특히 치료자와 환자 사이에 불편하거나 제약적인 관계가 전혀 없음을 나타낸다.

리비도(libido) : ① 프로이드의 정신분석 용어로서 성적 본능(eros)을 말하며, ② 융의 용어로서는 성욕 중심이 아닌 생활력 또는 본능을 말한다.

만 족(satisfaction) : 설리반이 쓰는 용어로서 기본적인 생물학적 욕구의 달성을 말한다. 여기에는 먹고, 마시고, 잠자고, 쉬는 일, 성적 만족, 다른 사람과의 신체적 접근이 포함된다. 안전(security)과는 구분되는 용어이다.

망상적 경향(paranoid tendency) : 과장된 관념이라든가 현실 또는 가상적 비판에 대하여 예민함을 말한다. 피해망상, 과대망상 등은 편집성, 정신증의 형태로서 아주 드물게 나타나며 또한 망상형 정신분열증이나 정신신경증이라고 판별하기 곤란할 정도로 지엽적이며 사회적으로 무의미한 형태로도 나타난다.

무의식(unconscious) : 정신분석 용어로서 적어도 일시적으로는(때로는 영구히) 그 내용을 당사자 자신이 이해할 수 없는 정신구조의 영역을 말한다. 정신구조의 이 부분은 인간활동의 원인이 되며 근본적 의미와 빈도를 말하는 정신과정을 포함하고 있다고 프로이드는 가정하였다.

반동형성(reaction formation) : 공격적 원자아로부터(양가감정적 상황에서) 자아를 보호하기 위하여 의식적으로 애정, 보호, 온화 등 긍정적 감정을 강조하는 방어기제의 일종이다.

발달단계(stages of development) : ① 성적 발달단계, ② 설리반이 쓰는 용어로서 여러 가지 대인관계의 형태(영아기, 아동기, 소년기, 청년전기, 청년초기, 청년후기, 성인기)와 관련된 개인의 발달시기를 특징적으로 표시한 것이다.

방어기제(defence mechanism) : 불안을 유발하는 원자아 충동으로부터 자아를 보호하기 위하여 이용하는 심리적 장치인데, 프로이드가 다루는 기제에서는 억압(repression), 합리화(rationalization), 투사(projection), 투입(introjection), 퇴행(regression), 자아에 대한 반항(turning against the self), 고립(isolation), 사고해리(thought dissociation), 반동형성(reaction formation), 현실부정(denial of reality) 등이 있다. 이들 기제는 또한 자아방어(ego defence)라고도 한다.

배분적 분석과 종합(distributive analysis and synthesis) : 심리·생리학적 자료의 특징적 절차를 가리키는 말이다.

병렬적 왜곡(parataxic disrortion) : 설리반이 쓰는 용어로서 대인관계에 있어서 실제인물보다는 의인화에 대한 반응을 말함. 즉 공상이나 다른 인물과의 동일시에 근거하여 사람을 대하는 태도이다. 프로이드의 감정전이와 환치 및 투사와 뜻이 상통한다.

본 능(instinct) : 전혀 배운 적이 없는 데도 아주 짜임새 있게 지속적으로 나타나는 경향으로서 종(species)의 특징이 된다. 프로이드는 후기의 글에서 두 가지의 불가분한 본능로서 에로스(성적 본능)와 타나토스(죽음의 본능)를 들었다.

부분요법(sector therapy) : 도이취(Felix Deutsh)가 발전시킨 심리치료의 체계이다.

부 착(cathexis) : 정신분석 용어로서 사람이나 사물의 정신적 표상(기억, 사고, 공상 등)에 기울이거나 또는 결부된 정신에너지의 양을 말한다. 예컨대 떠나간 애인을 공상할 때 부착의 양은 막대하다(이 경우 정신적 표상이 되는 애인에게 리비도는 흘러간다. 또한 공세 행동도 정신에너지 부착의 좋은 예가 된다).

분석심리학(analytic psychology) : 정신분석 체계에서 이탈하여 나간 융(Carl Jung)이 발전시킨 심리학의 이론 체계이다.

분석적 집단치료(analytic group therapy) : 정신분석이론 학파의 사람들이 집단치료에 적용하는 이론과 실제의 체계이다.

불 안(anxiety) : 호르나이는 유년기의 고독, 무력감에서 생기는 보편적 두려움을 가리켜 '기본불안(basic anxiety)' 이라고 하였다. 설리반은 영아기의 어머니역을 맡은 상대와의 접촉과정에서 처음 얻게 되는 여러 모양의 발달의 힘을 가리켜 불안이라고 불렀다. 한마디로 하여 불안은 심리치료 문헌에서 가장 많이 그리고 다양하게 쓰여지는 용어이다.

불일치(incongruence) : 로저스가 쓰는 용어로서 개인의 실제 행동과 경험이 자신의 자기 지각과 조화를 이루지 못하는 성격 상태를 말한다. 개인이 그와 같은 부조화를 자각할 적에 그는 불안하게 되며 이를 자각하지 못할 때에는 불안에 빠지지 않는다.

사고해리(thought dissociation) : 위험한 원자아 충동을 수반하는 사고로부터 자아를 보호하기 위한 방어기제를 말한다. 그러나 자아는 사고에 선행하는 사고와 후속되는 사고로부터 그러한 사고를 떨어져 나가도록 한다. 이 과정에서 때로 일시적 기억공백을 겪는다. 고립(isolation)이라고도 부른다.

사회화(socialization) : 집단생활의 요구에 예민하여지며 다른 집단성원과 한가지로 행동함을 배우는 과정을 말한다.

생활유형(life style) : 아들러(Adler)가 쓰는 말로서 열등감과 지위획득을 다루는 데 있어 나타나는 개인의 특징적이고도 지속적인 생활형태을 말한다.

성 격(personality) : 사람의 정신적 또는 행동면의 모든 특성, 심리적 특성의 총체를 지칭한다. 개인의 특성이나 행동경향의 통합체계를 말하며, 사회관계 속에서 발전된 개인의 본성이나 그 대상이 되는 사회적 가치의 측면을 망라한 것을 말한다.

성격구조(character structure) : 성격특성의 총체를 말하며, 프로이드의 이론에 따르면 이들 특성은 원자아를 통제하는 초자아의 노력과정을 통하여 발달된다.

성격신경증(character neurosis) : 개인의 성격의 일부와도 같이 여기는 정신병리, 또는 성격이상의 한 가지 형태로서 정신신경증(psychoneurosis)과 구분하여야 한다.

성기적 성숙(genital maturity) : 프로이드의 정신분석 용어로서 발달기의 리비도가 쟁취하려는 목표이다. 전성기 단계(pregenital stage)와 구분된다.

성적 발달 단계(stages of sexuality) : 프로이드가 쓰는 용어로서 성숙된 성적 발달의 달성을 위해서 리비도가 개인을 밀고나가는 발달 단계이다. 그 첫단계는 생후 1년인데 리비도 활력의 중심이 구강이다. 두번째 단계는 1~3세 기간인데, 리비도는 부분적으로 항문으로 이전된다. 이 단계에서 어린이는 대변 전후에 쾌감을 얻는다. 세번째 단계는 남근기인데 음경에 관심이 쏠리다가 부모에게로 연결된다. 이 단계는 오이디프스 시기(오이디우스 콤플렉스 참조)이기도 하다. 이들 세 가지 시기를 성기 이전 단계라 부르며 성기 완숙기인 정상적 성인기와 구분한다.

성적 본능(sexual instinct) : 정신분석 용어로서 쾌락추구와 생명표현적 원자아 충동과 무의식의 욕구를 의미하는 말로 쓰이지만 프로이드는 원래 성적 본능(리비도와 동의어로서)을 성욕의 뜻으로 직접, 간접적으로 썼다. 그는 후기의 글에서 반드시 성욕에만 국한하여 쾌락추구와 생명표현적(eros)인 뜻으로 이 말을 쓰지는 않았다.

성품(character) : 성격과 같은 뜻의 용어이지만 인간행동의 정의면과 도덕성에 치중하여 쓰여진다. 그래서 도덕문제나 대인관계와 관련되는 의사결정에 있어서 비교적 일관성 있는 행동경향을 의미한다.

성품무장(character armor) : 라이히(Wilhelm Reich)가 처음 사용한 용어로 정신분석적 탐색에 저항하는 환자의 자아방어 체계를 말한다. 이런 저항에서는 흔히 복종, 협동, 치밀성, 솔직성과 같은 좋은 성격 특성을 볼 수 있는데, 이로써 환자는 문제의 근원과 관계되는 성격특성을 은폐하는 것이다.

소년기(juvenile era) : 설리반(Sullivan)이 쓰는 용어로서 놀이동무를 찾는 시기로부터 보다 더 친근한 친구를 찾게 되는 청년 전기까지의 발달 단계를 말한다.

승 화(sublimation) : 성적 본능의 리비도 표현을 세속적으로 수용되는 경로를 통하는 대안을 말한다. 예컨대, 어린이가 똥을 만지는 쾌감(항문기의 리비도 표현)을 찰흙을 가지고 노는 놀이로 승화한다(후일 성인이 되어 진흙으로 조각을 한다).

신경쇠약증(neurasthenia) : 정신적, 신체적 기력의 쇠약감이 특징으로 나타나는 정신신경증을 말한다. 그러나 지금은 정신건강의 표준용어로 쓰여지지 않는다.

신경증, 정신신경증(neurosis, psychoneurosis) : 프로이드는 초기의 글에서 실제의 신경증과 정신신경증을 구분하였으나, 그 일파는 후에 이런 구분을 없애버렸다.

신프로이드 학파의 분석(neo-Freudian analysis) : 정신분석 학설을 거부하는 것이 아니라 수정한다고 주장하여 실천한다고 말하는 심리치료자들을 말하는데, 아들러, 스테켈, 융, 랭크 및 그 일파를 제외한 모든 심리치료자는 프로이드 학파 아니면 신프로이드 학파이다. 때로는 전자가 후자보다도 더 수정주의 경향이 심한 경우도 있다.

신경증적 욕구(neurotic need) : 호르나이가 쓰는 용어로서 대인관계의 불안한 문제와 고립감 및 무력감에 대처하기 위한 계략인데 다른 사람에게 강박적 요구를 주장하는 형태를 취한다.

심리극(psychodrama) : 치료자의 처방에 또는 내담자의 자발적 행동에 따라 어떤 역할과 사건을 담당하게 하는 치료적 표출이며 불합리한 행동의 잠재적 원인을 밝히려는 시도이다. 집단치료의 한부분이 된다.

심리생물학적 치료(psychobiologic therapy) : 마이어(Adolf Meyer)가 발전시킨 심리치료의 체계이다.

심리치료(psychotherapy) : 정신질환이나 사회적, 정서적, 적응이상을 치료하는 데 심리학적 기법을 응용하는 접근이다.

심층중심의 치료(depth-oriented therapy) : 개인문제의 무의식적 원천을 다루는 데 주력하는 심리치료의 입장을 말하며, 특히 정신분석 일파의 치료형식을 지칭하는 경우가 많다.

아니마(anima) : 융의 분석 용어로서 정신(psycho)의 여성적 구조 측면을 말한다.

아니무스(animus) : 융의 분석 용어로서 정신의 남성적 구조 측면을 말한다.

안면대화(facial talk) : 솔터(Andrew Salter)가 그의 조건반사 치료 체계에서 이용하는 방법인데, 환자로 하여금 무슨 느낌이 있을 때 그 느낌을 있는 그대로 말하게 함으로써 제지감정을 극복할 수 있도록 돕는다.

안　전(security) : 설리반(Sullivan)이 쓰는 용어로서 희열, 도취상태 그리고 소속되고 수용되는 상태를 말한다. 만족(satisfaction)과 구분된다.

양가감정(ambivalence) : 수용과 배척, 긍정과 부정, 사랑과 미움같이 감정이 보여주는 양극성을 말한다.

어머니역 담당자(mothering one) : 설리반이 쓰는 용어로서 어머니 또는 어머니 대신자로서 영아기에 가장 주요한 영향력을 주는 인물을 말한다.

억　압(repression) : 방어기제의 가장 기본적인 것으로서 원치않는 원자아의 충동이 의식층으로 들어가지 못하도록 막으려는 자아의 무의식적 행동을 말한다.

억　제(suppression) : 정신분석 용어로서 용인되지 않는 소망을 의식적으로 배제하는 일을 말한다. 억제와 억압(repression)은 대조적인데, 후자의 경우 배제과정이 의식적이 아니다.

에로스(eros) : 정신분석 용어로서 성적 본능 또는 리비도(libido)를 말하며, 죽음의 본능, 즉 타나토스(thanatos)와 대조를 이룬다.

엘렉트라 콤플렉스(Electra complex) : 정신분석 용어로서(융의 경우 많이 씀) 아버지의 대한 억압된 성욕과 이 때문에 어머니를 없애버리려는 여성의 복합심리를 말하며, 오이디푸스 콤플렉스(Oedipus complex)의 여성판을 말한다.

역동적 문화론(dynamic culturalism) : 프로이드의 정신분석 학설에서 이탈하여 본능설보다도 변화하는 인간행동의 사회적 원천에 관심을 두는 일파의 정신분석적 이론과 실제를 의미하는 용어이다.

역동주의(dynamism) : 설리반의 용어로서 대인관계에서 비교적 지속성 있는 정신활력의 결합을 의미하며, 때로는 전체자아(자아역동성)라든가 때로는 특정욕구(애욕 역동성 혹은 구강 역동성)에 집중되는 정신활력의 형태를 의미한다.

역제지의 심리치료(psychotherapy by counter-inhibition) : 월프(Joseph Wolpe)가 발전시킨 심리치료의 체계를 말한다.

오르곤 요법(Orgone therapy) : 라이히(Wilhelm Reich)가 발전시킨 물리요법의 기법을 말한다.

오이디푸스 콤플렉스(Oedipus complex) : 이성의 부모에 대해 갖는 성적 욕구와 동성 부모에게 대해서 느끼는 경쟁과 적대 감정을 말한다. 원래 프로이드는 어린 소년이 어머니에 대하여 갖는 호의와 아버지를 향한 적대적 경쟁의식의 뜻으로 이 용어를 썼으나 똑같은 뜻으로 소녀를 대상으로 하여도 썼다(엘렉트라 콤플렉스 참조). 때로 상황이 바뀌어서 어린이가 동성의 부모에 대해서 갖는 성욕과 이성의 부모에 대한 질투와 살해의욕을 품는 분노를 뜻하기도 하였다(오이디푸스의 역전).

외　상(trauma) : 정신구조가 받는 손해와 상처 또는 큰 손상을 가져오는 경험을 말한다.

외향성(extraversion) : 자기 자신의 사고와 감정보다도 자기 외적 사물에 대하여 관심을 두는 태도를 말한다. 내향성(introversion)의 반대이다.

원자아(id) : 정신분석 용어로서 본능적 충동(성적 본능과 죽음의 본능)이 나오는 정신구조의 부분으로 원자아는 전적으로 맹목적이며 원초적 감정을 보유하고 있는데 모든 행동이 여기서 나온다. 원자아 활력의 일부는 정신구조의 다른 부분(자아와 초자아)을 형성하는 데 이용된다.

원자아치료(id level therapy) : 무의식의 심층부에 이르는 심리치료 방법을 말하는데, 심층중심치료(depth-oriented therapy)가 더 많이 사용되는 용어이다.

위상이론(topological theory) : 정신구조를 내용과 기능별로 나눠서 세 가지 정신체계(Ucs., Pcs., Cs.)로 되는 정신구조도를 발전시키려는 프로이드의 접근(Ucs.→Unconscious ; Pcs.→Preconscious ; Cs.→Conscious)이다. 이는 프로이드의 세 가지 정신구조 이론 중 두번째가 되는데, 첫째의 것은 이름을 붙이지 않은 가설로서 마음을 안경장치와 비교하였다. 세번째가 구조가설(structural hypothesis)이다.

의 식(conscious) : 정신분석 용어로서 개인의 정신생활에서 늘 각성하고 있는 정신부분을 말하며, 전의식(preconscious), 무의식(unconscious)과 구분된다.

의미론(semantics) : ① 낱말이나 다른 신호의 의미를 다루는 학문, ② 일반 의미론 — 응용 의미론에 의거한 심리치료의 체계를 말한다.

의인화(personification) : 투사의 일종으로서 무의식의 갈등 때문에 자기의 장단점을 다른 사람에게로 돌리는 경우를 말한다.

의지치료(will therapy) : 랭크(Otto Rank)가 발전시킨 심리치료의 체계이다.

이상화된 자아상(idealized self image) : 호르나이가 쓰는 용어로서 완벽주의 시도와 신격화 공상의 형태로 나타나는 신경증의 핵심부가 된다.

1차적 과정(primary process) : 본능의 즉각적 만족을 가져오는 원자아의 특징적 기능으로, 프로이드는 원자아가 공상과 현실을 구분하지 못하는 것으로 보았다. 따라서 본능이 운동경로를 통하여 발동하지 못하면 이전에 만족을 얻었던 기억에 따라 건강한 사람의 경우에는 꿈을 통하여 정신질환이 있는 사람은 환상을 통하여 무의식의 감각경로를 취하게 된다. 1차적 과정의 사고는 어린이의 경우 지배적 형태로 나타나며, 성인 생활에서는 무의식 속에 지속되면서 꿈, 해학, 병리적 행동을 통하여 나타난다(2차적 과정 참조).

2차적 과정(secondary process) : 자아가 외부환경의 요구에 부응하면서 동시에 (현실원리 참조) 간접경로(1차 과정과 대조적임)를 거쳐서 원자아의 충동을 달성하는 특징적 기능수행을 말한다.

일치성(congruence) : 로저스(Carl Rogers)의 글에서 보면 개인의 실제행동이 그의 자기 지각과 조화를 이루고 있는 성격상태를 말하는데, 이 용어는 허구와 장애가 아니라 순수와 통합이 성격을 잘 나타내는 말임을 제시한다.

자기주장 구조화 치료법(assertion-stuctured therapy) : 필립스(E. Lakin Phillips)가 발전시킨 심리체계를 말한다.

자 아(ego) : 정신분석 용어로서 욕동의 실행자이며 원자아의 외부환경과의 조절역할 노릇을 하는 정신구조의 부분이다.

자 아(self) : ① 생리적 활동과 구분되는 심리적 행동을 수행하는 측면, ② 자기 관찰을 통하여 심리적 과정의 동일하고도 지속적인 중심이 되는 개인 (Rogers), ③ 진행되고 있는 일을 알고 있으며 경각심을 지니고 있는 성격의 부문(Sullivan), ④ 현실자아 — 어느 주어진 시간의 심리신체적 존재의 총체로서 의식 무의식의 기제를 포함(Horney), ⑤ 이상화 자아 — 신경증 환자가 이전에 상상하였던 이상화된 자기상을 자기라고 받아들이면서 꾸며 놓은 완전하고도 영광된 존재(Horney), ⑥ 진정자아 — 건설적이고도 건강한 성장의 방향으로 동원될 수 있는 개인이 지니고 있는 활력의 원천(Horney), ⑦ 진정한 자아 — 가장 좋은 사회적 환경 속에서 생길 수 있는 개인 잠재력의 총체(Fromm)를 말한다.

자아개념(self-concept) : 사람이 자신을 보는 견해, 자신에 관하여 서술하는 것의 총체를 말한다.

자아에 대한 반항(turning against the self) : 대개 어린이의 경우 다른 사람에 대한 금지된 공격 충동으로부터 자아를 보호하기 위하여 자기비하나 자기에게 벌을 주는 일로서 의식적으로 그런 충동을 용인하지 않으려는 방어기제이다. 실제로 어린이는 미움받는 인물(흔히는 부모)이 된다. 그리하여 자신을 때리고 꾸짖음으로써 그 인물을 때리고 꾸짖는 것이 된다.

자아 역동성(self-dynamism) : 자아체를 구성하는 만족과 안전을 지향하는 지속적 동기의 형태를 말한다.

자아 체제(self-system) : 대인관계를 통하여 얻는 자신의 형성경험을 발전·통합하는 데 모든 능력의 확실한 선택을 말한다.

자유연상(free association) : 프로이드가 개발한 치료방법으로서 환자로 하여금 무슨 말이나 꿈에 관한 것을 주제로 이야기를 시작해서 무엇이든지 떠오르는 것을 말하게 한다. 이 연상적 행동은 그야말로 자유로운 것이어서 분석자의 암시와 환자의 억압이 아무런 영향도 줄 수 없다.

재구성치료(reconstruction therapy) : 환자의 성격을 크게 개조하려고 시도하는 심리치료를 지칭하며 흔히 심층수준치료와 관련된다.

재교육치료(reeducation therapy) : 성격의 개조를 강조하는 것보다도 내담자로 하여금 자기 문제를 효율적으로 다룰 수 있도록 도움을 주는 심리치료 체계를 지칭한다. 재건요법과 대조적이다.

저 항(resistance) : 정신분석 용어로서 무의식에 파고들려는 시도에 대한 반대를 말한다. 즉 치료자가 환자에게 주는 행동 의견이나 제안에 대한 반대이다.

적극적 분석치료(active analytic psychotherapy) : 스테켈(Wilhelm Stekel)이 정신분석 체계에서 이탈하여 개발한 심리치료 형식을 말한다.

적대감정(hostility) : 개인이나 집단에 대하여 분노를 느끼며 가해행동을 하려고 시도하는 경향을 말한다.

전의식(preconscious) : 정신분석 용어로서 의식의 단계로 들어서려는 정신생활의 부분을 포함하는 정신구조의 영역으로 어느 시각에 의식하는 사고는 그 시각 바로 전후에 전의식적이다.
전 이(transference) : 정신분석 용어로서 어느 대상에서 다른 대상으로 옮겨지는 정의적 환치(displacement of affect)로 특히 환자가 다른 사람(흔히 환자)에게 해당되는 감정을 정신분석자에게 옮기는 과정을 말한다.
정신구조(psyche) : 마음의 모든 과정과 심리적 활동의 총체나 심리적 기능을 수행하는 인간행동의 측면을 말한다. 사람에 따라 정신과 마음을 같은 의미로 쓰기도 하며 엄격히 구분하여 쓰기도 한다.
정신분석(psychoanalysis) : 프로이드가 발전시킨 심리치료 체계(2장, 3장 참조)로 이 체계를 조간으로 하여 발전된 심리치료의 체계를 말한다. 호르나이의 경우 프로이드 학설로부터 이탈하였던 탓으로 정신분석 학파의 비난을 받았으나, 그녀 자신을 수정주의자임을 자처하는 만큼 신프로이드파의 분석가이다. 그런데 아들러는 정신분석과 전혀 다른 것으로 간주되는 개인심리학 체계를 발전시켰는데 그의 체계를 정신분석의 형태라고 본다.
정신신경증(psychoneurosis) : 방어기제에 의해서 통제되었거나 직접 경험되는 불안이 위주인 행동장애인데, 성격의 해리나 현실지각의 왜곡이 전혀 없어서 심리치료의 대상이 된다. 근래에 이르러 이 용어는 신경증으로 지칭되는데, 성격신경증(character neurosis), 정신증(psychosis)과는 구별된다.
정신분열증(schizophrenia) : 두드러진 현실관계의 장애, 공상과 개인적 욕망에서 오는 사고과정의 불투명 그리고 성격의 진행성 퇴화현상과 함께 생기는 심한 행동장애와 같은 특징을 지닌 일련의 정신증을 말한다. 임상적으로 여러 가지 유형이 거론되지만 단순형(DSM Ⅲ에서 제외됨), 망상형, 파괴형(와해형으로 바뀜), 긴장형이 가장 많이 논의된다.
정신신체적 증후(psychosomatic symptom) : 심리적 기능부전에서 온다고 보는 신체적 기능부전의 징조를 말한다. 예컨대 분통이 터지는 때 두드러기가 생김과 같은 경우이다.
정신증(psychosis) : 두드러진 성격해리와 현실지각의 왜곡을 수반하는 행동이상으로 기능적 정신증(기관장애가 없음)에는 조울성정신증과 정신분열증이 있다.
정신적 결정론(psychic determinism) : 정신적 과정은 결코 우연적이 아니며 그 원인별로 완전히 해명할 수 있다고 보는 가정이다.
정 의(affect) : 정서, 감정, 기분, 감정수준, 기질 등과 상통하는 개인의 감정용량을 계량적으로 표시하기 위하여 쓰기도 하며 때로는 감정상태를 나타내는 일반용어나 특수용어와 섞어서 쓰여진다.
정 화(catharsis) : 과거의 경험을 재진술하면서 또는 표출하면서 긴장과 불안을 해소하는 일을 말한다.
제 지(inhibition) : 어떤 과정의 진행을 유도하는 자극이 있음에도 불구하고 그

과정의 계속을 정지하는 일로 솔터(Andrew Salter)는 조건반사치료에서 행동의 내용 범위, 내용, 효과에 제약을 주는 말로 일반화하였다(흥분의 반대가 된다).

조건반사치료(conditioned reflex therapy) : 솔터가 발전시킨 심리치료 체계를 말한다.

조건형성(Conditioning) : 일차적으로 효과적(자연자극 또는 무조건 자극)인 자극이 아닌데도 행동이 유발되는 과정을 말한다. 고전적인 실례가 먹이를 보고 군침을 흘리는 개에게 벨소리를 짝지어 되풀이 제시하고 나면 벨소리만 들어도 군침을 흘리게 되는 파블로프의 실험이다. 이 용어는 모든 학습을 풀이하는 데 산만하게 쓰여지기도 한다.

조울성 정신증(manic-depressive psychosis) : 정서적 굴곡이 심한 정신증을 말한다.

죽음의 본능(death instinct) : 후기 프로이드에게서 볼 수 있는 기본욕동을 말한다. 성적 본능(sexual instinct)만큼 중요한 뜻을 지니고 있으며, 공격적 충동(aggressive drive), 공격행동(aggression), 타나토스(thanatos)라고도 한다.

중다요법(multiple therapy) : 두 사람 또는 그 이상의 치료자가 동시에 참가하는 심리치료의 형태를 말한다.

중언부언(redundancy) : 자기주장 구조화 치료에서 받아들여지지 않는 주장을 고집하는 결과로 되풀이 되는 자기 패배적 행동을 말하는데 주장이 강할수록 중언부언이 많다.

지시적 심리치료(directive psychotherapy) : 쏘온(Frederick Thorne)이 발전시킨 심리치료의 체계이다.

직접분석(direct analysis) : 로우젠(John Rosen)이 발전시킨 심리치료의 체계이다.

집단무의식(collective unconscious) : 융의 이론에서 세습적으로 이어져오는 개인의 무의식을 말하는데, 이는 다른 사람과의 공유를 또한 뜻한다. 때로 종족적 무의식(racial unconscious)이라고도 한다.

집단중심치료(group-centered therapy) : 로저스(Carl Rogers) 일파가 발전시킨 집단치료의 체계를 말한다.

집단치료(group therapy) : 몇 사람이 동시에 치료를 받는 심리치료 형태를 말한다.

청년전기(preadolescence) : 설리반(H. S. Sullivan)이 쓰는 분석적 용어로서 소년기(juvenile era)를 지나 이성의 상대를 찾으며 성기적 성의 만족을 얻게 되는 발달 단계이다.

초자아(superego) : 정신분석 용어로서 도덕적 원리와 이상적 포부를 이루는 정신구조의 영역을 말한다. 주로 오이디푸스 시기에 발달되며 자아가 지각하는 부모의 행동표준을 내면화한다.

추정론(inference theory) : 자기주장 구조화 치료(assertionsturucture therapy)가 근거를 두고 있는 가설들이다.

출산외상(birth trauma) : 출산 과정에서 겪는 피해충격을 말한다. 랭크(Otto Rank)는 개인의 성장과정에서 겪게 되는 근본적 불안경험이 여기서 온다고 보았으며, 신경증적 상태의 원천이 주로 이와 결부된다고 보았다.

최면술(hypnosis) : 고도의 암시성을 받고 있는 상태이며, 최면 시술자가 주는 제한된 자극에 집중함으로써 신체긴장이 이완되는 데서 온다.

최면분석(hypnoanalysis) : 환자가 최면상태에 있으면서 진행되는 정신분석을 말한다.

최면치료(hypnotherapy) : 최면술 기법을 쓰면서 실시하는 심리치료이다.

쾌락원리(pleasure principle) : 정신분석 용어로서 본능의 즉각적 만족을 추구하는 원자아의 요구로 영아기에는 쾌락원리의 지배를 받는다. 그러나 자아의 발달에 따라 현실의 요구가 무엇인지를 깨닫게 된다(현실원리 참조).

타협형성(comorimise formation) : ① 프로이드의 꿈의 해석에서 보면 의식적 인지를 통한(나타나는) 꿈은 억압된 희구의 노력과 원자아 충동을 허락하지 않으려는 자아의 노력 간의 조절을 의미한다. ② 정신신경증에 관한 프로이드의 이론에서는 불완전하며 억압된 원자아 충동과 효율성이 낮은 자아방어 사이의 이러한 조절은 정신신체적 증후를 야기케 한다고 본다.

타나토스(thanatos) : 죽음의 본능(프로이드)을 말한다.

탐　색(roconnaissance) : 설리반(H. S. Sullivan)의 용어로서 집중적 심문을 통하여 환자의 생육과정 정보를 수집하는 치료의 단계이다.

통　찰(insight) : 어떤 경험의 뜻, 의미수준, 형태나 기능이 분명하여지는 과정 또는 이러한 과정을 통하여 생기는 이해를 말한다.

퇴　행(regression) : 정신분석 용어로서 정서적 긴장 때문에 유년기의 생식기 단계의 행동 특징으로 돌아가는 과정 또는 원자아 충동의 압도로부터 자아를 보호하기 위하여 잠정적으로 많이 이용되는 방어기제의 일종이다.

투　사(projection) : 자기 자신의 특성, 문제 및 견해를 다른 사람에게 돌리는 과정 또는 원치 않는 원자아의 충동을 인정하면서 이를 다른 사람에게도 옮겨버림으로써 자아를 보호하려는 방어기제의 일종이다.

투　입(introjection) : 원자아에서 오는 불안 유발의 자극 또는 다른 사람을 받아들임으로써(동일시) 자아를 보호하는 방어기제의 일종이다.

페르소나(persona) : 융의 용어로 개인의 의식적 의도나 사회적 압력의 달성으로 된 가면으로서 성격의 심층부에 자리잡고 있는 내용을 가리게 된다.

표　출(acting out) : 새로운 상황에 처하여 다른 상황에서 학습하였던 적절한 행동을 활발하게 나타내는 일이다.
피학대증(masochism) : 정신분석 용어로서 자기 자신에게 학대를 가하는 행동적 경향을 말한다.
학대증(sadism) : 다른 사람에게 공격과 파괴행동을 가하려는 강박행동적 경향으로 이런 행동이 따르거나 또는 없이 갖게 되는 현세적 성적만족을 말한다.
학 습(learning) : 개인의 이전 행동이 변화되는 모든 과정을 말하며, 학습의 결과로 반응과 행동이 달라진다.
학습이론요법(learning theory therapy) : 일부 심리학자들이 발전시킨 심리치료체계를 말한다.
합의적 확인(consensual validation) : 설리반(H. S. Sullivan)의 용어로서 개인의 병렬적 왜곡(parataxical disrortion)에 대한 교정적 경험을 말하는데, 이는 자기의 사고와 감정을 다른 사람들의 것과 비교함으로써 현실적인 자기 이해가 가능하여진다고 보는 입장이다.
합리화(rationalization) : 다른 출처에서 비롯된 자기의 행동이나 신념을 설명하기 위해서 그럴 듯한 이유를 꾸며대는 과정이며, 억압된 원자아의 사고나 감정의 본질을 바꿈으로써 자아가 더 잘 받아들여질 수 있도록 시도하는 방어기제의 일종이다.
합리적 심리치료(rational psychotherapy) : 엘리스(Albert Ellis)가 발전시킨 심리치료 체계이다.
해 리(dissociation) : 설리반(Sullivan)의 용어로서 불안유발의 요인이 되는 경험의 측면을 자각하지 않도록 배제하는 과정을 말한다(프로이드의 억압과 로저스의 단절 참조).
현상의 장(phenomenological field) : 자신도 포함하여 한 사람이 그 시간에 경험하는 내용의 총체를 말한다. 실재의 대상이지만 지각하지 않는 것은 현상마당의 부분이 아니며 실재하지는 않되 사유의 대상이라면 포함된다.
현상학적 견해(phenomenological point of view) : 개인의 행동은 그가 지각하는 현상의 장을 통하여서만 이해, 설명이 가능하다고 보는 가설로 특히 내담자중심의 심리치료와 실존분석의 이론 형성에 적용된다.
현실부정(denial of reality) : 두려워하는 원자아 충동을 뜻하는 외부자각을 인정하지 않기 위한 자아방어(ego defence)이다.
현실원리(reality principle) : 환경적 요구를 자각하는 자아가 원자아의 기본적 욕구와의 조절을 시도하는 과정으로 현실원리는 2차적 과정(secondary proess)을 이용한다.
환 치(displacement) : 정신분석 용어로서 어떤 생각이나 심상을 그와 연관되는 다른 것과 대체한다.

흥 분(excitation) : 신경활동을 통하여 신경이나 근육의 활동이 시작되는 과정으로 솔터(Andrew Salter)는 이를 일반화하여 강력한 활동을 차비하는 상태(제지의 반대)를 뜻하는 용어로 쓰인다.

히스테리아(hysteria) : 신경증(neurosis)을 통칭하는 말로 사용한다. 해부학적, 생리학적 원인을 전혀 수반하는 일 없이 다리의 마비, 청각상실, 시각상실 그외에 병리적 상태로서의 감각, 근육운동, 혈관운동, 내장운동 그리고 정신적 증후를 나타내는 환자의 경우인데, 이런 환자가 19세기 말과 20세기 초에는 많았다고 한다. 그러나 지금에 와서 이 용어는 정신의학적 용어로 거의 사용되지 않는다.

참고문헌

Bandura, A.(1965). Behavior modification through modeling procedures. In L. Krasner & L. Ullmann(Eds.). *Research in Behavior Modification*. New York:Rinehart & Winston.
Bassin, A. et al.(Eds.) (1976). *The Reality Therapy Reader:A Survey of the work of William Glasser*. New York: Harper & Row.
Bateson, G.(1948). Some systematic approaches to the study of culture and personality. In Haring, D.(ed.) *Personal Character and Cultural Milieu*. Syracuse University Press.
Beck, A.(1976). *Cognitive Therapy and the Emotional Disorders*. New York: New American Library.
Berne, E.(1961). *Transactional Analysis in Psychotherapy*. New York: Grove Press.
Berne, E.(1964). *Games People Play*. New York:Grove Press.
Blau, T.(1988). *Psychotherapy Tradecraft: The Technique and Style of Doing Therapy*. New York: Brunner/Mazel.
Corlis, R., & Rabe, P.(1969). *Psychotherapy from the Center: A Humanistic View of Change and of growth*. Scranton, Pa.: International Textbook.
Corey, G.(1982). *Theory and Practice of Counseling and Psychotherapy*. Montetery, Calif.: Brooks/Cole.
Cousins, N.(1979). *Anatomy of an Illness: As perceived by the Patient*. New York: W. W. Norton.
Cousins, N.(1989). *Head First: The Biology of Hope*. New York: Dutton.
Crumbaugh, J., & Maholick, L.(1969). *Manual of Instructions for the Purpose-In-Life Test*. Indiana: Psychometric Affiliates.
Ellis, A.(1962). *Reason and emotion in Psychotherapy*. New York: Lyle Stuart.
Fine, R.(1971). *The Healing of the Mind: The Technique of Psychoa-*

nalytic Psychotherapy. New York: David Mckay.

Fine, R.(1979). A *History of Psychoanalysis.* New York: Columbia University Press.

Frank, J. D.(1978). *Psychotherapy and Human Predicament*: *A Psychosocial Approach.* New York: Shocken Books.

Garfield, S.(1980). *Psychotherapy*: *An Eclectic Approach.* New York: Wiley,

Goldberg, D., & Huxley, P.(1992). *Common Mental Disorders*: *A Bio-Social Model.* London: Routledge.

Hanley, J.(1985) . "How to offset psychiatry's disappearance?" *American Medical News,* June 7.

Harper, R.(1974). *A Psychoanalysis and Psychotherapy*: *36 Systems.* New York: Jason Aronson.

Hart, J.(1981). The significance of William James' ideas for modern psychotherapy. *J. of Contemporary Psycho-therapy. Vol. 12.* No. 2. Fall/Winter.

Herink, R. (Ed.).(1980). *The Psychotherapy Handbook*: *The A to Z Guide to More Than Different Therapies in Use Today.* New York: New American Library.

Hershenson, B., & Power, P.(1987). *Mental Health Counseling*: *Theory and Practice.* New York: Pergamon Press.

Leighton, A.(1982). *Caring for Mentally Ill People*: *Psychological and Social Barriers in Historical Context.* Cambridge University Press.

Mahoney, M.(1974). *Cognition and Behavior Modification.* Cambridge, Mass.: Ballinger.

Mckeach, P.(1976). Psychology in America's bicentennial year. *American Psychologist,* pp.33−819.

Mark, V., & Mark, J.(1989). *Brain Power.* Boston: Houghton−Mifflin.

Mishlove, J.(1975). *The Roots of Consciousness*: *Psychic Liberation through History, Science and Experience.* New York: Random House.

Moyers, B.(1993). *Healing and the Mind.* New York: Doubleday.

Perls, F. et al.(1965). *Gestalt Therapy.* New York: Dell.

Pierpaoli, W., & Regelson, W.(1995). *The Melatonin Miracle.* New York: Simon & Schuster.

Popper, K.(1984). Critical remarks on the knowledge of lower and higher organisms, the so-called sensory-motor systems in Grenrzfeldt. et al.(Eds.). *Sensory-Motor Interaction in the Nervous Systems*. Berlin: Sprignes-Verlag.

Rank, O.(1968). *Will Therapy: Truth and Reality*. New York: Alfred A. Knoff.

Reich, W.(1949). *Character Analysis*. New York: Farrar, Straus.

Robbins, S.(1984). *Pathologic Basis of Disease*. 3rd. ed. Phila- delphia: Sanders.

Rowan, J.(1993). *The Transpersonal Psychotherapy & Counseling*. London: Routledge.

Rush, A., & Beck, A. et al.(1975). *Comparison and Pharmatherapy in Depressed Outpatient*. Society for Psychotherapy Research, Boston.

Sodeman, W., & Sodeman, T.(1985). *Sodeman's Pathologic Physiology: Mechanism of Disease*. 7th ed. Philadelphia: Sanders.

Szasz, T.(1984). *The Therapeutic State: Psychiatry in the Mirror of Current Events*. New York: Prometheus.

Szasz, T.(1987). *Insanity: The Idea and Its Consequence*. New York: John Wiley.

Wender, P., & Klein, D.(1982). *Mind, Mood and Medicine: A Guide to New Biopsychiatry*. New York: New American Library.

찾아보기

인 명

Adler, A. 86
Alexander 122

Bach, G. R. 233, 234
Bandura 192
Bech 212
Berne, E. 207
Blau 22
Bleuler, E. 46
Breuer, J. 49
Buber, M. 200

Charcot, S. M. 44
Coffey, H. S. 235
Corey 205
Corsini, R. 22
Cousins 16
Crumbaugh, J. C. 201

Deutsh, F. 122, 124

Ellis, A. 181

Ferenczi, S. 99
Frank 24
Frankl, V. 127, 196

Franklin, B. 43
Freud, S. 46, 49, 65
Fromm, E. 121

Glasser, W. 202

Hanley 21
Harper 223
Hart 39
Herink 24
Horney, K. 110

Ingelfinger, F. 37

Janet, P. 45
Johnson, W. 174
Jung, C. G. 92

Karpman, B. 122, 124
Korzybski, A. 174
Kraepelin, E. 46

Lewin, K. 233

Malone, T. P. 157
Mesmer, F. A. 43

Meyer, A. 150
Middlefort, C. F. 231
Moreno, J. L. 223, 224
Moreno 101

Phillips, E. L. 179

Rank, O. 97
Reich, W. 103
Rogers, C. R. 131
Rosen, J. 122, 125

Salter, A. 161
Slavson, S. R. 226
Stekel, W. 89
Sullivan, H. S. 20, 113
Szazs 19, 21

Thorne, F. 171, 172, 173

Whitaker, C. A. 157
Wolberg, L. R. 155
Wolpe, J. 164, 192

내 용

가족치료 231
감정전이 113
강화곡선 178
개인심리학 87
객관적 심리치료 122
게슈탈트 심리치료 152
게슈탈트 지각 199
격동기법 193
경험중심 심리치료 158
계시접근법 193
고립화 74, 77
공감적 이해 143
공포자극의 최소량 165
광장공포증 197
교류분석 207, 208, 209, 210, 211, 212
교육치료 236
구강기 52
기초불안 110

남근기 53
남근선망 53
내담자중심의 심리치료 131
내면적 이해의 틀 144
내성 60
내적 과정의 연습 199
내향성 형태 95

대상환치 56
대인관계 속의 만남 200
대인관계중심의 치료 249
도형 153
동물자기설 43

라포 173, 175
리비도 52, 93

모델링 195
목회상담 217
무조건적 적극적인 관심 143

반동형성 74, 78
반부착작용 75
반응제거 193
방어기제 75, 78, 248

범화 177
병렬적 왜곡 113
보수학습 193
부모자아상태 208
부분치료 122, 124
부적응 행동 178
부정적 사고 216
부착작용 75
분배적 분석과 종합 150
분석적 집단심리치료 226, 227
분안 69
불안해소법 177
비심층적 심리학 179
비지시적 상담 131
비지시적 치료법 171

사고유리 74, 77
생식기 54
선택적 무관심 116
성인자아상태 209
성적 만족 53
성적 충동 248
소지 153
송환체제 기법 192, 195
스트레스 반응 27
스트레스 제어 27
스트레스 증후 29
승화 55
신경증 45
신경증적 불안 72
신앙상담 218

실존분석 126
심리극 224
심리생물학적 치료 150
심리적 유착 51
심리적 장애 24
심리적 정화법 50
심리적 제지 17
심리치료 전문가 24
심층적 집단치료 225

아니마 95
아니무스 95
양가감정 54, 78
어린이자아상태 209
억압 74, 75
에로스 66
엘렉트라 콤플렉스 94
역동성 116
역동적 무의식 247
역동적 문화주의 103, 121
역동적 주축 56
역설적 의도 197
역전이 81, 96, 125
역제지 192
역제지의 심리치료 164
역조건형성 178, 192
역할전환 225
예상불안 197
오르곤요법 103
오이디푸스 콤플렉스 53, 94
외적 과정의 연습 199
외향성 형태 95
원자아 66
원형 95
의미요법 127, 196, 197
의사소통과정 118

이상습벽 155
이상적 기준 16
이차적 과정 59
인지요법 212, 213, 214
인지적 과정 213
일반 의미론 174
일반화 177
일시적 과실 58
일차적 과정 59

자각적 장애단위 192
자궁복귀 현상 98
자기내적치료 247
자기주장 구조화 심리치료 179, 180
자동적 사고 215, 216
자아 66, 95
자아반항 74, 76, 77
자연환원법 18
자유연상법 51, 56, 95
잠복기 53
장이론 233, 234
재치 58
적극적 전이 51, 125, 248
적극표출의 원리 224
전이 81, 87, 248
전이분석 56
정서심상법 193
정서침수법 193
정신건강 18
정신건강 전문가 24
정신병질적 성격이상 46
정신분석이론 65
정신분열증 46
정신신경증 61, 62
정신의학적 면담 119

정신이상 19, 22
정신적 결정론 247
정신질환 21, 236
제외학습 193
제지 161
제지적 조건화 행동 162
조건반사 심리치료 161
조발성치매 46
종교상담 218
지각적 자각 199
지시적 심리치료 171
직접분석 122, 125
집단무의식 95
집단중심치료 228, 229
집단치료 223

창의적 상상력 199
처벌학습 194
체계적 탈감법 192
초자아 66
최면요법 155
추리론 180
출생충격 97
치료적 자기표출 225

타나토스 66
탈반성 197
탈학습 178
토근경제법 193
통계적 기준 16, 18
통풍법 50
퇴행 61, 74, 76
투사 74, 76
투입 74, 76
페르소나 95
평심요법 101

피학대증 103

학습이론 심리치료 176, 177
합리적 심리치료 181, 182, 185
합리-정서 심리치료 181
합리화 74, 75
합의적 타당 115
항문기 52
해리 117
행동요법 191

허용주의 101
현상의 장 134
현시/공간 137
현실부정 74, 78
현실요법 202, 203
환치 55
환치감정 142
회피학습 193
히스테리 45
히스테리 증후 62, 155

저자 소개

이남표

피츠버그 대학교 철학박사
한양대학교 사범대학 교수 역임
현재 한양대학교 사범대학 명예교수

저서 및 역서

교육심리학(저, 형설출판사, 1983),
과학과 가치관의 우선순위(역, 민음사, 1991)
현대인의 스트레스 제어전략(역, 원탑문화, 1992)
사회적 건망증(역, 원탑문화, 1992)
고통과 쾌락(역, 학지사, 1995)

최명구

한양대학교 사범대학 교육학과 졸업
한양대학교 대학원(교육학 석사, 박사)
현재 한양대, 호서대, 서원대, 인천교육대 및 건국대, 경희대 교육대학원 강사

논 문

권위주의 성격에 대한 카리스마 검사의 변별기능(1994)
대학생 정신병 경향성 집단의 다면적 인성검사 반응 특성(1997)
분열형 성격 대학생의 MMPI 반응 특성(1997) 외 다수

정신건강과 심리치료

(저자와의 협의하에 인지 생략)

1998년 5월 30일 1판 1쇄 발행
2004년 8월 10일 1판 2쇄 발행

지은이 • 이남표 • 최명구
펴낸이 • 김 진 환
펴낸곳 • 도서출판 **학지사**

120-193 서울시 서대문구 북아현3동 187-10 혜전빌딩 2층
전 화 • 363-1333(대) / 팩스 365-1333
등 록 • 1992년 2월 19일 제2-1329호
http://www.hakjisa.co.kr
ISBN 89-7548-119-0 03180

정가 10,000원

파본은 교환해 드립니다.